『資本論』で読む
金融・経済危機

オバマ版ニューディールのゆくえ

鎌倉孝夫 著
KAMAKURA TAKAO

Financial and economic crisis read by 'Das Kapital'

時潮社

はじめに

　深刻化する金融・経済危機に見舞われる中で、いま各国はなりふり構わず大恐慌回避策を採っている。しかし、"大恐慌回避策で資本主義の危機はさらに深まる"——サブプライムローン問題を契機に生じた金融危機が実体経済の危機に及び、それが資本主義国だけでなく、新自由主義の潮流の中で市場経済化を進めてきた新興国、発展途上国に波及してきたこの2年半余、私はこの金融・経済危機を追い、その重要な特徴を分析してきたが、これがこの分析の一定の結論である。

　この結論には若干の含意がある。その一つは、現在のこの事態を、大恐慌だという認識、さらに大恐慌から世界戦争だととらえるのでは現状分析にならないことを明らかにしたいこと、そして危機を深めるということが何を意味するのかを明らかにしたい、ということである。

　現在の事態を、大恐慌だととらえる論潮は、マルクス経済学者に広まっている。マルクス経済学者を中心とする経済理論学会は、現在の事態を"2008年世界恐慌"と名付けている。しかしこのような認識はそれだけでは、恐慌が、資本主義の矛盾の爆発（現実的発現）であるだけでなく、同時に矛盾の現実的処理、それを通した資本主義の再構築・発展の契機でもあることを、看過してしまいかねない。いうまでもなく恐慌（危機）の原因を究明することは重要であるが、現状分析としてより重要なのは、恐慌の発現ということより、大恐慌回避の政策がとられていることであり、その政策がどういう内容であるか、この恐慌回避策がどのような効果、影響をもたらすか、果たして金融・経済危機を克服し、新たな発展を可能にするのか、あるいは危機をさらに深めるのか、の分析である。この点に関し、本書は、オバマ新政権によるグリーン・ニューディール政策が何をもたらすかに関して、一定の検討を加えた。それは金融・経済危機の諸原因をかえって増幅させてしまうのではないか、これが本書の提起である。

　いわゆる左翼の中には、今回の大恐慌から再び世界戦争がもたらされる、と

いうとらえ方がある。1930年代大恐慌から生じた資本主義体制の危機に対し、主要資本主義国はいわゆるケインズ主義政策を導入して危機回避を図った。しかしその下で生じたのは、各国の産業保護主義であり、それは、経済ブロック化の動きから、世界戦争を導いた。現在の危機とその対策においても、保護主義と経済ブロック化の傾向が現れている。とすると再び世界戦争なのか。しかしこのようなとらえ方は、過去にとらわれて、今日の事態の特徴をとらえていない見方である（"死者が生者をとらえている"）。少なくとも帝国主義国間の植民地争奪戦という性格の世界戦争は、もはや現実に起こしえなくなっている。巨大な核兵器を含むアメリカの軍事力（その現実的意味を明らかにしなければならないが）、これに対し他の資本主義国はとても対抗しえない。そればかりでなく、いかに巨大な軍事力をもってしても、ラテンアメリカに現実に示されている反帝国主義連帯の動き（さらに21世紀社会主義を志向する動き）を制圧しえなくなっている。大恐慌の危機克服策から世界戦争へというとらえ方は、今日の反帝国主義・自主確立への新たな胎動をとらえていないだけでなく、およそ戦争は（経済的必然性とはちがって）、人民の組織的力によって阻止しうるものだということをとらえていない。

　いかに大恐慌・危機対策を採っても、危機は深まる——今日の資本主義は、恐慌によって矛盾の現実的処理を図ることも、戦争によってその暴力的処理を図ることもできなくなっている。その下での資本主義の延命策は何か——それは、他国とともに自国の労働者・民衆に対する徹底的な搾取と収奪によるほかないのである。今日の金融・経済危機は、資本の最高の発展形態である株式・証券＝擬制資本のいわば究極的膨脹の下で、その擬制性、虚構性が露呈して発生した前代未聞の危機、資本主義が行きつく最高の形態の発展自体がひき起こした危機であって、もはや資本主義体制の下ではこの危機は克服されえない——ついに社会の存立・発展の本来の担い手である労働者・人民の生活を奪い尽し破壊するほか、この体制は生き延びられないことを示している。"資本主義に代わるのは資本主義しかない"という財界人（とその代弁者である偽学者）たちの叫びは、資本主義で歴史は終ると思い込み、人間歴史の発展をとらええない者たちの絶望の叫びである。

「この社会構成（資本主義体制）をもって、人間社会の前史はおわりをつげる」（マルクス『経済学批判』序言）――人類の本史、社会の本来の主体が現実の主体となる社会＝社会主義がこれから始まるのである。

　この金融・経済危機の中で、これを『資本論』の論理によって読み解こうという傾向が現れている。『資本論』研究者としてはこの傾向を歓迎したい。しかしここでも余りにも安易に、ご都合主義的に『資本論』を援用する傾向も生じている。『資本論』の不十分、不正確な理解のまま、自分の主観的観点で、あるいは所属する党派の路線を合理化する意図で、『資本論』を利用する傾向もある。同時に、この現実の分析によって、分析者の理論の貧しさ、不十分さもはっきり露呈してしまう。『資本論』による現在の事態の分析だとして、この金融・経済危機を、周期的恐慌（産業恐慌）の再来だとするとらえ方もある。これでは現状分析にならない。少なくとも、現在の事態の分析には、株式・証券＝擬制資本の特質を理論的にふまえなければならないのに、多くのマルクス経済学者にはこれが全く不十分なのである。

　現在の事態に関し、マルクス経済学者として、綿密・的確な分析を示されており、多くの重要な学問的成果を著されている伊藤誠氏でさえ、この問題の分析においてその理論の不十分性を現している。伊藤氏によると、現在の事態は、産業（商業）恐慌と、これとは離れたものとして生じる貨幣恐慌（『資本論』第１巻第３章第３節の注99で指摘されている貨幣恐慌、これを伊藤氏は、「貨幣恐慌の第二類型」ととらえる）との合成によるものと、とらえている（「サブプライム金融恐慌の構造と意義」『現代思想』09年１月号）。この貨幣恐慌の「第二類型」が具体的にどの時点のどういう恐慌なのか（マルクスの指摘自体についても）明らかではないが、少なくとも明確なことは、この貨幣恐慌には利子率上昇が伴っていること、自由主義段階でも産業資本の過剰蓄積が生じていない状況でも、貨幣恐慌が生じた（例えば1839年）が、それは金流出に伴う利子率上昇が生じたことによる（金本位制に基づいていたので）のに対し、現在の事態は、利子率を引下げているにもかかわらず事態が深刻化していることである。これはとても「第二類型」の貨幣恐慌のとらえ方を適用して解明できることではない。伊

藤氏のこの無理は、産業恐慌というだけではとらえられない今日の事態を、株式・証券＝擬制資本の膨脹（バブル）とその崩壊として、擬制資本論を理論的基準として分析しえないところから生じていると思われる。伊藤氏の経済原論（『資本主義経済の理論』岩波書店 1989年）は、株式＝擬制資本を「資本の究極の展開形態」（同、189ページ）と規定する重要な展開を示されながら、擬制資本論を「資本の動員」の一環としてとらえるのであり、その資本主義体制における体系的位置と意味、それが恐慌を止揚する形態であることは明らかにされていない。結局経済原論を恐慌論として総括する方法が、擬制資本論の理論を制約してしまったと考えられる。

　つけ加えると、伊藤氏は、借金づけにされた現代の労働者に関して「労働力の金融化」というとらえ方を示されているが、そういうことばを使うのなら、賃金を資本還元して形成される「労働力（人間）の擬制資本」化（「資本家的な考え方の狂気の沙汰」、『資本論』第3巻第29章）をいうべきであった。

　こういう『資本論』の論理の適用の仕方に関して、本書は一定の批判とともに、現状分析に生かされうる『資本論』の論理についても私の考えを示した。なお私としては、『資本論』の論理を正しく理解し、そのエッセンスを把握するために、『資本論のエッセンス──（付論）宇野理論のエッセンス』を書き進めている。

　本書を構成するのは、06年10月以降、09年2月末までの、金融・経済危機とそれに対する対策に関する分析論稿である。時間の推移に応じて、事態を追求してきたのであるが、データとその分析に関し、時々の特徴（危機認識の状況も含めて）を示す上に、とくにⅠ、Ⅱの諸論稿については、執筆時点を示しておいた。なお、全体的に重複を整理し、若干内容を補筆、修正した。このように時間の推移に応じ、事実関係に関する可能な限り直近のデータ・資料が不可欠なところから、資料としては日刊各新聞、週刊経済誌にほとんど依っている。事実関係の確認、一般読者に分り易いデータの提示ということから、新聞、雑誌を活用させていただいた。

〔初出一覧〕
　Ⅰ　金融危機の発生
　　第1章　『アソシエ』No.18. 07年1月
　　第2章　『進歩と改革』07年10月
　　第3章　『進歩と改革』07年11月
　Ⅱ　金融危機から経済危機へ
　　第1章　『労働運動研究』No.19. 08年4月
　　第2章　『労働運動研究』No.20. 08年8月
　　第3章　『労働運動研究』No.21. 08年12月、及び『長周新聞』09年1月
　　　　　　1日～5日
　Ⅲ　金融・経済危機の原因
　　第1、2章　『長周新聞』09年1月7日～28日
　Ⅳ　金融・経済危機対策
　　第1、2、3章　『長周新聞』09年1月30日～2月27日
　　補論1　『思想運動』09年3月1日
　　補論2　『進歩と改革』08年9月
　Ⅴ　金融・経済危機の経済学
　　第1章　『社会評論』08年春
　　第2章　『進歩と改革』09年1月
　　第3章　『社会主義』09年1月
　　第4章　『労働運動研究』08年12月及び『長周新聞』09年3月2日～11日
　　　　　（なお『長周新聞』は週3回刊である）

　末筆であるが、『資本論』の論理を生かす狙いで現状分析を進めてきたので、本書を『資本論のエッセンス』の前段として刊行したいという私の希望をかなえて下さった時潮社の相良景行社長、校正をはじめ種々ご配慮いただいた同社西村祐紘氏に感謝申上げる。

2009年4月29日

目　次

はじめに……………………………………………………………………… 3

Ⅰ　金融危機の発生

第1章　危機の背景―金融グローバリズム………………………………15
第1節　金融グローバリズムの構造　15
1．主役としての金融投資集団　15
2．世界的資金過剰の中で　16

第2節　金融投資集団の運動―擬制・ギャンブル経済　18
1．擬制資本運動の特徴　18
2．株価至上主義・利潤至上主義　19
3．生活・労働領域の交換関係化と事業への利潤原理の導入　20

第3節　大格差、そして金融崩壊へ　21
1．大企業・大銀行の下に資金の累積　21
2．労働者・民衆の中に格差拡大―金融崩壊へ　22

第2章　サブプライムローン問題発生……………………………………24
第1節　金融バブル崩壊の始まり　24
第2節　アメリカ・住宅バブル崩壊へ　27
1．サブプライムローン問題　27
2．過剰流動性の原因　30

第3節　日本・円安バブルはどうなる　32
1．日銀、利上げ見送り（07年8月）　32
2．円高―景気下落へ　33

第3章　中国の経済バブルも崩壊へ………………………………………35
第1節　サブプライムローン問題による激震　35
第2節　中国経済の現況　37
第3節　バブル経済化―その崩壊の可能性　41

第4節　中国・社会主義は可能か　45

Ⅱ　金融危機から経済危機へ

第1章　"擬制"的経済の世界化と破綻 …………………………………51
　第1節　統一対応できないG7　51
　第2節　サブプライムローン問題の特徴　53
　　1．問題の根源　53
　　2．問題の影響・波及　57
　　3．問題への対処策のもたらすものは　62

第2章　日本経済への波及 ……………………………………………66
　第1節　日銀・金利引上げを"封印"　66
　第2節　サブプライムローン問題の影響　68
　　1．金融機関への直接的影響　69
　　2．株式・証券価格下落、原油・穀物価格上昇　72
　　3．ドル価値下落・円高―その意味　75
　第3節　日本経済―スタグフレーション再現か　77
　　1．1974〜75年との異同　77
　　2．リストラ強行による困難の拡大　79
　　3．リストラによる実体経済崩壊の中での円高、原油・穀物価格急騰　81

第3章　世界的金融破綻―実体経済危機へ ……………………………85
　第1節　金融危機から実体経済危機へ　85
　　1．まだ底がみえない　85
　　2．アメリカ金融機関の大損失、破綻　86
　　3．実体経済不況へ――　一時スタグフレーションに　88
　　4．シティグループの経営危機　91
　　5．GMの経営危機　94
　第2節　世界同時不況―経済危機へ　97
　　1．金融危機、西欧を襲う　97
　　2．全世界的経済危機へ　99

Ⅲ 金融・経済危機の原因

第1章 金融証券化商品の世界的拡散と投機 …………………………105
はじめに　105
第1節　あらゆる収入が資本還元されて証券化　105
第2節　投機の世界的拡大と「金融帝国」の破綻　109

第2章 新自由主義の破綻 ……………………………………………114
第1節　新自由主義の"自由"の中身　115
第2節　新自由主義の徹底による矛盾噴出　119
第3節　新自由主義破綻の認識に関する留意点　124

Ⅳ 金融・経済危機対策

第1章 金融危機対策 ……………………………………………………131
第1節　ギャンブルの主役救済　131
第2節　G20、ギャンブル金融は規制されるか　135

第2章 産業・雇用対策 …………………………………………………137
第1節　オバマ新大統領の「就任演説」　137
第2節　グリーン・ニューディール政策　140
第3節　オバマ版ニューディール政策の限界　142

第3章 危機対策による危機深刻化 ……………………………………147
第1節　危機対策が危機を深める　147
第2節　ドル暴落—バブル要因増幅　148
第3節　産業保護主義—EUの対策を通して　153
第4節　経済のブロック化の動きとその制約　157

〔補論1〕オバマ版ニューディール政策の困難 ……………………………162
1．「最後の審判日が来た」　162
2．金融危機対策　162
3．景気・雇用対策　165
4．財政赤字拡大・インフレ・バブル再燃の危機　166

〔補論2〕「排出権」売買の意味 ――地球温暖化対策になるか……………169
  1．「人間として最低の生きざま」 169
  2．「排出権」商品の価格とは 172
  3．国連公認の排出権取引 177
  4．排出権バブルへ 180

V 金融・経済危機の経済学

第1章 新自由主義批判の理論的基礎
――友寄英隆『新自由主義とは何か』に寄せて ………………187
 第1節 課題 187
 第2節 市場経済・資本主義経済の「ルール」とは 190
  1．市場経済と「ルール」・「モラル」 190
  2．スミスの「市民社会」論の評価 193
 第3節 『資本論』の論理に関して 195
  1．「市民社会」の理解―その理想化 196
  2．資本主義の根本矛盾について 199

第2章 金融危機の経済学批判 ……………………………………203
 第1節 貨幣の暴走、資本主義の暴走 203
 第2節 "犯人はだれだ"―資本主義自体ではない？ 206
 第3節 銀行信用と株式・擬制資本 209

第3章 基礎としての株式・擬制資本論 …………………………216
 第1節 認識課題 216
 第2節 株式・証券―擬制資本であること 217
 第3節 株価至上主義・利潤至上主義 221

第4章 金融・経済危機の歴史的位相（総括）……………………226
 第1節 1930年代大恐慌との対比 226
 第2節 改良の限界 228
 第3節 新自由主義の歴史的位置 233
 第4節 「大恐慌から戦争へ」ではとらえられない事態の意味 234

Ⅰ 金融危機の発生

第1章 危機の背景──金融グローバリズム

第1節　金融グローバリズムの構造

1．主役としての金融投資集団

　1990年代から21世紀初頭の今日の世界経済の特徴は、グローバリゼーションだといってよい。

　このグローバリゼーションをもたらした現実の主役は、多国籍企業、中でも金融多国籍企業である。その主導国はアメリカであるが、日本も金融「改革」を通して、アメリカの後追いをしてきた。

　アメリカでは、グラム・リーチ・ブライリー法（1999年）によって銀行の証券業兼業が容認され、金融コングロマリット化が推進された。日本も、金融「再生」から金融「改革」（竹中「改革」）の推進の下で銀行・証券・保険などの業務を同一資本の下で行いうることになり、法の整備が進められた。銀行業務は、従来の貸付－返済型の間接金融から、証券発行・引受け・販売という直接金融方式に転換されてきた。金融の証券化である。

　産業企業と銀行・金融機関の関係は、前者による株式・証券発行──銀行・金融機関による引受け──株式・証券市場への販売という関係が中心となり、企業はそれによって自己資本を調達し、投資して事業を拡張し、金融機関は株式保有・証券売買で、経営に対する影響力をもつとともに、利得を獲得する。このような金融証券化の下で、もっぱら株式・証券の売買によって売買益（キャピタルゲイン）の獲得をめざす金融投資集団、ヘッジファンドが成長する。同時に様々な金融派生商品（デリバティブ）が開発される。債務の証券化、不動産の証券化をはじめ排出権・天候デリバティブ等々多様な証券が発行され、その売買だけで利得を上げる活動が世界的に拡大する。IT技術による高速大

容量の世界的情報化の進展が、金融投資集団の世界的金融ギャンブルを促進している。

　もっぱら株式・証券の、あるいは外国為替の売買で利得獲得をめざすヘッジファンドは、90年代半ばから急膨張し、21世紀に入ってさらに肥大化している。アメリカだけでファンド数は約8000、運用資産は1兆2000億ドル（2006年3月末＝米ヘッジファンドリサーチ社）という。ヘッジファンドは自己資金の100倍もの資金を借入れて運用し投機的利得獲得をめざす。彼らをはじめとする金融機関の投機の対象となる金融デリバティブの世界全体の取引残高は2006年6月末時点で370兆ドル（約4京4000兆円）という途方もない巨額に達し、04年までの10年間で25倍も増大した（BIS調査）。実需（貿易取引）と関係のない外為取引額は、実需の100倍にも達している。

　このような金融投資集団は、値上り期待（予想）の株式・証券を買い、値下りが予測されれば、即座に売却し、もっぱらこの売買だけで利得獲得をめざす。彼らにとっては株価を上げうる経営だけが目的であって、経営・事業の内容自体はどうでもよい。しかも値下がり予想が生じれば、一瞬のうちに株式を売却し投資を引揚げる。しかも全世界的規模でこの投資（投機）活動を"自由"に展開するために、各国に対しどの事業分野に対しても、規制撤廃・自由化を求める。彼らの"自由"な活動によって企業経営も国の経済運営も大きく攪乱される。1997〜98年のアジア通貨・金融危機は、彼らの投資（投機）・引揚げによってひき起こされた。

2．世界的資金過剰の下で

　実需、実体経済と遊離した投機的活動を行うこの金融投機集団の活動の展開を支えているのは、世界的資金過剰である。

　世界的な資金過剰の元凶は、ドルの不換銀行券化の下でのアメリカの双子の赤字――財政と貿易の赤字である。1990年代から07年まで（クリントン政権最後の3年間を例外として）アメリカの財政は赤字を続け、ブッシュ政権下の大幅減税と大軍拡・軍需支出増大の下で赤字は急増した（2005年度約4000億ドル）。貿易も一貫して赤字であり、2005年7675億ドル（2006年8173億ドル）に達して

いる。

　双子の赤字はドル支出・撒布を招き、国内外でドルの過剰をもたらす。それはドルの価値を下落させ、ドルの危機をもたらす。これを避けるには、国内外に流出・滞留したドルの回収が必要である。しかしその回収はアメリカ一国の政策によるだけでは困難である。そこですでに9000億ドルもの外貨準備（大部分ドル）を保有している日本からの資金とり込みに頼ることになる。日米金利差の政策的形成（アメリカが金利を下げると政策的に日本の金利を連動して下げる）、そして円マネー供給の増大は、アメリカによる日本からの資金とり込み政策であった。2001年3月〜2006年3月にかけて行われた金融量的緩和策は、金利ゼロの上にさらに円マネーの供給を増やす（銀行がいつでも引出して使える日銀当座預金を設定、2004年1月から2006年3月まで35兆円の残高設定）という異常な政策であったが、それは日本自体の景気対策というより、ドルを支えるための政策だったのであり、日銀・日本政府が自らの通貨・金融主権をアメリカに譲り渡した政策であった[1]。

　ドルの世界的過剰の上にさらに円マネーの供給増加が加わり、世界的資金過剰化が進む。この過剰資金をアメリカがとり込みうる限りアメリカ経済は崩壊を免れる。しかし、その下でアメリカ経済の腐朽化は進み、実体経済と遊離した金融投資集団が肥大化する。アメリカ経済を支えるのは、住宅ローン（サブプライム層にまで広げた）による、住宅販売（その半分は投機目的である）、その下で生じた住宅価格上昇を利用したホームエクイティローンによる消費拡大と、「反テロ」対策を口実とした世界的戦争に関わる軍需産業であり、それは貿易・財政の赤字をさらに増やし、ドルの過剰・危機を深める。

　アメリカの金融投資集団は、アメリカが諸外国、日本からとり込んだ資金を利用するだけでなく、直接にジャパンマネーを超低金利で借入れ、それを世界的に、そして日本市場に対しても投機的投資（引揚げ）を展開する（円キャリー・トレード）。日本は自ら供給した円マネーを、アメリカ金融投資集団に吸収されて、投機の対象とされ、経済は撹乱される。

第1章　危機の背景—金融グローバリズム　17

第2節　金融投資集団の運動—擬制・ギャンブル経済

1. 擬制資本の運動の特徴

　企業の発行した株式を買い、それを売ってキャピタルゲイン獲得をめざす金融投資集団は、実体経済から遊離した株式・証券市場＝擬制資本市場を直接の活動部面としているが、株式・証券価格はそれ自体に根拠を持つものではなく、株式・証券を発行した資本家的企業＝現実資本の運動に基づいている。ここでは株式資本を中心に要点的にその特徴を指摘しておく。[(2)]

　第1に、株式資本においては、企業経営活動を行い、価値・剰余価値を形成する現実資本と、株式市場で売買の対象となる株式＝擬制資本に、資本が二重化される。いうまでもなく株式の価格はそれ自体に価値の根拠があるのではなく、価値を擬制される（あるものとみなされる）に過ぎない。その価格の根拠は、現実資本の利潤形成（価値増殖運動）以外にない。

　しかし第2に、株式市場において株式価格は独自の、現実資本の運動から遊離した動きを示す。個々の株券の額面価格は、それを発行した企業の現実資本価値に基づいている（直接には資産価値を発行株数で割った値）が、株式市場においては、企業の形成した利潤に基づく配当を利子とみなして、その利子を生む元本価値が擬制される。その価格は、配当の予測（企業の業績予測）とともに、利子率（直接には貸付利子率）変動の予測によって、さらに株式価格上昇（あるいは下落）予想に左右される需給関係によって規制される。業績増大が予想されれば（あるいはその宣伝だけでも）、株価上昇期待で株式への需要が増え株価は上昇する。しかし現実に企業の利潤が（予測以下にしか）実現されなければ、株式の売りが増え、株式価格は下落する。株価の上昇は企業の資金調達を増やし、その下落はそれを困難にして、企業＝現実資本の運動を左右することにもなる。

　第3に、株式・証券は直接には売買の対象となる商品（資本の商品化）である。だからそれ自体は（保有していれば通常は利子なみの配当が得られるが）商品として売れない可能性があり、あるいは価格変動を受けやすい。予想通りに

その価格が実現されるとは限らない。株式が直接は商品であり、不断に価格を変動させることから、それは投機の対象となる。とくに株式の売買で利益を獲得することを事業目的とする金融投資集団は、株価変動自体が利得獲得（あるいは損失）の源泉であり、ギャンブルが活動の中心になる。

2．株価至上主義・利潤至上主義

　株式売買で投機的利得の獲得をめざす金融投資集団の下で、株式取得を通した企業経営への介入、さらには経営支配が展開され、M&A（合併・買収）が活発化する。その下で経済は、株価至上主義として特徴づけられる擬制的性格を示す。

　株式を安く買って高く売って売買益獲得を目的とする金融投資集団は、まず値上りが期待できる株式をハゲタカのように狙う。現実資本の資産価値に対し、あるいは実現されている利潤に対し、割安な株式が狙い目となる。買った株式の価格をつり上げるために様々な手段がとられる。配当率引上げ、株式発行（市場への供給量）の抑制（増資の制限）、自社株式購入等々。ついにエンロン、ワールドコムやライブドアが行ったような粉飾決算、風説の流布（虚偽宣伝）、インサイダー取引等々、人為的株価つり上げのため法を乗り越える行為にまで暴走する。それは株価至上主義の性格自体に根ざしている。そこで株価至上主義の特徴を示すと、

　第1に、その下で、株式という商品はただその価格が上昇することだけが買われる目的となる。この商品は、人間にとって、社会にとっての有用性という本来の使用価値は全くもたず、純粋な価値増加だけ（しかも擬制的な）、そしてその期待・予測だけが売買目的となる。価値側面（しかも擬制的）の純化・自立化といってよい。

　第2に、株式を発行した企業については、どういう産業か、どういう事業内容かは問題ではなく、とにかく利潤を生むこと、しかも効率的に生むことが要求される。まさに利潤至上主義である。利潤獲得・拡大のためには手段を問わないことになる。リストラ——雇用削減・賃金引下げ、労働強化・時間延長——が推進される。パート・派遣労働者の活用から"偽装請負"（労働者を雇い

ながら仕事の請負い扱いにし社会保険料負担を免れ労働条件規制を免れる）が進む。"人間の物化"の徹底である。――資本の物化・商品化の対極にあるのは人間の物化である。

　仕事の中身も、耐震強度偽装、リフォーム偽装などの偽装化が横行し、生産・販売される商品にも欠陥隠し、誇大宣伝が横行する。利潤至上主義のなせるわざ、といってよい。

　第3に、このような価値増殖の純化・徹底、しかも擬制的価値増殖の徹底は、直接その純化した運動を行う金融投資集団の行動に端的にそのものとして現れるが、しかしそれは今日のすべての資本家的企業の、金融資本の本体自体の、特質でもある。ただ「それは……会社の運営や証券操作による金融資本の暴利に対する非難によって……隠蔽される」（宇野弘蔵『経済政策論』改訂版、弘文堂190ページ）。

　しかし、第4に、株価至上主義の暴走、というよりその本質の徹底が、その本来の成立根拠、すなわち現実資本の価値増殖を、そしてその主体的根拠としての労働者の人間としての営みである「労働」自体を、解体させる傾向を進めるとともに、しかし現実にそれが解体されたら株価至上主義も崩壊するのであって、その崩壊を避けて自己保存・維持を図る上に、新たな国家的規制（暴走行為に対する取締りや新たな法的規制の導入など）がとられる。しかしその規制は、本質の隠蔽による本質の貫徹のためのものである。

3．生活・労働領域の交換関係化と事業への利潤原理の導入

　いま進行しているのは、人間が人間として生存、維持・発展する生活領域と、人間の主体的営みとしての労働領域の商品交換関係化と、これを担当する事業の私企業化＝利潤原理の導入、徹底である。重要なのは、教育・医療・福祉など人間生活の社会的条件となる領域の市場化と民営化の名による資本家的企業の参入・営利化である。これは人間の社会的生活領域を私的負担化することによって格差の形成をもたらす決定的要因となる。とくに教育の私企業化・営利化は、人間能力形成上の差別をもたらし、仕事上の機会格差をもたらす。

　同時に07年11月導入された「労働契約法」は、「労働」の物化、交換関係化

によって、その人間的営みを解体化させるもの――労働法制の解体と民法への解消――である。

　株価至上主義経済は、実体経済の形態化の徹底であり、それは本来の人間的領域である「生活」と「労働」領域の解体化と対応する。

第3節　大格差、そして金融崩壊へ

1．大企業・大銀行の下に資金の累積

　一方ではリストラの推進、他方では税制上の優遇措置（法人税率引下げやリストラ減税など）、不良債権処理に関わる公的資金（財政資金）注入によって、輸出産業中心の大企業、不良債権処理を強行した大銀行は、この間史上最高の利益を計上し、その下には厖大な資金過剰が生じている。2004年末の企業部門の余剰資金残高（ストック）は82兆円に達しており、1998～2005年の間に生じた企業部門の貯蓄超過額（資金余剰額）は毎年約21兆円余、累計170兆円となっている（『経済財政白書』）。「企業はカネ余りに苦しんでいる」という事態さえ生じている（第一生命経済研究所、熊野英生氏）。

　これらの過剰資金は、決して勤労者の生活向上・福祉部門に、あるいは低生産性にあえぐ小零細企業や農業部門に回らない。儲けがえられず、十分な利潤が見込まれない分野には資金は決して回らない。政府の政策は、カネ余りに苦しんでいる大法人の減税促進、そして利潤を生む生産性の高い成長分野への資金の重点的配分を推進して、さらに資金過剰を拡大し、その資金を国内外の株式・証券に誘導し、株式・証券価格の政策的引上げを図っている。株式・証券価格の上昇は、大資本の下への社会的資金の集中化をもたらしつつ、株式・証券売買を通した利得獲得をもたらす。

　株式・証券売買自体は（ギャンブルと同様に）、富も価値も全く生まない。だからこれを通して利益を獲得する根拠は、他の者の所得からの収奪による以外にない。人為的、政策的な株価つり上げによって大資本が利益を獲得すれば、それだけ社会的な所得分配上の格差が拡大する。株式投機の失敗で損失を蒙った者からだけでなく、社会的に、株式投資から疎外されている低所得者・貧困

者の所得も、社会的関連を通して、具体的には株価引上げのための低金利、とくに預金金利引下げを通して、また資金の株式市場への吸収による資金市場への資金供給減を補う個人貸付分野への高利貸し＝サラ金進出を通して、さらには株価上昇維持のためのマネー供給増─貨幣価値下落による実質的所得減少を通して、収奪を蒙る。"富益富、貧益貧"の進行である。

2．労働者・民衆の中に格差拡大──金融崩壊へ

　1998年以来年間自殺者は8年間連続して3万人を超えている（08年まで11年連続となっている）。経済的理由に基づく自殺が7000人を超えている。弱者をいたわるのではなく、いじめ尽くし奪い尽くす風潮の中で、自殺は小中学生に及んでいる。弱肉強食の競争、仲間を蹴落として自己保存を図ろうという競争が、労働者・民衆の中に浸透している。市場経済─交換関係の中で競争に勝って利益を得ようという本来資本に特有の行動様式が、労働者・民衆の中にも広まっている。その下で一時的に"勝ち組"になったとしても、労働者・民衆に展望が拓かれることは絶対ない。

　労働者・民衆の格差状況をみると、第1に、上述の利潤至上主義経営の推進の中で、搾取の度は確実に高まっている。労働分配率は低下し、とくに生産性の高い大企業のそれは著しく低下している。労働者全体の賃金は（06年まで）8年連続低下し、激しい労働強化と労働時間延長が進んでいる。非正規雇用は3割を超え、フリーター、派遣労働者が増大し、偽装請負いさえ例外といえないほど増えている。

　第2に、大銀行、大企業の減税・優遇措置の反面、労働者・民衆への税負担、福祉・医療・教育費負担は確実に増えている。貧困率（全世帯の平均収入の半分以下の層）は13.5％と全世界第2位（第1位アメリカ、OECD調査06年7月）、貯蓄率は2.8％（2004年度）と著しく低下、無貯蓄の世帯は24％に達している。生活保護世帯は100万世帯を超え、470万世帯が国の保険料を支払えず滞納している。ジニ係数も0.5に近づいている。その上財政危機対策として、公的な教育・福祉支出は削られ、消費税引上げによる増税が加わる。

　第3に、教育・医療・福祉領域の私企業化（営利化）、自己負担化によって、

給付（サービス）の質が全体的に低下するとともに、負担の差によるサービスの格差が広がり、負担しえない者は教育・医療を受けられなくなる。

　株価至上主義、その下での利潤至上主義の下で、このような労働者・民衆の中に格差が生じ、拡大しているのである。互いに競争し合いながら懸命に努力してみても成果は得られず、状態は悪化する。無展望、絶望そして暴力行為が横行する。

　このような格差構造の下で、実体経済が縮小する反面、過剰資金は増大し、金融の証券化によってグローバルな金融の大膨脹が生じている。そしてこれがいまやその虚構性を暴露し、崩壊しはじめたのである。

　注
（1）日本の金融政策の動向とその性格については、鎌倉孝夫『株価至上主義経済』
　　（御茶の水書房、2005年）参照。
（2）同書、第五章参照。

（06年10月稿、一部補筆）

第2章 サブプライムローン問題発生

第1節 金融バブル崩壊の始まり

　地上では40.9度という史上最高の熱波にさらされた07年の8月、株価は大幅に下落し、同時に円高が進んだ。株価（日経平均株価）は8月16日（午前終値）1万6047円に下落（図Ⅰ－1）、8月17日（終値）には1万5273円に暴落した。年初来高値（7月9日、1万8261円）から約1カ月のうちに2988円、率にして16.36％の下落である。

　07年の日本の株価は異常な乱高下を繰り返している。2月27日には、中国・上海株式市場の株価暴落を契機に、日本の株価も大幅に下落し、持ち直したと思われたのも束の間、米サブプライムローン問題が発覚し再び暴落したが、7月初旬までもりかえし年初来最高値をつけていた（図Ⅰ－1参照）。ところがすぐ見るように、このサブプライムローン問題が、西欧金融機関の破綻に及び、世界的な影響を示す中で、上述のように1日に874円の暴落（8月17日）となったのである。

　上海市場の株価暴落、今度はアメリカ国内の問題を契機にした西欧の金融機関破綻、それが日本の株式市場を巻き込んだ。株式・金融市場のグローバルな展開と連動―それはまさに今日のグローバリゼーションの姿である。

図Ⅰ－1　日経平均株価

出所：『日本経済新聞』2007年8月16日夕刊

表Ⅰ－1　市場環境の変化（いずれも07年）
（日経平均が年初来高値を付けた7月9日との比較）

	7月9日	8月20日	変　化
日経平均*	1万8261円	1万5732円	2529円の下落
予想PER（株価収益率）	19.66倍	16.63倍	3.03ポイントの低下
予想配当利回り	1.07%	1.26%	0.19%の上昇
長期金利	1.95%	1.59%	0.36%の低下
円相場	1ドル＝123円45銭	1ドル＝115円28銭	8円17銭の円高
米ダウ平均	1万3649ドル	1万3079ドル	570ドルの下落

（注）8月20日のダウ平均は17日終値
出所：『日本経済新聞』2007年8月21日
＊8月17日終値は、1万5273円。

　日本では、株価の動揺とともに、円の対外価値の激動をもたらした。円は、1ドル＝123～124円から、8月17日には一時111円の円高になった。超低金利と円通貨供給の増大を背景にこの間円キャリー（円借り）トレードが盛行し、円安傾向が続いた。超低金利で円を借入れ、これを高金利の通貨（ドル・ユーロ等）に換えて、株式・証券等の投資を行うという取引である。これが、株価暴落を契機にして逆流しはじめた。円売り－ドル・ユーロ買いが逆転し、円買いが増え急激な円高が生じた（表Ⅰ－1、図Ⅰ－2参照）。円高は輸出を不利にする。ドル建て輸出価格を引上げないと利益は減る。日本の輸出産業企業（製造業）の07年度想定レートは1ドル＝114円40銭（採算レートは106円60銭）である。1円の円高によって生じる減益（ドル建て輸出価格を上げないと生じる）は、トヨタ自動車350億円、ホンダ200億円、キヤノン98億円、ソニー60億円等々である。こうして円高が進むと、

図Ⅰ－2
円相場と企業の採算・想定レート

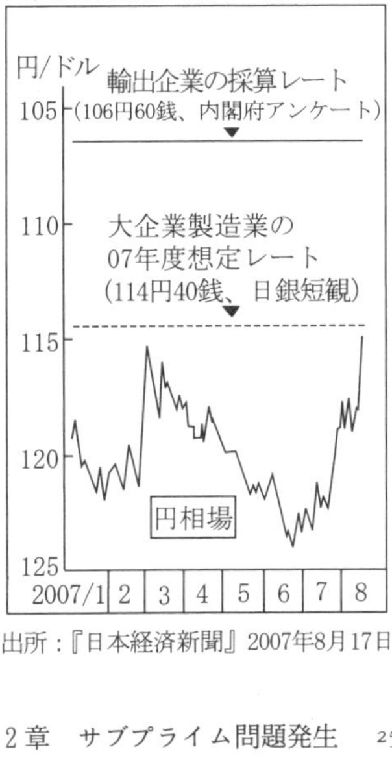

出所：『日本経済新聞』2007年8月17日

第2章　サブプライム問題発生

日本輸出産業企業は利益を減らし、それらの企業の株価は下がるし、輸出に依存した日本の景気上昇は頓挫する。「『心配通りの金融バブル崩壊』(行天豊雄国際通貨研究所理事長) は、瞬時に同時多発で進んだ。…米国の住宅バブルと円借り取引による円安バブル。2つのバブルは『リスクの過小評価と低金利』という地下茎でつながっている」(『日本経済新聞』07年8月19日)。

　その上にもう1つのバブルをつけ加えなければならない。それは、上海株式市場の株価上昇 (そして暴落) に示されている中国バブルである。アメリカ・住宅バブル、日本・円安バブル、中国・株式バブル—この3つの金融バブルは互いに絡み合い、連動しながら、相乗作用で膨張するとともに同時にまた崩壊する。上海株式暴落が垣間見せた崩壊の連鎖、そして住宅バブル崩壊による世界的規模での金融崩壊が現した底知れぬ深淵。円安バブルが崩壊したとき、一体どのような事態が発生するのだろうか。

　こうした金融バブル、そしてその崩壊の相互作用・連動からとらえなければならないことは、今日のグローバリゼーションの特質であり、とくにその"擬制"的性格—擬制の上に擬制を積み上げるという脆い基盤に立ったその虚構性である。

　その崩壊の深淵をみせた現状に対し、危機回避策として採られているのは、各国中央銀行による通貨・資金供給の増大であり、公定歩合 (政策金利) の引下げである。フランス大手銀行BNPパリバ傘下の3つのファンドが、サブプライムローンに関わる証券の売却不能による資金逼迫で営業凍結 (8月9日) を決めたことをきっかけに、西欧に金融危機のおそれが生じたのに対し、ECB (ヨーロッパ中央銀行) は、即座に948億ユーロ (15兆4000億円) の緊急通貨供給を行い、さらに610億ユーロ (約10兆円) の資金供給を追加した。アメリカFRB (米連邦準備制度理事会) も9日以降940億ドル (10兆4000億円) の通貨供給を行うとともに、17日臨時の米連邦公開市場委員会 (FOMC) を開き、公定歩合を0.5％引下げ、年5.75％とすることを決定した (フェデラルファンドFF金利は5.25％と据え置き)。そして日本銀行も、これらの動きに合わせて1兆円の通貨供給を行い、金融不安に対処した。8月23日の日銀・金融政策決定会合でも金利引上げを見送った。通貨供給を増やした中央銀行は、ロシア、オースト

ラリア、カナダにまで及んだ。

　こうした各国連携した金融政策対応も、グローバリゼーションの重要な現れといってよいが、それは結局、通貨供給の増大と金利引下げによって崩落防止を図る政策に頼らざるをえないことをも示した。たしかにこの政策によって、アメリカ、日本では株価が持ち直した（表Ⅰ-1参照）。日本では円高の進行も抑えられた。しかしドル、円等通貨の過剰発行によってもたらされた世界的過剰流動性こそが、住宅バブル、円安バブル（そして中国バブルも）を引き起こした原因なのであるが、崩壊に対する歯どめの政策はまたしても過剰流動性をさらに増幅させるものとなる。このことによって生じるのは崩壊の規模の拡張である。問題は、バブルの崩壊によって、そしてそれを回避する政策によって実体経済——民衆の、しかも世界的規模での生活実態が、どのような影響を蒙るか、である。

第2節　アメリカ・住宅バブル崩壊へ

1．サブプライムローン問題

　サブプライムローン——信用度の低い低所得者むけに、住宅販売を拡大すべく導入された住宅ローンであるが、通常は個人住宅を購入することのできない信用力の低い低所得者に、貸出し当初2年間は年利5〜6％と低金利で資金を貸付け、軽減期間終了時点で貸出し条件を見直す（大体は当初利率の2倍程度に引上げる。借り換えも可能）というもので、住宅取得困難な個人にも住宅を購入させ、住宅販売拡張—住宅価格上昇の維持、要するに住宅バブルを支えるものとして、04年以降積極的に使われた。

注
（1）Fair Isaac Corporation（FICO）が評価するクレジットスコアでいうと、平均680点、これ以上がプライムローン層、それ以下575〜680点の層がサブプライム層とされる。

　このサブプライムローンの規模は、住宅ローン全体約10兆ドルのうちの15％、

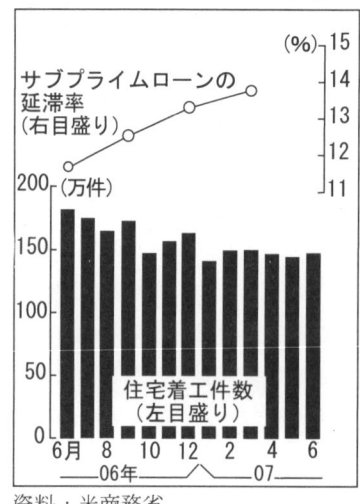

図Ⅰ-3　米国の住宅関連指標

資料：米商務省
出所：『朝日新聞』2007年8月11日

1兆5000億ドル程度である。それほど大きな比重を占めているわけではない。しかし信用度が低い借り手に対するローンで、リスクが高いことから、このローンを維持・拡張するには一定の条件が必要なのである。

その1つは、住宅価格の上昇である。住宅価格の上昇が続いていれば、担保価値上昇を背景に、ローンの借り換え（有利な条件への）が可能となる。ところが、住宅価格が下落すれば、借り手は利払いにせまられ、しかも返済額は増える。

すでに06年後半から住宅価格は全体としてピークアウトし、都市部では下落しはじめた。返済遅延、貸し倒れの割合を示す延滞率は05年には10％程度だったが、07年1～3月には13.77％まで上昇した（図Ⅰ-3参照）。米貯蓄金融機関監督庁によれば、07年に貸し出し条件の見直し（利率上昇）を迎えるサブプライムローンは5670億ドルで、米家計の可処分所得（07年1～3月期）の5.8％に達する。住宅着工件数は、07年6月、138万1000戸と対前年同月比20.9％減となり、1997年1月以来10年半ぶりの低水準となっている（米商務省）。住宅着工が減少し、住宅価格が下がり続ければ、サブプライムローンの返済不能、貸し倒れが確実に増大する。サブプライムローンの問題はこれから深刻化することになる。これを積極的に推進して来た金融機関のうち、すでに破産に陥った金融機関も生じているが（後述）、これから本格的な影響を蒙ることになる。

2つ目の条件は、リスク分散である。まず住宅ローン債権が証券化される。債権を持つ金融機関は、ローン利払いを基に一定価格をもった証券を発行し、債権を売却して資金を回収しうる。証券化されたローンは、種々組み合わされて、住宅ローン担保証券（RMBS）として発行される。このRMBSは、さらに他の消費者ローンと組み合わせ、束ねた新証券CDO（債務担保証券）として

発行される。CDO は、RMBS など、すでに証券化された債務を基にした金融商品——証券化商品をさらに証券化した金融商品である。しかもこの CDO は、信用力に応じて分割され、さらに短期化され（コマーシャル・ペーパー ABCP の発行）

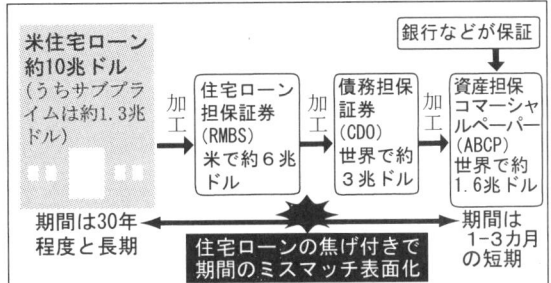

図Ⅰ-4　30年の住宅ローンが1カ月の資産担保CPに

出所：『日本経済新聞』2007年8月20日

て、投資家に売り出される（図Ⅰ-4参照）。こうした証券の上に証券がつくられ、発行され、全世界的に売り出される。「CDOは2000年代に発達した金融商品。JPモルガンの調べでは全世界のCDO発行額は06年に5490億ドルと、01年の5.4倍に増えた」（『日本経済新聞』07年8月22日）。

　債務の利払いが、証券化（"擬制"的価格をもった商品）され、さらにその証券に基づいて新たな証券（"擬制"的価格をもった）がつくられ、売られる。"擬制"の上に"擬制"が積み重ねられる。しかしどれだけ"擬制"化が積み重なっても、その証券の価格の基礎は、当初の債務者が支払う利払い以外にない。しかし証券化が積み重なることによって、貸付資金の元金返済期間（例えば30年）が、証券販売によって短期間（例えば1カ月）で回収されることになった（図Ⅰ-4参照）としても、たしかに貸し倒れのリスクは低下するけれども、一体証券価格が適正かどうか（この基準は債務に対する発行証券数とともに、返済される利子の状況によって左右される）、きわめて分かりにくくなる。それは証券に対する格付会社の格付けを信用するしかないし、実際には不確実な予測の下での投機的需給関係によって左右されるものでしかない。

　いずれにせよアメリカの低所得者の住宅ローン利払い如何が、"擬制"の上に"擬制"を積み重ねた証券市場を、しかもそれが世界的過剰流動性の下で世界的に拡散していることによって、いわば全世界の証券市場を動かすものとなった。第1の条件が、第2の構造を左右するという、まさに虚構の金融グロー

第2章　サブプライム問題発生　29

バリゼーションの構造をつくった。

　こうして第1の条件が崩壊しはじめたことによって、この虚構の構造が崩れ始めた。サブプライムローンに基づく金融証券に関わっていた金融機関、銀行・証券・投資ファンド（ヘッジファンド）は、金融証券が売れなくなり、資金ぐりが困難になり、さらには破綻した。07年8月9日、BNPパリバ傘下の3つのファンドの突然の解約停止、13日、ゴールドマンサックス傘下のヘッジファンド（グローバル・エクイティ・オポチュニティ）に30億ドルの資金注入、14日、カナダの投資会社CP発行困難化、15日、メリルリンチ、カントリーワイドの破綻リスクが拡大、CP発行に高金利（12%）が求められて、新規住宅融資停止、米買収ファンドKKR保有のRMBSの値下がりで3億ドル弱の損失等々と損失・破綻が続いた。さらに資金ぐり困難、清算、あるいは取引停止は、イギリス（ディロンリード、ケンブリッジプレス）、ドイツ（IKBドイツ産業銀行）、フランス（アクサ）、オーストラリア（ベーシス・キャピタルファンズ、アブソリュート・キャピタル）、中国（中国銀行、数百万ドル損失）、シンガポール、そして日本にも及んだ（『日本経済新聞』8月7日、20日より）。サブプライムローンに関わって損失を招いた日本の金融機関は（07年8月中旬までで）、野村ホールディングス（1～6月で726億円の損失）、三菱UFJFG（投資額約3000億円、数十億円の含み損）、みずほFG（同500億円、6億円損失）、三井住友FG（同1000億円）、新生あおぞら銀行（同210億円、45億円損失）等々で、金融機関全体で約1兆円、6大銀行グループで約4000億円の投信残高がある、という。「日本の金融機関に深刻な影響が懸念される状況にはない」（山本金融相＝当時、8月10日、『朝日新聞』8月11日）とされてはいるが、サブプライムローン問題の広さ、そして底知れぬ深さは、深刻な問題をはらんでいる。

2．過剰流動性の原因

　サブプライムローンのこげ付きに端を発したグローバルな金融危機――そこからみえてくるのは信用力の乏しいローンを証券化し、その上に証券化を重ねた今日の金融の擬制的性格と、しかしそれにもかかわらず、世界各国の金融機関が個人投資家を巻き込んでこのような証券への投資、売買にとびつく、とい

うことである。このようなまさに証券ギャンブルの事態をもたらしているのは、世界的過剰流動性＝カネ余りである。端的にいえば、実体経済に投資・運用されない（つまり実体経済＝実需にとって必要ではない）厖大なマネー・資金の過剰が形成されている。

このマネー・資金過剰をもたらしている原因は、先ず第一に、アメリカの双子の赤字——財政と貿易・経常収支の赤字である。ブッシュ政権の下で、アメリカの財政赤字は増大した。アフガニスタン、イラクへの軍事侵攻は、国防費を急増させた。すでにアメリカ政府は、ベトナム戦に費やした戦争費用（8000億ドル）以上の戦費を費やしながら、情勢は全く改善されず泥沼に陥っているので、これからも莫大な戦費が必要とされる。この戦争費用が、国内の金持ち対象の減税政策とともに、財政の赤字をもたらした。財政赤字は、国の債務（国債）を増やす。国債発行が財政による金融機関からの資金吸収——金融逼迫・利子率上昇——を招かないようにするには、FRBによるマネー供給増大が必要である。これが過剰流動性をもたらす原因となる。

同時にアメリカの貿易・経常収支の赤字が巨額になっている。貿易収支の赤字は、05年7675億ドル（うち対日赤字825億ドル）、06年8173億ドル（同、886億ドル）となっている。この赤字に対し、アメリカはドルを支払う。それは対米貿易黒字国（日本、中国）中心にドルの累積（外貨準備）をもたらす。ドルの運用先がなければ、ドル過剰—ドル価値低下（ドル安）をもたらす。

何よりもこのようなアメリカの双子の赤字——それに関わるドルマネー供給の増大こそが、過剰流動性をもたらす根本的原因である。

この双子の赤字——ドルマネー供給増大は、ドル価値低下、したがってドルの信用力低下をもたらす。これを避けるためにはどうするか。それには貿易黒字で外貨準備をためた国が、累積したドルをアメリカに政策的に還流させることによるほかない。要するにドルを対米投融資に運用するということである。実際、巨額の対米貿易黒字を出している日本、さらに日本を上回る対米黒字を出している中国、さらに原油価格上昇（それも世界的過剰流動性の下での原油先物投機によるところが大きい）によって外貨準備を増大させている産油国は、外貨準備を積極的に対米投融資に運用している。それだけではない。購入したア

メリカ国債・証券価格の下落（ドル建て）を避けようとする動機が生じる。さらに対米貿易黒字を維持する（輸出競争力の低下を避ける）ために、積極的にドル買い――円マネー供給増大・「元」マネー供給増大によるドル買い介入――が行われる。

　こうしてドル通貨の過剰の上に、円と「元」マネーの供給増加が加わり、過剰流動性が増幅される。次節でもふれるが、この間の日本の超低金利の継続、そして円マネー供給増大（金融量的緩和策）は、ドル価値維持（ドル高）のための円通貨供給増大（ドル買い―ドルによる対米投融資）を図る政策であった。このような超低金利と円マネー供給増大が、国際的な投資ファンドを中心とする「円キャリー（借り）トレード」を盛行させた。超低金利で円を借入れ、これを利子の高いドルやユーロに転換して運用するという為替・証券投資であるが、これが過剰資金の国際的拡散をもたらすとともに、円安―ドル高関係を持続・増幅させた。そして今や日本以上の外貨準備をため込んだ中国は、外貨準備を米国債・証券に運用するとともに、「元」高を避けるため、中央銀行による「元」売り・ドル買い介入を展開している。これが中国国内で株式・証券ブーム、経済のバブル的膨脹をもたらすとともに、ドル価値を支える役割を果たすものとなっているのであるが、同時に国際的な過剰流動性増幅要因ともなっている。だから中国の経済バブルとその崩壊は、今やグローバルな金融バブル、そしてその崩壊がもたらす金融危機を深めるものとなる。

第3節　日本・円安バブルはどうなる

1．日銀、利上げ見送り（07年8月）

　8月23日、日銀は金融政策決定会合で、利上げを見送った。2000年以降続けられた超低金利（ゼロ金利）、金融量的緩和策は、対内的には金融機関の不良債権処理、そして対外的にはドル価値維持をめざした緊急対応策であったが、少なくとも対内的には不良債権処理問題の片がつき大手銀行の収益も回復し、景気が上昇するとともに"正常化"がめざされた。06年3月金融量的緩和策は打ちどめとなり、同7年にはゼロ金利政策をやめ、無担保コールレート（翌日

物）金利の誘導目標を0％から0.25％に引上げた。その後も日銀は、景気上昇が持続していることなどを背景に利上げをめざしていた。07年2月ようやく短期資金0.25％の追加引上げを決めた（拙稿「金利引上げをめぐる諸事情」『進歩と改革』07年4月、参照）。しかしその後も参議院選挙等もあり、追加利上げはできなかった。この間、「円安バブル」はさらに進行し、国内的にも過剰なマネーの下で株価、そして都市部の地価のバブル的上昇が生じた。7月の決定会合で福井総裁（当時）は、景気は上昇しつつあるとの判断を示した。だから8月の決定会合では、0.25％の利上げに踏み切るのではないかと大方の市場関係者は見ていた。ところがここにサブプライムローンに関わるグローバルな金融不安、市場の激変が生じた。米欧だけでなく、日本をはじめアジア諸国の株価は下落し、上述のように日本では円キャリートレードが逆転して急激な円高が生じた。

　こうして日銀は追加利上げを見送ったのであるが、福井総裁（当時）は、「日本経済は引続き緩やかに拡大している」けれども「国際金融市場や、その背後にある世界経済の動きを注視する必要がある」と述べた。信用力の低い個人向け住宅融資サブプライムローンに関し、「世界的に振れの大きい展開になっている」、とくに欧米証券化商品市場の一部は「機能停止状態になっている」と指摘し、信用・証券市場の調整にはある程度の時間がかかる、「日本経済への跳ね返りについて、分析や洞察力が求められている」とした（『日本経済新聞』07年8月24日）。

　リスクがどこに、どのぐらいあるかが分からない全く新しいタイプの危機、その下で欧米はまたしても流動性過剰化をもたらす中央銀行のマネー供給を増やし、アメリカは公定歩合の引下げに踏み切った。要するに住宅バブルをもたらす背景である過剰流動性を増幅させている。アメリカの金利引下げの下で、日銀は日米金利差縮小、そしてアメリカへの資金流入減少―ドル価値下落をもたらすことが確実な日本の金利引上げには容易に踏み切れない。しかしそのことによって円安バブルはさらに膨脹し、その崩壊の規模は確実に大きくなる。

2．円高―景気下落へ

　サブプライムローン問題を契機に生じた金融危機に対する対策、日本の金利

据え置き決定は、株価上昇そして円安傾向をもたらし、金融不安を一時的に沈静化させている。しかし日本の円安バブルは、すでに円の国際信用力の惨めな低落の下で、一部の輸出産業企業を潤すだけで、国民経済的には価値・富の流出——明確にいえば日本の価値・富のアメリカによる収奪——をもたらしている。日本の商品は安売りされる一方、外国商品を高く買わされる——働いても働いても豊かになれない原因の一端は円安バブルにある。そして過剰化したマネーは株や土地など擬制的商品の値上りに吸収され、そしてドルを支えるとともに、アメリカの住宅バブルを支える要因となっている。しかしこれが今アメリカの住宅バブル破綻の下で崩壊の危機を現した。今後住宅バブル崩壊が大規模に現れる可能性がある。

サブプライムローンのこげ付きから始まる金融崩壊はどう進展するか。①アメリカの住宅販売・住宅価格の下落、それはローンの返済不能を激発させて住宅産業企業の破綻とともに住宅バブルに依拠していた個人消費を激減させる。②その下で住宅産業関連企業の株価、住宅ローンに関わる金融機関の株価下落、あるいは破綻が生じる。③株価下落の下で海外からの資金流入は途絶え、あるいは逆流する——それはドル安をもたらす。その下で危機回避策としてドル供給増、金利引下げが行われると、ドル価値はさらに低下する。④アメリカの消費減退はアメリカの実体経済の不況をもたらす。それは、外国とくに日本、中国等の対米輸出を減少させる。さらに保有する米国債価格低下（ドル減価による）により損失を蒙る。⑤ドル価値下落と米金融機関の資金逼迫の下で、円キャリートレードは反転し、ドル売り・円買いが生じる。これがさらにドル安・円高をもたらす。⑥しかも円安効果で利益を上げていた日本の輸出産業は打撃を蒙る。そして輸出依存度の高い日本経済も景気は反転下落する。日本の株価、地価は当然下落する。——これが住宅バブル、円安バブル崩壊のもたらす一連の影響である（その上にいまや中国バブルとその崩壊の危機の影響が加わる）。その後の事態は現実にほとんどここで示した通りに進行している。

（07年8月24日稿）

第3章 中国の経済バブルも崩壊へ

第1節 サブプライムローン問題による激震

　イギリスの中堅銀行(住宅融資主体)ノーザン・ロック銀行は07年9月中旬預金の払い戻しを求める顧客による取り付け騒ぎに見舞われた。9月17日までに引き出し額は預金総額の約8％(20億ポンド＝4600億円)に達した。サブプライムローンに関わる証券の売却難から、短期資金の調達困難に陥ったことが露呈した。預金者が不安心理にかられたからである。ノーザン・ロック銀行の株価は約40％安まで暴落した。サブプライムローン問題に関わる金融不安・動揺は底知れぬ影響を示している。

　イギリス政府・ダーリング財務相は「必要に応じて政府とイングランド銀行(中央銀行)が全預金を保障する」ことを表明した(17日)。米連邦準備理事会(FRB)は、9月18日の連邦公開市場委員会(FOMC)で、FF(フェデラルファンド)金利の誘導目標を5.25％から0.5％引下げて、4.75％とすること、同時に公定歩合も(8月に続いて)0.5％引下げ5.25％にすることを決定した。日本銀行も19日の金融政策決定会合で、短期金利の指標である無担保コール翌日物金利を年0.5％前後に誘導するという現状を維持することを決めた。欧州中央銀行も、9月6日には予定していた利上げを見送ることを決めている。

　利下げを行ったFRBは、「信用市場の引き締まりが住宅市場の調整を長引かせ、経済成長がより広く抑制される心配がある」と指摘した。金利を据え置いた日本銀行は、「日本経済は標準シナリオ通り拡大している」けれども、「世界経済と金融市場の不透明感が増していることを考慮した」(福井総裁＝当時、『日本経済新聞』07年9月20日)、と述べている。

　このような各国中央銀行の金融不安対処策によって株式市場は持ち直した。

図Ⅰ-5　上海総合株価指数の推移

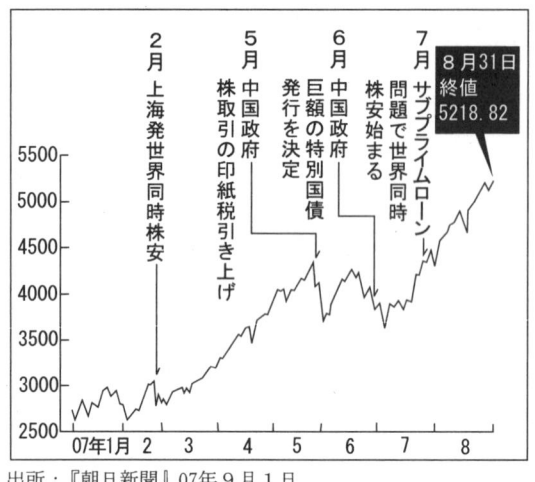

2月　上海発世界同時株安
5月　中国政府株取引の印紙税引き上げ
6月　中国政府巨額の特別国債発行を決定
7月　サブプライムローン問題で世界同時株安始まる
8月31日　終値5218.82

出所：『朝日新聞』07年9月1日

ダウ工業株30種平均株価は年初来高値（1万4000ドル）近くまで回復した（19日）。日本の日経平均株価も全面高となり、580円値上がりして1万6300円台となった。しかし反面バブルをもたらす過剰流動性が増大し、投資マネーが肥大化している。「再び勢い付いた余剰資金は商品市場に流れ込み、原油相場は最高値を更新した。中国経済は過熱気味で、中国株のバブル色も一段と強まっている」（『日本経済新聞』社説、07年9月20日）。

07年8月のアメリカの住宅着工件数は年率換算で133万1000戸と前月比2.6％減（2カ月連続減）と1995年6月以来12年2カ月ぶりの低い水準となった（米商務省、『日本経済新聞』、07年9月20日）。同8月の全米住宅差し押さえ件数（債務不履行通知、競売通知など差し押さえに関連する件数）は24万3947件と前月比35％増加した（リアルティー・トラック社、9月18日発表）。「差し押さえ増加の次の大波の始まりとなる可能性がある」──実際サブプライムローンの変動金利型の条件改定で返済負担が重くなり、債務不履行に追い込まれる世帯が急増することが懸念されている（『赤旗』07年9月20日）。

資本主義各国の株価が激しい乱高下を繰り返している中で、中国・上海総合株価指数は、時々下落してはいるが、趨勢としては著しい上昇を続けている（8月末現在、図Ⅰ-5）。「バブル色」が「一段と強まっている」。しかし中国バブルがはじけたら……。世界は同時多発型金融パニックに襲われるおそれが強い。07年2月末の上海株暴落を契機にした世界同時的株価下落はその予兆を示すものであった。「社会主義市場経済」・中国の経済は、どうなっているのか。

金融グローバリズムにのみ込まれようとしている中国は、果たして「社会主義」にむけて前進しうるのか。

第2節　中国経済の現況

中国経済の最近の状況を示しておこう。

まずGDP成長率をみると（中国国家統計局）、06年11.1％成長（実質）、07年1～3月期対前年同期比11.1％上昇、同4～6月期11.9％上昇（1～6月期11.5％上昇）となっている。5年連続2ケタ成長は確実である。政府制定目標8～9％を上回る。中国のGDPは、2017年に日本を、40年代にアメリカを抜いて世界一になると予測されている（BRICs経済研究所、『朝日新聞』07年8月5日）。

一人当たり国民所得は、02年初めて1000ドルを超えたが、06年には2010ドル（約23万円）と2000ドルを超え、「中等収入国」（世界銀行）の水準に達した（国家統計局、07年9月18日）。

図Ⅰ-6　中国の輸出総額と食品の輸出額
（中国税関統計による）

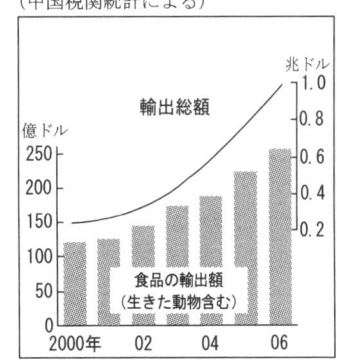

出所：『日本経済新聞』07年7月25日

図Ⅰ-7　中国の対米貿易黒字額
（中国税関統計による）

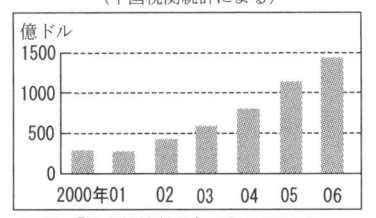

出所：『日本経済新聞』07年5月24日

経済成長をもたらしている要因は、第1に、貿易、とくに輸出の拡大である。2000年以降、とくにWTOに加盟した01年12月以降中国の輸出・輸入額は年率20～30％（03、04年は40％）増大している。06年の貿易黒字額は1775億ドル、07年1～6月期で1125億ドル（対前年同期比84.3％増）となっている。主な輸出品は、食品のほかパソコン、携帯電話等電機製品で、前年同期比27.6％増（07年1～6月期）となっている（図Ⅰ-6）。輸入は石油、天然ガス、鉄・鋼材など、工業生産に必要な原燃料・素材が中心である（輸入は同期間18.2％増）。

輸出の約五割は、外資系企業（米・欧・日本の多国籍企業）による輸出で、輸

出先は多国籍企業の本国に集中する傾向がある。とくにアメリカへの輸出は急増しており、対米貿易黒字は著しく増大している（図Ⅰ-7）。中国経済の成長は、アメリカへの輸出増大に、したがってアメリカ経済の成長の持続に大きく依存している。アメリカ経済が後退すれば、たちまち中国の経済成長も、同時に経済バブルも崩壊する。

　中国経済の成長要因の第2は、都市部における活発な固定資産投資（設備投資と建設投資）である。08年の北京オリンピックに関わる建設ラッシュ、さらに2010年の上海万国博覧会に関わる建設と続き、建設・インフラ投資が拡大し、それに引っ張られた形で建設資材の生産、設備投資が増大している。都市部建設投資の伸び率（前年同期比）は06年31.3％増、07年上半期26.7％増となっている。北京オリンピックに関わる公共投資は約4.5兆円、民間を含めた投資は24兆円に上る。中国紙「金融時報」によると、オリンピックがもたらす商機は48兆円と言う（『朝日新聞』07年8月9日）。

　成長をもたらしているこの2つの要因に関わって重要な経済問題が生じている。

　第1の要因に関わる問題としては、①厖大な外貨準備が生じ、その運用問題が生じている。06年末の外貨準備は1兆663億ドル、07年3月末には1兆3220億ドルに達した。日本の外貨準備（07年3月末9090億ドル、8月末で9322億ドル）を超えて世界一の規模となっている。外貨の内訳は公表されていないが、大体70％以上ドルで保有されている（ユーロが傾向として増大しているが）。外貨準備によって米国債・証券投資が行われており、これがドル価値を支える効果をもたらしている。しかしアメリカの双子の赤字（両方で1.2兆ドル）の下でドル価値下落の傾向はかえって強まっている。ドル価値が下落すれば、保有米国債・証券価格の下落によって大損害を蒙ることから、中国政府としては、この厖大な外貨準備の運用の多様化を図らなければならなくなっている。その一つとして、外貨準備を基に国家的外資投資会社を新設して、積極的に海外投資を展開する（「走去出」という）ようにしている。巨額の対米貿易黒字—米中貿易摩擦に対処して、中国は米ヘッジファンド・ブラックストーングループに30億ドルの投資を行った。中国企業の海外株式市場での上場も進んでいる。しかしこの

ような中国の海外投資・貸付けの拡大は、反面米・欧・日諸国による中国国内金融市場の自由化（資本取引規制の緩和・撤廃）の要求を強めることになる。これが認められれば、中国は多国籍金融資本＝投資ファンドの"自由"な活動＝ギャンブル的活動によって撹乱されることになるであろう。

②中国の巨額の外貨準備は、中国金融当局が金融撹乱を回避すべく、中国企業、外資系企業が稼いだ外貨の"自由"な運用を禁止し、政府金融機関の下に集中、管理を行ってきたことによ

図Ⅰ-8 人民元の対主要通貨の実効為替レート
(2005年7月の月中平均を100とした。JPモルガン算出)

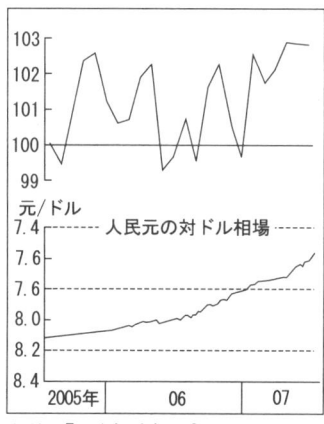

出所：『日本経済新聞』07年7月20日

る面が大きい。と同時に、中国政府は、輸出競争力を維持・強化するため、元（人民元）価値の上昇を抑える「元売り・ドル買い」介入を続けている。

05年7月21日、中国人民銀行は、人民元レートを米ドル相場に事実上固定してきた外国為替制度を見直し、対ドルレートを1ドル＝8.276元から8.1080元へと2％元を切上げ（7月22日から実施）、1日の対ドル変動容認幅を0.3％（07年5月から0.5％に拡大）と決め、この範囲で金融機関の為替取引を認める「管理変動相場」を導入した。しかし、元の切上げ率は切上げ後2年間で8％強にとどまり、また通貨の総合的な価値を示す「実質実効為替レート」（JPモルガン算出による。図Ⅰ-8参照）をみると、主要外国通貨に対する人民元上昇率は対ドルよりもはるかに小さく、05年7月から3％弱にとどまっている。「ブラジル、インドネシア、タイなど他の途上国の通貨が主要外国通貨に対し2ケタの上昇となっているのとは対照的で、元レートの見直しは実質的に進んでいない」（『日本経済新聞』07年7月20日）。「明らかに政府の介入と分かる元売り注文が出る」（大手銀行、同上）ことがしばしばあるという。中国政府・中国人民銀行による「元売り・ドル買い」介入が続けられ、元は実勢に比べ割安な状態が解消されていない。

第3章 中国の経済バブルも崩壊へ 39

図Ⅰ-9 中国の消費者物価指数上昇率
（前年同月比）

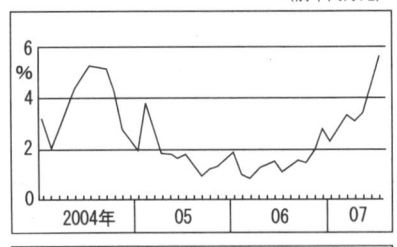

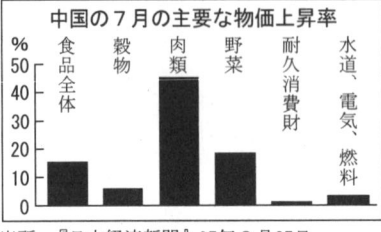

中国の7月の主要な物価上昇率

出所：『日本経済新聞』07年8月27日

元の割安は、輸出増大をもたらすとともに、過剰流動性をもたらしている。この過剰流動性が前述した成長をもたらす第2の要因である固定資産投資の増大を加速するものとなっている。

そこでこの第2要因から生じる問題を指摘すれば、株式・不動産価格の上昇、そして物価（消費者物価）の上昇である。株式価格上昇については次節で分析するが、消費者物価上昇の状況についてみると（図Ⅰ-9）、04年に5％を超える上昇のあと沈静化していたが、07年に入って急上昇を示し、6月4.4％、7月5.6％、8月6.5％の上昇と過去10年来最大の上昇幅となっている。とくに肉類（豚肉）、野菜、飼料（トウモロコシ等）の上昇が著しい（図Ⅰ-9）。

流動性の指標を示すM₂（現金＋預金通貨）の伸び率は、07年1～6月16.5％、対GDP比率は160％となっており、明らかに通貨過剰の状況となっている。住宅価格上昇とともに、食料品価格の上昇は、とくに都市労働者の生活を厳しくしている。と同時に、名目賃金の著しい上昇をもたらしている。大連ではこの1年で賃金が40％も上昇した。南部地域の都市部ではさらに賃金上昇が大きい、という。従来、中国の工場（製造業）では内陸部の農村などからの出稼ぎ労働者（農民工）が主力で、彼らを低賃金で、かつ短期の期間工として使用してきた。中国進出外国企業もこれによって低賃金、低コストを実現した。しかし物価上昇の上に、労働者の生活安定を図らざるをえなくなった中国政府は、「労働契約法」を制定（08年1月1日から施行）し、さらに「工賃法（賃金法）」を制定するという。前者は、二回目の契約更新を迎える従業員、勤続10年以上の従業員に、無期限の雇用契約を結ぶこと、また契約を更新しない場合には、退職金支払いを義務づけている。労働組合の権限強化・拡大も定められている。「賃金法」は、自治体や経済開発区ごとに定められている最低賃金に一定の基

準を設けることになる、といわれている。中国では、地域間、企業間で賃金格差が大きく、場合によっては数十倍にもなっている、といわれるが、「賃金法」は「同一労働・同一賃金」の義務づけが主眼とされている。これが実施されれば、とくに労働集約型企業、そして外国系企業には大きな打撃となる。

　共産党を指導政党とする中国なのだから、労働者の生活安定・向上を図る施策は当然といってよいが、これが外資の積極的導入―輸出拡大によって経済成長を図る政策と一定の矛盾をひき起こすものとなる。これまで通り成長政策を推進しようとすれば、労働保護法は形だけのものになりかねないし、労働者・農民の反抗を強め、社会的矛盾を激化させることになろう。

第3節　バブル経済化―その崩壊の可能性

　輸出の増大で世界一の外貨準備を保有しながら、「元売り・ドル買い」介入で「元」マネー供給の増大・「元」高回避を進めている中国は、都市部中心の固定資産投資によって株式・不動産価格の上昇をひき起こし、バブル経済化の状況を示している。

　住宅価格は全国平均で7％前後、北京、深圳などでは10％を超える上昇が続いている。中国政府は、04年以降不動産バブル対策として、不動産投資に対し課税を強化し、不動産投資を規制した。それにも影響を受けて、だぶついた過剰マネーが株式市場に殺到し、株価の上昇―株式バブルをひき起こしている。市場経済化の加速を指示した鄧小平の「南巡講和」から15年。市場経済化は、資本の最高の発展（極限）形態である株式＝擬制資本を膨脹させ、株式バブルをひき起こすところにまで達した。

　中国の株式市場は、90年上海、91年深圳の証券取引所の開設によって本格的に始まった。株式市場では、人民元建てで株式売買を行うA株と、米ドル建て（深圳では香港ドル建て）で売買を行うB株がある。前者は、中国政府が認定した適格国外機関投資家（投資枠100億ドルまで、07年5月から300億ドルに拡大された）のほか、主に中国国内の投資家（個人、国内投資信託）が中心である。B株は中国国外の投資家も売買できる。

表Ⅰ-2 中国の株式市場の"実力"

	上海・深圳証券取引所	東京証券取引所
上場企業数 うちA株	1,434社 1,411社	2,416社
時価総額	89,404億元（約137兆円）	549兆円
売買代金	90,469億元（約139兆円）	673兆円

（注）1元＝約15.4円。06年末。売買代金は06年累計。A株上場企業数はB株、H株との重複上場を含む。出所は中国証券監督管理委員会（証監会）
出所：『日本経済新聞』07年2月21日

両市場での上場企業数は、1434社、株式時価総額は8兆9404億元（約137兆円＝いずれも06年末。表Ⅰ-2参照）となっている（07年5月10日現在、時価総額は16兆5200億元＝258兆円となっている）。

01年以降の上海株式市場の株価総合指数をみると、02〜05年まで株価は下落・低迷していた（指数で1500前後）が、06年以降急激に上昇した（指数2500突破）。05年まで経済成長は高いのに株価は下落したが、それは顧客資産流用などが発覚して証券会社が閉鎖されたり、政府・国有法人保有の株式（非流通株）の一般流通株式への転換に関わる条件整備の遅れがあったからとされているが、銀行制度の未整理、内容的には各種金融機関による利子率の不統一、国有・国営企業の資産価値評価あるいは利潤率の不確定等、株式価格形成上の基本的条件が整っていないことにその根本原因があった。中国政府は04年2月に資本市場振興の基本政策を発表し、条件整備を行った。

こうした中で06年以降株式市場が活性化し、急激な株価上昇が生じた。上海株式市場の総合指数は06年1年間で2.3倍に跳ね上がり、図Ⅰ-5でみたように07年に入って、2月、5月末―6月初旬、同下旬と下落を示してはいるが、年初の2600ポイントから8月31日には5219ポイントと2倍以上の上昇となっている。株式・証券口座は1カ月に2500万以上も開設され、口座数は5月末1億を超えた。投資家の90％以上が中国本土の個人投資家である。株式投資ラッシュ、そして株価バブルが発生している。

全国人民代表大会副委員長、成思危が「バブルが形成されている。投資家はリスクを心配すべきだ」と発言したこと（07年1月末）、それをきっかけに政府が加熱抑制策を打ち出すのではないかとの警戒感が高まると、株価は暴落するという脆い状況にある。現に、07年に生じた株価下落は、政府による証券取引

印紙税率引上げ（0.1%→0.3%）、金利引上げ・預金準備率引上げ（5月18、30日）、中央銀行の国債発行に伴う市場からの資金引揚げ（6月下旬）によるものであった。ということは、現在の中国株式市場は、なお政府の管理下におかれ、その政策介入によって左右される状況にあるといってよい。

「信頼性のある経済データや政策の透明性に乏しいからファンダメンタルズ（経済の基礎的諸条件）を基にした投資家が育たない」（北京大学系ビジネススクール、マイケル・ペテリス准教授、『日本経済新聞』07年2月21日）、上場企業のうち7割は「投資価値が高くない。さらにいえば全く投資価値がない」（成副委員長、同上）というのが現状の姿である。

　しかもこのような未成熟な状況の中で（むしろ未成熟だから）、株式売買に関わるルール違反、不正が生じている。「……政府は庶民に立ち退かせた時とかけ離れた価格で、開発業者に土地使用権を売れる。／こうした売買を通じて、政府は財源を得て、一部の役人や業者は大いにもうけた。とりわけ03年ごろから投機が顕著になった。……国民の財産だったはずなのに、株放出で一部の地元政府の役人や企業役員が株主となり、大もうけした。／公有だった土地や企業の権利を私有化しつつある」（中国社会科学院金融研究所・易憲容、『朝日新聞』07年7月19日）。国有・公有企業を、株式会社に転換する——株式会社は企業の資産の個々人の集合・社会的な所有なのだから、社会主義的所有と矛盾しないなどという理屈（実は株式所有は"私有"であって社会的＝人民による所有ではないことが歪曲されて）によって合理化されて——、その転換過程で、従来の経営者、党幹部が株式取得・売買を管理し操作する。株価形成の基準である企業資産の価値、あるいはキャッシュフローが明確に確定されない中で、企業業績の宣伝（風評）等によって株価をつり上げて利益を得る。経営者自体が自社の株式売買を取りしきるという究極のインサイダー取引が横行した。

　株価形成の基準は、株式を発行する経営体＝現実資本の価値とその運動を通した利潤形成を基礎とし、利潤、直接には配当を貸付資金利子率で資本還元して成立する。市場経済化といっても、単に商品・貨幣関係を利用する関係ではなく、企業自体の資本家的経営としての確立、そして資金・信用市場の社会的確立による貸付資本の成立が、株式市場形成の基礎である。こうした基盤の未

成立の上に、政府の政策介入によって株式市場が育成され、国有・公有企業の株式会社への転換がはかられているので、様々な歪みと歪みにつけ込む不正な利得獲得が横行することになる。

　このような状況に対し、政府は市場のルール（当然それはグローバルな、実質的にはアメリカの金融制度・ルールに即したものとなるであろう）に従った株式市場をめざし、当面は制度・ルールの整備、そして企業価値や利潤の確定に必要な基準や条件の整備を進めなければならないであろう。その下で中国株式市場は、そして株式バブルはどうなるか。

　明らかなことは、第1に、アメリカをはじめ資本主義各国の金融機関、投資ファンドが本格的に中国に進出することになろう。すでに外国金融機関は香港を経由して実質的には中国信用・株式市場に入り込んでいるが、中国政府はなお一定の規制をもうけ、金融自由化にふみ切っていない。外国金融機関は、中国政府に規制の緩和・撤廃を強く求めている。中国政府としても、株式市場整備・推進の立場に立つ限り、それを認めざるをえない。しかしその下で生じるのは、外国金融機関による中国の有望企業の買収・乗っ取り（M&A）、そして株価至上主義経営、金融ギャンブル化である。株式市場の発展を図りながら、自由なM&Aや金融ギャンブル化をどう食い止めうるか。

　第2に、米ドルとの関係である。アメリカの双子の赤字が解消されず、ドル不安・価値低下の傾向が続いているが、すでに中国としてはドル建て外貨準備、そしてそれに基づく巨額の対米国債・証券投資を行っており、さらに外貨準備の活用ということで対外投資を展開している。金融規制緩和・撤廃は、この動きをさらに加速させることになる。中国政府としては、ドル価値不安・下落傾向によるリスク回避のため外貨準備のユーロへの転換（20％程度はユーロに転換するという）を進めてはいるが、なおドル依存は続く。その下でのドル価値不安・下落への対処は、「元売り・ドル買い」介入の継続である。それは、輸出競争力の強化の点からも要請される。

　「元売り・ドル買い」介入の継続——それは、株式バブルの大きな原因である。ということで、株式を中心とした経済のバブル化はさらに膨脹するであろう。

　しかし第3に、上述のように中国経済の急成長をもたらしたのは輸出、とく

に対米輸出の増大である。これは中国経済の輸出依存を高めるとともに、アメリカ経済が不況になれば、たちまち中国経済は打撃を蒙り、バブルははじける。

さらに第4に、中国の国益維持のため、重要産業の中国資本あるいは政府による所有と経営権の維持、そしてバブル膨脹の抑制を図る上に、中国政府の金融・株式市場への介入は続けられなければならないであろう。市場経済化・株式市場活性化を図りながら「社会主義」の旗をかかげる以上、政府・国家による介入・規制は不可欠であろう。と同時に、すでに市場経済化と株式・金融バブル化の進展によって、社会的矛盾・混乱、民衆の生活難・格差から来る反発も強まっており、これへのしかるべき対処が必要であるから、金融自由化・ギャンブル化を"自由"にまかせておくことはできない。

この政府の株式・金融市場への介入がどう行われるか。過剰流動性の抑制、貸付金利調整が行われるだけでも、株式バブルははじける可能性がある。外国金融機関・投資ファンドなどへの政府の規制が強められれば、外資引揚げによって中国株式バブルは吹き飛んでしまう危険性がある。中国金融市場が金融グローバリズムの中に巻き込まれれば、それだけ世界の金融の動向、金融機関の行動によって中国経済は影響を受け、同時に中国発の株式・金融激震が世界に波及し、金融パニックを激化させる可能性も確実に大きくなる。

第4節　中国・社会主義は可能か

市場経済化——株式市場の発展の下ですでに中国社会は、重大な問題、社会的矛盾を噴出させている。金融自由化、その中で確実に進展する「株価至上主義経済」（同名の拙著＝御茶の水書房刊＝を参照のこと）によって、社会的矛盾は一層拡大する。「社会主義市場経済」といい、「社会主義経済秩序を守る」（「物権法」）とはいっているけれども「社会主義」は果たして前進するのか。ここでは、現在生じている社会的矛盾とそれへの中国政府の対応策、その問題点を要点的に指摘しておく（この点はさらに十分な考察が必要である）。

「今年6月、山西、河南両省で、出稼ぎ労働者や未成年者を拉致し、無理やり働かせていたヤミれんが工場数十カ所が一斉摘発された。事件は『現代の奴隷

工場」として、国内に大きな衝撃を与えた。／事態を重く見た中央政府は、全国の農村部の小規模工場を一斉捜索。被害者1340人を救出し、強迫労働や監禁などの疑いで147人を逮捕した」(『朝日新聞』07年8月28日)。建設ラッシュでレンガの需要が増え、レンガ工場の増大の下でこのような出稼ぎ労働者、未成年者、さらには知的障害者を「拉致」し、苛酷な労働を強いる事態が生じた。これは、市場経済化の下での経済成長に伴う社会問題を象徴するものといえよう。

　農地や宅地を取り上げられたり、各種料金引上げによって生活難に陥った民衆の、特権を利用して私有財産を獲得している党幹部や政府官僚等に対する激しい怒りからデモ・抗議行動、暴動を起こす「群体性事件」が激発している。香港紙は、06年のこうした事件の件数を11万2655件にのぼると伝えている(『選択』07年4月)。

　こうした事件に示されるように、第1に建設ラッシュ、インフラ整備拡張に伴い、公有地を請け負って農業生産を行っている農民たちから、土地（そして住む家や宅地まで）が取り上げられ、まさに無産化した労働者が激増している。多くは都市工業地区への出稼ぎに出なければならない。「物権法」では土地公有制、農民の請負制度を堅持するとしながら、使用権（土地請負経営権）の移転（「流転」）の権利を認めた。直接の政治暴力ではないにしても、カネの暴力によって、あるいは政府の施策によって、土地、宅地が取り上げられている（オリンピックにそなえた「水」確保のため、水田6667ヘクタールが強制転作された。『毎日新聞』07年8月8日）。まさに資本の本源的蓄積過程を思わせる。

　第2に、貧富の格差の著しい拡大である。都市と農村の生活条件（病院、保健施設、学校、文化施設等）の著しい格差、13億の人口中7割以上が農民であるが、大半は学費が払えず高等教育を受ける機会もない。読み書きできない人が一億人以上もいる。義務教育さえ受けられないのだ。「人口の2割が富の8割を占める」などの所得格差が生じている。富裕層は、金融業あるいは建設業、IT産業等成長部門の経営者、党幹部、官僚層などであるが、彼らは、一戸建て住宅（「農民工」が500年以上働いてやっと手の届く価格の）を所有し、浪費を行っている。「農民工」といわれる労働者、農村出稼ぎ労働者は、午前6時から午後7時まで休みなしに働いて月収は900元（1万4400円）から1000元（1万

5000円)、宿舎には共同トイレがあるだけで浴室もない。——市場経済化は、「農民工」にも"自己責任"を強要している。社会保障も大きく切り捨てられ、"人権"は保障されていない。

　第3に、経済の膨脹そして過剰流動性による経済バブル化によって、消費者物価、各種公共料金の上昇が生じているとともに、生産手段——石油・石油製品、建設資材、水、電力、さらにコバルト、クロム、イリジウム、ジルコニウム、銅、チタン、セレンそしてウランなど希少金属・資源の不足——外国からの買いあさり、そして価格上昇（中国国内だけでなく国際的にも）が生じている。石油・天然ガス、石炭、鉄鉱石、非鉄金属など世界有数の資源産出国である中国は、経済膨脹の下で、巨大な資源輸入―買いあさりの主役となって、資源価格上昇をひき起こしている。

　第4に、環境汚染、水不足等の環境問題である。「06年中国が世界一の二酸化炭素排出国になった」（オランダ調査機関の発表、『朝日新聞』07年8月5日）、2000～20年の世界全体の排出量増加分の40％を中国が占める（日本エネルギー経済研究所、同上）、という。中国は、全世界に汚染を広げている。そして様々な食品、とくに輸出食品の有害添加物汚染。国内的にはこの点でも格差が生じている——富裕層は無添加・有機の安全食品を買い、貧困層は安い、しかし添加物だらけの食品を買わざるをえない（『朝日新聞』07年5月21日）。水の汚染もきわめて深刻である。もともと利用可能な水資源は圧倒的に少ない（世界平均1人当たり7800立方メートルの60分の1）上に、経済膨脹―工場建設ラッシュ、とりわけコスト削減による競争力強化の必要ということから、企業は汚染物質を取り除く設備を十分備えないまま、むしろそれを意図的に削減して、生産の増大を図ったことによって、長江はじめ多くの河川は有毒排出物に汚染されているので利用しうる水は深刻な不足に陥っている。——工場企業によるコスト削減、利潤原理の推進、とりわけ低価格で輸出拡大をはかろうという輸出産業企業の販売拡張・利潤獲得という資本家的利潤至上主義が、環境汚染そして有害食品、水汚染の決定的原因である。

　これらの問題に対し、中国共産党政府としても対策を講じなければならなくなっている。「農民工」の貧困、生活難、そしてその反抗に対処して前述した

「労働契約法」や「賃金法」を制定し、労働者、農民への保護政策を進め、違反企業に対し取り締まりを強めている。また「独占禁止法」を制定し（全国人民代表者会議で07年8月30日採択）、市場の独占支配、価格支配を厳しく取り締まることも進めている。07年3月に全国人民代表者会議で採択された「物権法」は「国家の基本経済制度を擁護し社会主義経済秩序を守る」ことを明記している。

　しかし労働者・農民保護法にしても、保護を必要とした基本的原因——市場経済化の中での資本家的行動基準の推進——を規制するものとはなっていない。そこから発生した問題への現実主義的対処にすぎない。独禁法や株式取引の不正・官の汚職への取り締まり強化も同様で、貧富の著しい格差をもたらしている資本家的原理——利潤至上主義への規制や転換を図るものとはなっていない。「物権法」は明確に私有財産の権利を認め発展させるものとなっている。それは実際には「中国最大の『特殊利益集団』と化した党幹部の利益を……巧妙に保護する」（『選択』、同上）ものとなっているという評価は、誇張とはいえないであろう。

　社会の実体の担い手である労働者、農民の「人権」を確立すること、これを損なっている原因を規制し、除去すること、このことなくして社会主義は前進しない。「物権」ではなく「人権」が基本なのである。

（07年9月25日稿）

Ⅱ　金融危機から経済危機へ

第1章 "擬制"的経済の世界化と破綻

第1節　統一対応できないG7

　グローバリゼーションをさらに促進させようとする新自由主義の政策と思想が、全世界を徘徊し、民衆の生活を荒らし回っている。サブプライムローンの問題は、新自由主義のグローバルな展開の中で生じた、今日の資本主義の重大な特徴、端的にいえば格差と貧困の上に立つ、"擬制"的な経済社会の特徴を示すものであり、グローバリゼーションの正体を示すものといえる。

　サブプライムローン問題の底知れぬ深刻化の中で東京で開かれたG7、日米欧など7カ国の財務相、中央銀行総裁会議（08年2月9日）。07年10月のG7ではすでにこの問題が現われ不気味な進展を示したのに、G7はなお世界経済は「力強い成長が続いている」としていたが、今回は「世界経済全体のファンダメンタルズは引き続き堅固」としながら「世界はより挑戦的で不確実な環境に直面している」と認識を変えざるをえなかった。「我々は、いぜんとして下方リスクが存続していることに留意した。下方リスクには米住宅市場のさらなる悪化、金融市場の混乱の長期化による貸し出しの厳格化、原油や一次産品の価格高騰、いくつかの国におけるインフレ期待の高まりなどを含む」とした。

　しかし、「米住宅市場のさらなる悪化」「金融市場の混乱」が、なぜ生じたのか、それが全世界的に拡がったのはなぜかは、何も明らかにされていない。貸付債権の証券化＝擬制資本化と金融自由化の下でのその世界的拡大が根源なのであるが、その点は明らかにされない。と同時に証券化されて売り出されたサブプライムローン関連証券に世界の金融機関がなぜとびついたのか、そしてその背景にある世界的マネー過剰とそれによる投機にもふれていない。だから、貸付けの証券化、過剰マネーを背景にした証券投機に対する規制は提起されな

い。

　それどころか「開かれた貿易・投資体制の維持は、世界経済の繁栄を実現し、保護主義と闘ううえで決定的に重要である」として、新自由主義の推進を強調する。問題への対処については、「経済の安定と成長を確保するため、個別にあるいは共同して、適切に行動をとっていく」としたが、「共同」対処としては、「中央銀行の協調による流動性の供給」――政策金利引下げ、あるいは据えおき、通貨供給増大――と、金融商品の適切な価格評価に基づく損失の認識と開示、そして必要に応じた資本増強措置など事後対応にすぎず、問題をひき起こした原因である流動性過剰をさらに増幅させるものでしかない。

　と同時に各国間の対処の相違が表に出た。アメリカ（ポールソン財務長官＝当時）は、アメリカが大幅な金利引下げ、減税措置など積極的に対応しているのに、日欧の対応が十分でないと、日本に対しては内需拡大を、欧州諸国には金利引下げを求めたのに対し、日本は財政面からの景気拡大策も一層の金利引下げの余地もない、欧州諸国も物価上昇―インフレ進行の懸念の中で金利引下げを回避せざるをえないことで、アメリカの要求に応じられない状況が浮きぼりとなった。日欧は、当面はこの問題による景気低下への影響は限定的であるという認識から、むしろ問題の震源地であるアメリカこそ、公的資金注入等による対応策を採るべきだという姿勢を示した。

　G7が十分な共同対応をほとんどできない中で、この問題はさらに深刻化しつつある。全世界的規模での株価・証券価格の同時的暴落が止まらず、アメリカではすでに実体経済への深刻な影響が進行し、それが日本、中国等の対米輸出を減少させその経済に大きな影響を及ぼし始めている。投機マネーが、株式・証券から原油、穀物など実物投機に回って、これらの価格を引き上げている。アメリカでは新型のスタグフレーション現象が発生しつつある。その下で、貧困な民衆は家を追われ、生活を破滅させつつある。

第2節　サブプライムローン問題の特徴

1．問題の根源

　サブプライムローン問題の根源を整理してみると、①信用力の低い低所得層に対する住宅販売の政策的拡大、②ローンの証券化、証券化の積上げ、③世界的マネー過剰を背景とした証券化商品の世界的販売拡大、投機である。

　①　2000年に入り、アメリカではITブームが崩壊した上、9.11テロに見舞われ、パニックの危機に陥った。FRBは金利を引下げ、通貨供給を増やしたが、その下で金融機関の資金過多が生じ、そのはけ口として利用されたのが、住宅ローン、しかも信用力の乏しい（クレジット・スコアーの低い）、自分が稼ぐ賃金からはとてもローンの利払いが困難な低所得者に対する住宅ローンの貸付け（これをサブプライムローンという）による住宅販売の拡張であった。移民や有色人種の低所得者にも1戸建て住宅が取得できるという夢をあおり、ローンを無理やり組ませ、住宅を売った。貸付け拡大の手は、当初2〜3年はプライムローン（優良貸付け）並みの優遇金利（年5〜6％）、その後は約2倍に金利は上昇するが、取得した住宅価格が上昇するから、それを借り換えれば金利は上がらないし、価格上昇分に基づく借入れによって消費にも回せると宣伝して、貸付けを増やし、住宅販売を拡大した。こうしてローン増大―住宅需要増大によって住宅ブームが生じた。明らかに人為的政策的につくられた住宅バブルであった。06年半ばまで住宅価格は上昇（00年比約2倍）し、その下で借り手は有利な借り換えを実現したし、値上がり分を担保に借り入れを増やし消費も増やすことができた。06年時点のサブプライムローン残高は1.3兆ドル、プライムローンを含めた米住宅ローン残高は10.4兆ドルとされていた（アメリカのGDPは13.1兆ドル）。

　しかし、無理な貸付け拡大によってつくられた住宅需要の下で住宅の供給が増える一方、ローンの無理が現れて借り手、したがって住宅購入が減少し、住宅が過剰化すれば、その価格は下落してしまう。借り手は、有利な借り換えが

できず、金利引き上げを要求され、利払いが困難になる。すでに06年半ばから住宅価格は下落に転じた。米商務省によると、07年12月の新築住宅販売価格（中央値）は前年同月比10.4％減（21万9200ドル）、平均値は11.5％減（26万7300ドル）、同住宅販売件数（年換算）は前年同月比40.7％の激減となっている。ドイツ銀行の予測では、住宅価格は08～09年にかけて7.5～10％の下落、最悪の場合には15～20％の下落の可能性がある、としている。

　当然借り手は利払いができず、延滞率は上昇（07年7～9月期で、16.3％）し、07年中に130万件が差し押さえの対象になった。さらに08～09年には約170万件（約3670億ドル）の金利が上昇し、約140万件が延滞・差し押さえに直面する、という。住宅ローン減少―住宅需要減少（住宅バブル崩壊）―利払いの一層の困難という負の連鎖の進行であり、その下で住宅を差し押さえられた低所得者のホームレス化と生活の破滅が進行している。

　②　サブプライムローン問題の重要な特徴は、ローン債権の証券化、そして証券化の積み上げにある。ローン証券化―それは貸付資産とそれに基づく利子収益を基に、その収益を資本還元した擬制的価格をもつ証券を発行し、売買の対象とするというものであり、今日の資本主義の"擬制"的性格を示すものである。

　まず住宅ローンを裏づけとする金融商品、住宅ローン担保証券（RMBS＝Residential Mortgage-Backed Securities）が発行される。これは数千件のサブプライムローンを裏づけに、優先劣後構造を持つトランシェ（切り身）に切り分けられ、しかもそれぞれ格付けが与えられて売り出される。上述のようにサブプライムローン残高は1.3兆ドルであるが、このRMBSの発行残高は約6兆ドル（07年6月時点）とされている（ちなみに米国債発行残高4.5兆ドル）。さらにこのRMBSは、当初格付けトリプルB（投資適格最低水準）とされたものに消費者ローン、クレジットカードローンなどの資産を裏付けとして発行された資産担保証券（ABS＝Asset-Backed Securities、規模的4兆ドル）を組み合わせて、債務担保証券（CDO＝Collateralized Debt Obligation）として発行される。CDO発行残高は約3兆ドル（07年6月）とされている。このうち償還が最優先されているスーパシニアの証券にはトリプルAの格付けが与えられる。1.3兆ドル

の住宅ローンが、約9兆ドル（約1000兆円）の擬制的金融商品にふくれ上がった（ABSを加えれば約13兆ドル＝約1430兆円にもなる）。

　サブプライム層向け住宅ローンは、もともとリスクが大きい。そこで貸付けを行なった金融機関としては、貸し付けた資金を早く回収するためにこれを証券化して売却する。しかも多くのローンを金融工学を駆使して、適当に組み合わせ、切り分けしてリスクの率を最小にし、高い格付けが与えられたことによって、この証券を投資対象にしようと銀行、証券会社、投資ファンド等がむらがった。貸し付けた資金を証券化し売却回収した金融機関は、さらにローンを増やせる。この証券を買い取った銀行、投資ファンドも、証券売買が活発化すればその価格が上昇し売買益を獲得できる。証券会社、投資ファンドは、自己資本の何十倍もの資金を借入れて、証券投資（投機）を行なった。しかもこのサブプライムローン関連証券を担保にして、金融機関はコマーシャル・ペーパー（ABCP＝Asset-Backed Commercial Paper）を発行して短期資金を調達し運用した。さらにこれら証券価格の下落に伴う損失回避を図るために、保険料を取って価格を保証することが盛行し、その保険料をベースに証券が発行された（CDS＝Credit Default Swop）。

　しかしこの擬制的に積み上げられた金融機構を支える根拠は、信用力の乏しい低所得者の利払いにしかない。利払いが滞りあるいは不可能になれば全機構が崩壊してしまう。確かにローンの組み合わせ、証券の組み合わせと切り分けによって、数字的にはリスクは低下したはずであったが、一つの証券の値が下がり、あるいは値がつかなくなれば、サブプライムローン関連証券全体の信用が低下してしまう。すでにこの事態が生じ、進行しつつある。G7では上述のように、このような証券化商品の時価を開示し、損失額を公表すべきだとしているが、複雑に組み合わされたことによって、適正価格はおろかどれだけの価格で売買されるか全く分からない状況である。現状では買い手不在により、値がつかない状況となっている。しかもその底は計り知れない。

　③　サブプライムローン関連商品が、アメリカ国内だけでなく全世界的に売買され、投資の対象となった背景には、世界的なマネーの過剰に基づく、金融機関の資金過多がある。

世界的なマネー過剰の元凶は、アメリカの双子の赤字（貿易・経常収支と財政収支の赤字）にある。アメリカの貿易収支は、80年代以降今日に至るまで（80〜81、91年を除いて）一貫して赤字である。とくに2000年代に入り赤字は拡大している（04〜07年、6401億ドル、7548億ドル、8173億ドル、7945億ドル）。と同時にブッシュ政権の下で財政赤字は拡大した。金持ち減税とともに、9.11テロ対策を名目としたアフガニスタン、イラクへの軍事侵攻に伴う軍事費の増大が財政赤字の原因である。08年の予算教書によると、財政赤字は09年度、10年度とも4000億ドルを越えると見込まれている。過去最大だった04年度の4127億ドルの赤字を越える勢いである。対テロ戦に費やした軍事費は66年度までで4330億ドル、07年度以降3年間でさらに3650億ドルと、8000億ドルに達する。これはベトナム戦争費用（約6000億ドル）、朝鮮戦争費用（6450億ドル）を上回る。こうした巨額の軍事費を費やしながら、対テロ戦の展望は全く開かれず、アフガニスタン、イラク情勢も泥沼化している。09年度軍事費は5150億ドル、前年度比7％増を計上した。

　こうした双子の赤字に対し、アメリカはドルで支払う。こうして国内外にドルが散布され、マネー過剰を形成している。国内的には、財政赤字―国債発行が、金融市場の資金逼迫―利子率上昇を招かないようにするため、FRBによる資金供給増大、利子率引下げ、が行なわれる。それが金融機関の運用資金を増やす。金融機関は自動車、家電などの販売拡張のため各種のローンに資金を運用するが、さらに過剰化した資金は、証券投資か、証券投資ファンド（ヘッジファンド）への貸付けに運用される。サブプライムローンは、このような金融機関の資金過多と運用先をめぐる競争によってもたらされた。

　アメリカの経常収支赤字はドルで支払われる。対米貿易、経常収支黒字国（日本、中国、中東産油諸国）には過剰ドルがたまる。そのままだとドルは確実に減価するので、ドルを運用しなければならない。アメリカから買うものは限られている（軍需品か農産物しかない）ので、累積したドルは対米貸付け、あるいは証券投資に運用されることになる。ドルをアメリカに還流させるには、アメリカとドルを累積している国の利子率の差を政策的につくり、維持し、さらに米国内で株式・証券価格を高めておかなければならない。対外的に流出した

ドルの運用、そしてアメリカへの還流は、株式・証券投資によることになる。

巨額に対外黒字を出しドルをためている日本は、アメリカによる日本に対する低金利・金融量的緩和の要請を受け、また日本としてもドル減価による損失を避けるために超低金利と金融量的緩和策による円マネー供給の増大を政策的に行なってきた。その下で、超低金利の円を借入れ、これを高金利で運用しうるドルに転換して利ざやを稼ぐ、いわゆる円キャリートレードが盛行した。それによってドル価値は維持（円高は回避）されたが、ドルマネーの過剰の上に円マネーの過剰が加わって、世界的マネー過剰が増幅・拡大した。

世界的規模での厖大なマネー過剰と実体経済に関わる産業部門の生産力過剰の下で、全世界的規模の金融機関の資金過多が生じ、これが株式・証券投資（投機）に投下された。いまや1日の為替取引額は約3兆ドル、金融デリバティブ取引残高は06年6月末約370兆ドル（07年末には596兆ドル）に達している。もっぱら株式・証券売買益獲得だけを目的とする投資ファンド（投資銀行＝証券会社、ヘッジファンド）が、取引の主役を演じている。銀行も特別目的会社（SIV）を通して、積極的にこれらの証券取引を展開した。サブプライムローン関連証券は、金融機関、投資ファンドにとって適当な投資（投機）対象となり、また資金過多をかかえる世界各国の金融機関の運用対象となって、世界的に拡散した。

2．問題の影響・波及

すでに07年8月以降進行しているサブプライムローンに関わる負の連鎖の中で、関連証券価格の下落あるいは販売不能が生じ、金融危機が深まっている。この問題の影響そして波及としてとらえなければならないことは、①これに関連する証券に関わる金融機関の損失、②これに関連する証券だけでなく、他の株式・証券価格下落への波及―世界同時株価下落と暴落（パニック）の危険性、③過剰マネーの株式・証券投機から実物（石油、穀物、金等）投機への転換と生活関連商品の価格上昇、これらの問題を通した実体経済への波及、そしてドル価値下落、ドル体制の危機、である。

① サブプライムローンに関わる欧米金融機関の損失は、時間が経過するご

表Ⅱ－1　米金融大手のサブプライム関連損失と07年業績

	損　失	総収入	最終利益
シテイグループ	286	816	88（▼82.9）
JPモルガン・チェース	29	713	153（6.3）
バンク・オブ・アメリカ	79	663	149（▼29.0）
ゴールドマン・サックス※	15	459	115（21.8）
モルガン・スタンレー※	108	280	32（▼56.0）
メリルリンチ※	225	112	▼86（－）
リーマン・ブラザーズ	15	192	41（4.8）

注1：単位・億ドル　※は07年11月期　それ以外は07年12月期。カッコ内は前年同期比　▼は赤字かマイナス。
出所：『毎日新聞』2008年1月24日

とに増大し深刻化している。住宅ローン専門の米金融機関は、ローン返済不能―不良債権の増大によって経営困難となり、倒産している。大手金融機関では、サブプライムローン関連の証券（RMBS、CDO等）の価格下落、売却不能によって損失が発生している。07年の米金融大手のサブプライムローン関連損失は、表Ⅱ－1の通りである。

　シテイグループの損失は286億ドル（約3兆円）、メリルリンチ225億ドル（約2.4兆円）等、7社全体の損失額は757億ドル（約8兆円）に達している。ヨーロッパ諸国でも、スイスUBS約1兆6000億円損失（07年12月まで）をはじめ、HSBC（イギリス）、ドイツ銀行（ドイツ）、バークレイズ（イギリス）等の大手銀行で数千億円規模の損失が生じている（日本の状況は後述Ⅱ第2章）。

　格付会社がサブプライムローンを織り込んだ証券の格付けを引き下げたことによって、どこまで価格が下がるか予想も立たず、売却不能のままで評価損、損失が増大している。OECDのデータを基にした草野豊己（草野グローバルフロンティア代表）の試算によると、CDO保有者の評価損は、ヘッジファンド8646億ドル、銀行・証券3000億ドル、資産運用会社（投資ビークルSIV）2721億ドル、保険会社981億ドル、合計15,348億ドル（約165兆円）に達する、という（表Ⅱ－2参照。『エコノミスト』08年2月12日号）。しかも、モノラインと呼ばれ

表Ⅱ－2　評価損は1.5兆ドル（CDOの再評価）　　　　　　　（単位：億ドル）

格付け 額面に対する時価		AAA 80%	AA 60%	A 40%	BBB 30%	BB 20%	エクイティ 10%	合　計
ヘッジ ファンド	簿　価	3,630	1,200	1,380	1,290	690	5,730	13,920
	時　価	2,904	720	552	387	138	573	5,274
	評価損	▲726	▲480	▲828	▲903	▲552	▲5,157	▲8,646
銀行・証券	簿　価	4,350	1,050	420	90	90	1,470	7,470
	時　価	3,480	630	168	27	18	147	4,470
	評価損	▲870	▲420	▲252	▲63	▲72	▲1,323	▲3,000
資産運用会社	簿　価	1,740	1,200	870	1,200	90	510	5,610
	時　価	1,392	720	348	360	18	51	2,889
	評価損	▲348	▲480	▲522	▲840	▲72	▲459	▲2,721
保険会社	簿　価	2,070	360	90	180	0	270	2,970
	時　価	1,656	216	36	54	0	27	1,989
	評価損	▲414	▲144	▲54	▲126	0	▲243	▲981
合　計	簿　価	11,790	3,810	2,760	2,760	870	7,980	29,970
	時　価	9,432	2,286	1,104	828	174	798	14,622
	評価損	▲2,358	▲1,524	▲1,656	▲1,932	▲696	▲7,182	▲15,348

（注）▲はマイナス
出所：OECDのデータを基に草野豊己氏作成。『エコノミスト』08年2月12日

るサブプライムローン関連の証券化商品をはじめ他の証券化商品、地方債に信用を保証している金融保険会社が、サブプライムローンの延滞率上昇によって巨額の損失を蒙り経営危機に陥っている。そのことによってモノライン保険会社が信用保証している他の証券、他方債の信用喪失・価格下落をもたらすことになる（松本康宏、新生証券シニアアナリスト。『エコノミスト』前掲）。

② サブプライムローンに関わる金融機関の損失が明らかになり、それが経済全体の不況をもたらしかねないという予測が強まると、とたんに株式・証券価格が暴落するという状況になっている。金利引下げなどの応急対策が発表されると一定程度持ち直すが、それも一時的でしかない。この問題が発覚した07年2〜3月、BNPパリバ（フランス）の傘下のファンドが保有証券売却困難で

取引凍結を発表した8月、そして決算状況が発表された10月～12月、株価は世界同時的下落を示した。08年に入って株価下落に続き、1月22日FRBが0.75％の政策金利引下げを発表したにもかかわらず、22日のダウ工業株30種平均価格は450ドルの暴落（これは1978年10月19日のブラックマンデー以来の大幅下落）、23日日本でも日経平均株価は1万3000円を割り込み、下落率は3割を越えた。イギリス、ドイツ、フランスでも07年来の高値に比べ16～23％の下落、中国、インドでも20～25％の下落になった。S&P（スタンダード・アンド・プアーズ）によると、08年1月だけで世界の株式市場の時価総額が5兆2000億ドル（約560兆円）減少した。下落率は先進国平均7.83％、新興国平均12.44％（中国21％、ロシア、インド16％）である。中国等新興国の下落が大きい。

　このような株式・証券価格の下落の原因は、サブプライムローンに関連する金融機関の破綻、関連証券価格の下落あるいは売却困難による金融機関の損失（含み損）による金融機関自体の発行株の下落というこの問題の直接的影響から、この問題の波及による実体経済の不況への転化へと拡大している。ローンの証券化による擬制資本価格がローンの利払いに基づくものであり、これが崩れれば擬制資本価格も崩壊する―それが実体経済に波及し、多くの企業の収益を低下させ経営を困難にすれば、この収益を根拠にその資本還元で成立している株式・証券価格全体が崩壊の危機に陥る。いまこのような事態が進行し始めたのである。特にこの問題の震源地アメリカでは、株式・証券価格下落の上にこの問題の対処策としての金利引下げが加わって、外国からの資金が逆流しはじめている。このことが、外国からの資金とり込みで支えられてきたドル価値を下落させ、そしてアメリカ経済の不況を深刻化させる。

　③　株式・証券価格の暴落、あるいは乱高下の中で、世界的過剰マネーの投機先が、株式・証券から、原油・穀物・金・希少金属等の実物投機にシフトしている。原油価格（WTI）は01年の1バレル27ドルから07年11月に99ドルに上昇し、07年12月には一時100ドルを超えた。07年初から6割の値上り率である。穀物（トウモロコシ、大豆等々）も、ガソリンに混ぜるエタノールを生産するという需要も加わって、暴騰している。これらの値上りによって、ガソリン、灯油の値上がり、各種食品の値上がり、電気・ガス料金、タクシー運賃の値上が

りなど、生活に関する商品の価格は軒並みに上昇している。

　反面、巨額の損失を蒙った米金融機関はリストラを進めている。07年第4四半期の金融機関の決算状況をみると、シテイグループ、メリルリンチ、モルガンスタンレー、ベア・スタンダーズなど大手の最終損益は赤字になった。経営を維持する上に人員削減を進めている。あるいは住宅ローン事業を縮小、撤退する金融機関も増えている。失業の増加、金融機関による住宅ローンの縮小、あるいは貸付条件のハード化によって、消費支出の減少が生じている。とくに住宅価格値上がり分を担保に借り入れた資金を消費に回すホーム・エクイティ・ローンは、住宅価格低下、金融機関の貸出し制限によって、07年末に前年比18％減（貸出残高652億ドル）となり、08年末に前年比40.8％減（同386億ドル）となると予想されている（連邦住宅抵当公社フレデイマックの予測）。住宅バブル崩壊は個人消費の減少を通して実体経済に打撃を与えている。

　米調査会社トムソンフィナンシャルによる主要500社の調査によると、07年10～12月期の純利益は前年同期比20.2％減となった（同7～9月期比も4.5％減益だったので2期連続減益）。これはITバブル崩壊時の01年10～12月期（21.5％減）以来の低下である。業績悪化が目立ったのは、金融（26億ドルの赤字）、そして原材料高によるコスト上昇を蒙りながら、価格に転嫁しえない（需要縮小によって）素材部門（同17％減）、住宅産業を含む一般消費財部門（同15％減）である。個人消費の落ち込み（07年10～12月期前期比2.0増％、前期は2.8％増）によって小売業の売上高も落ち込み始め、08年1月の主要小売業約60社の集計では売上高は前年実績を割り込んだ（1月としては1969年調査以来の最悪、国際ショッピングセンター協会。『日本経済新聞』08年1月31日）。

　07年10～12月期の米GDP速報値によると、03年以降続いた2～4％の成長が大きく鈍化し、0.6％に減速した。住宅投資が23.9％減となり、個人消費もGDPデフレーター（物価上昇）以下にとどまっている。設備投資はなお7.5％増であるが、消費の減少－企業収益低下の波及から増加は続かない。ここでも頼りは国内的には軍需産業にしかないという状態である。米経済の減速・景気後退は、外国資本のアメリカへの流入を減少させるとともに、外国の対米輸出を減少させる。

3．問題への対処策のもたらすものは

　当初サブプライムローン問題の深刻さの認識に欠けていた米政府当局は、FRBによる金利引下げと金融機関への短期資金供給増大によって問題に対処してきたが、事態の深刻化の下で財政対策を出動させねばならなくなった。

　この問題への対応策は、表Ⅱ－3（『日本経済新聞』08年1月23日）にまとめてある。まず第1に、損失を蒙った金融機関の対応からみると、上述のようにリストラによるコスト削減を進めながら、損失とそれに伴う引当金補充の必要によって、資本を増やさなければならなくなった。表Ⅱ－3でみるように、シテイグループはアラブ首長国連邦の政府系投資機関アブダビ投資庁から75億ドルを借り入れ（年利11％）、さらにクェート投資庁から145億ドルの出資を受け入れた。モルガンスタンレーには中国投資公司が50億ドル出資、メリルもシンガポール政府系ファンド、さらに日本みずほ銀行から出資を受け入れている。スイスUBSもシンガポール政府系ファンドから出資を受けた。

　いまや世界の金融を動かしてきたアメリカの大金融機関（銀行、証券会社）は、資本金を補う上に、外国から、とくに石油はじめ輸出拡大で外貨（ドル）をためこんでいる中東産油国、中国等の政府系ファンドから、資金を借り入れたり、出資を受けなければならなくなった。しかも従来のように、低金利、低コストでは資金調達ができなくなり、高金利、高負担を余儀なくされている。それだけアメリカの大金融資本の信用力低下が示されている。

　第2に、政府・中央銀行の対応であるが、FRBは07年8月以来公定歩合、FF金利を次々と引下げた。08年1月には22日、30日とFF金利を二度に亘って引下げ、3.0％にした。07年9月以降08年1月末まで金利引下げ幅は累計2.25％になる。バーナンキFRB議長（当時）は、深刻な状況に対処するため、さらに金利引下げを行なうと表明している。現在、物価上昇が前年比2〜3％前後（コア物価指数）であるから、これ以下に金利を下げたら実質マイナス金利となる。しかしFRBはそれも辞さないとしている。欧州各国中央銀行、ECB（欧州中央銀行）も、一方で物価が上昇しているので、金利を引上げてインフレを抑制しなければならない事情をかかえながら、サブプライムローン問題の深刻

表Ⅱ-3　サブプライム問題に伴う米政府・中央銀行等の対策

(08年1月中旬時点)

財政政策
・個人向け戻し税制（予定、08年1月）
・企業向け優遇税制（予定　同）
政府による借り手支援
・米連邦住宅局（FHA）の債務保証など機能を拡充（07年8月）
・住宅保有者向けに優遇税制検討、議会に立法を要請（同）
・借り換え促進や5年間の金利凍結を柱に差し押さえ回避。最大120万人の借り手が対象（07年12月）
FRBなどの流動性支援
・公定歩合を緊急引き下げ（07年8月）
・公定歩合を引き下げ（07年9, 10, 12月）
・FF金利を引き下げ（07年9, 10, 12月）
・FF金利と公定歩合を緊急引き下げ（08年1月）
・金融市場への厚め資金供給を継続
・米欧など5中銀が大規模な短期資金供給で協調（07年12月）
金融機関を巡る動き
・UBSにシンガポール政府系ファンドなどが115億ドル相当を出資（07年12月）
・シティグループにアブダビ投資庁が75億ドル出資（07年11月）。クェート投資庁などが145億ドル出資、20億ドル公募増資（07年12月）
・モルガン・スタンレーに中国投資有限責任公司が50億ドル出資（08年1月）
・メリルリンチにシンガポール政府系ファンドなど62億ドル出資（07年12月）。みずほコーポレート銀などが66億ドル出資（08年1月）

出所：『日本経済新聞』08年1月23日

化に直面し、アメリカに協調して対処する上に公定歩合引上げに踏み切れず、据えおいている。日本も超低金利の是正による金融正常化をめざしながら、金利引上げを07年2月に実施（0.25％引上げ）して以来1年に亘って引上げられない。むしろアメリカ側から問題の対処の上に一層の金利引下げを要請されている。

　金利引下げ（据えおき）とともに、各国中央銀行は銀行、金融市場に短期資金の供給を拡大している。こうして全世界的に生じているサブプライム問題の深刻化による金融危機を回避するためとられる政策は、またしても金利引下げとマネー供給の増大策なのである。この政策は、たしかに当面の金融パニックを回避させるけれども、世界的なマネー過剰の下で、住宅・証券バブルを増幅する原因となる。しかもすでに住宅バブルがはじけて、実体経済の縮小＝不況が進行している。その下で従来よりも大規模なマネーのつぎ込みによって事態はどうなるのか。

　確実なことは、実体経済の縮小・不況への転化の下で、ドルをはじめマネーの過剰が拡大し世界的インフレ傾向を激化させながら、アメリカによる過剰マネーの吸収が厳しい状態になっている。アメリカの株式・証券価格の下落の中で株式・証券投資を引き込むことも困難となっている。とすればドルの価値低下─ドル体制の危機が進行することになろう。端的にいえば、アメリカの"金融"帝国主義の崩壊への方向である。その下でアメリカ政府はいかに「帝国主義」的支配を維持しうるか。それにはいよいよ軍事力に頼るという方向しかないが、それも絶望といわざるをえない。

　金利引下げ、マネー供給増大が物価上昇を招いている中で、ローン支払いができなくなり家を追い出される民衆が増大している。ホームレスに陥る者が増え、また借家の需要が増大し家賃が引上げられている。サブプライムローン問題は、結局低所得層の一層の貧困化、生活破壊をもたらしている。

　ということで第3にブッシュ政権は、この事態に対し、ローンの借り手の蒙る金利引き上げ（リセット）を凍結する差し押さえ回避策を打ち出した。金利引上げで利払い困難な世帯は現在（07年12月）約200万世帯といわれているが、そのうち最大120万世帯（実質60万人程度）に5年間金利を据え置くという措置

である。しかし、それはほとんど焼け石に水である。ポールソン財務長官（当時）は「もともと支払えない住宅を無理に購入した人々を助けるべきではない」として、やたら貸付けを拡大し住宅を売りまくった金融機関や住宅産業の責任を問わず、貧困な民衆自身に責任を押し付けている。

　ブッシュ政権は同時に個人所得税を還付する戻し税（対象者1億1600万人、総額1000億ドル）、企業の新規投資に対する税額控除割合の増大（法人税500億ドル減税）で、サブプライムローン問題の深刻化に対処することを決めた。すでに実体経済に及びはじめたサブプライムローン問題に対し、財政政策を出動させても応急的対策では事態は全く改善されない。むしろ消費需要の増大—景気上昇をもたらさない中で、ドルの減価傾向を強めることになる。

（2008年2月20日稿）

第2章 日本経済への波及

第1節 日銀・金利引上げを"封印"

　FRBバーナンキ議長（当時）は、サブプライムローン問題に端を発したいまの金融危機について「第二次世界大戦後では最も深刻な事態だ」と述べた（08年4月10日。バージニア州での講演で）。事態はさらに深刻化しつつある。

　先進7カ国財務相・中央銀行総裁会議（G7）が、08年4月11日、ワシントンで開催された。そこでは2月開催時の世界経済認識より一段と厳しい認識が示された。「世界経済は困難な時期に直面しており、短期的見通しは悪化している。新興国も影響をまぬかれない」とした。「金融市場の混乱はいまだ難題であり、想定よりも長引いている」とし、金融機関の自己資本強化の努力を歓迎するとともに、米欧の中央銀行の協調による資金供給の増大の重要性を確認した。と同時に「前回（08年2月）の会合以降、主要通貨において急激な変動があり、経済及び金融に与える影響を懸念している」と明記した。「主要通貨」の動向にG7が共同声明で懸念を示すのは、00年9月のプラハG7以来のことである。いうまでもなく、この懸念はユーロ・円に対するドル安懸念であり、「米当局がドル安を事実上容認している」ことに対する牽制でもある。

　G7は、国際金融システムを強化し市場機能を向上させるため、各国金融当局者による金融安定フォーラムを設けたが、今回フォーラムによる報告が提出された。その報告に即して金融安定のための「工程表」が提示された。これによると、市場での取引が難しくなっている複雑な金融商品の価格見積りを金融機関は180日以内に情報開示すべきだとし、資金繰り悪化で金融機関が突然破綻するのを防ぐため、証券化商品の損失に対する自己資本強化などを監督当局は金融機関に促すこと、さらに08年末までに日米欧の監督当局は世界の大手金

融機関を共同で監視する金融機関ごとの監視グループを設置する、格付け会社に対しては、格付け手法の情報開示を求めることにした。しかし、自己資本比率の確保を公的資金の注入によって図ることまでは合意されなかった。イラク戦争等によって財政赤字が拡大している中で、一部大金融機関に公的資金を注入して保護することに対し、国民的反発を招くとして、米政府はこの時点では反対していた。

　結局、サブプライムローン問題による金融危機対策としては、金融安定化フォーラムの提言に即した金融機関に対する情報開示の要求、そして、大手金融機関に対する共同監視（これらに対しても規制強化は寡占状態を強め、かえって金融機関の健全化に反するという意見も出された）のほかは、各国中央銀行の協調による資金供給増大という場当たり的政策（それ自体、証券等の投機の元凶となってる過剰マネーをさらに増大させる）に頼るしかないことが明らかにされた。アメリカではすでに物価上昇率以下の2.0％に政策金利を引き下げた（４月30日）けれども、西欧各国は、「米国とは事情が違う」としてインフレ抑制上利子率引き下げを拒否し、日本も金利引き上げを棚上げする以上の協調策がとれないという状況である。資金供給の増大と物価上昇以下の実質マイナス金利の中で、いま確実にドル価値の低下が進んでいる。

　日本では、日銀次期総裁の政府提案が野党の拒否によって決められないという無様な状態が続いたが、４月のＧ７に何とか間に合わせるべく白川副総裁が総裁に任命された。その白川総裁の下で「経済・物価情勢の展望（展望レポート）」が発表された。07年２月に政策金利を0.5％引き上げた後、金融正常化がめざされながらサブプライムローン問題の発生・深刻化によって金利引上げは先延ばしにされた。08年４月の「展望レポート」は、金利引き上げ―金利正常化を「封印」する方針を明らかにした。「展望レポート」の情勢認識をみておこう。

　まず前回（07年10月）の「展望レポート」と比べると、「わが国経済はエネルギー・原材料価格高の影響などから減速している」とした。住宅投資・設備投資は「下振れ」、輸出は「上振れ」した。08年度から09年度を展望すると「おおむね潜在成長率並みの緩やかな成長を続ける可能性が高い」が、08年度

前半は「海外経済の減速やエネルギー・原材料価格の影響などから景気は減速を続ける」。こうして08年度の成長率は1.5％程度（前回の「展望」では2.1％、09年度は1.7％程度、消費者物価上昇率は08年度1.1％、前回0.4％）としている。しかし、「海外経済などを巡る不確実性、エネルギー・原材料価格高の影響など景気下振れリスクがある」とした。

サブプライムローンに関する国際金融資本市場に関しては「不確実性」があり、「動揺が続いているが、欧米に比べ信用スプレッドの上昇は小幅であり、金融機関への影響は限定的である」としている。国際的「エネルギー・原材料価格高」が生じている原因が、サブプライムローン問題に密接に関連していることは明らかにされない。その上、「企業部門や金融システムの頑健性が高くなっていることから、物価下落と景気悪化の悪循環が生じるリスクが小さくなっている」と指摘する。「頑健性」が高まっていることが何によるのか、そしてこのことによって何がもたらされたのか——そのことによって輸出上振れ＝輸出依存度の上昇がもたらされたのであるが、これが実はきわめて危険であること、それらの点は明らかにされない。サブプライムローン問題の影響の深刻さの認識が決定的に欠けているのである。

結論として、「現在のような不確実性が極めて高い状況のもとで先行きについてあらかじめ特定の方向性を持つことは適当ではない」として、金利引上げ—金融正常化という「特定の方向」を決めないことにした。明らかに金利引上げ、金融正常化の棚上げである。しかし、ここでも、この金利引上げの棚上げが、ドル危機と関わっていること、と同時にそのこと自体によって何がもたらされるのか——重要なのは過剰マネーの一層の増大なのであるが——、これらについては全く明らかにされていない。

第2節　サブプライムローン問題の影響

サブプライムローン問題は深刻化しつつ進展している。この問題の日本の金融機関、さらに日本経済に与えている影響を明らかにしよう（08年5月下旬時点）。

1．金融機関への直接的影響

　政府も日銀も、サブプライム問題の日本への影響を「限定的」だ、といっている。しかし、どこまでこの問題の中身を理解した上でそのようにとらえているのだろうか。

　この問題の日本の金融機関への直接的影響は、金融機関が利得獲得目的で買った（投資した）サブプライムローン関連証券の値下がり、あるいは販売不能による損失である。影響は、大手銀行から地方銀行、信用金庫・信用組合、農林中金、消費者金融機関（サラ金）、そして証券会社に及んでいる。

　08年3月期決算が出そろったが（5月20日）、これをみると、銀行はじめ、証券、保険などを含む国内金融機関全体のサブプライム関連損失は、1兆8000億円となっている（『日本経済新聞』08年5月21日）。大手銀行6グループ（三菱UFJ、みずほ、三井住友、りそな、住友信託、中央三井トラスト）の3月決算におけるサブプライム関連損失は計9845億円に達している（表Ⅱ－4参照）。中でも

表Ⅱ－4　大手銀行6グループの08年3月期決算

	連結純利益	実質業務利益	サブプライム関連損失	不良債権比率	自己資本比率	一株配当金
三菱UFJ	6,366 (▲27.7)	10,154 (▲13.5)	1,230	1.15 (▲0.31)	11.26 (▲1.32)	14 (14)
みずほ	3,112 (▲49.8)	8,617 (2)	6,450	1.61 (▲0.03)	11.69 (▲0.79)	10,000
三井住友	4,615 (4.6)	8,196 (10.6)	1,320	1.24 (0.03)	10.55 (▲0.76)	12,000
りそな	3,028 (▲54.4)	3,378 (▲11.5)	0	2.19 (▲0.27)	13超 (―)	1,000 (1,000)
住友信託	823 (▲20.7)	1,738 (▲1.1)	793	0.9 (▲0.1)	11.87 (0.51)	17 (17)
中央三井トラスト	718 (▲36.3)	1,544 (12.7)	52	1.7 (変わらず)	13.84 (1.71)	7 (7)

注：単位億円、％。配当金は円。カッコ内は前年同期比増減率又はポイント、―は比較できず。カッコ内の▲はマイナス。サブプライム関連損失はモノライン関連、その他証券化商品含む。配当金のカッコ内は09年3月期の予想額
出所：『日本経済新聞』08年5月21日

表Ⅱ-5　大手3行の証券保有状況

	サブプライム関連損失	証券化商品残高	米政府機関債残高
みずほ	6,450億円	9,940億円	1兆円強
三井住友銀行	1,320億円	3,715億円	2,198億円
三菱UFJ	1,230億円	3兆3,200億円	3兆3,000億円

（注）サブプライム関連損失はモノラインなどを含む、三井住友の証券化商品には米政府機関債を含む。
出所：『日本経済新聞』08年5月22日

表Ⅱ-6　証券各社の業績悪化
市場の混乱で証券各社の業績は軒並みに大幅に悪化（単位は億円。▲は赤字）

2008年3月期	最終損益（カッコ内は前の期）	サブプライム関連損失
みずほ	▲4,186（269）	4,130
野村	▲678（1,758）	2,600
三菱UFJ	81（444）	直接はなし
大和	464（927）	直接はなし
日興2社	171（462）	直接はなし

（注）連結ベース、日興はコーディアルとシティグループの単純集計、野村は米国会計基準。
出所：『日本経済新聞』08年4月29日

　みずほは6450億円（08年1～3月期だけで約3000億円）に達した。各グループの連結純利益は（三井住友を除き）、前年同期比20～50％の減益（みずほは49.8％減）となっているが、当期利益の範囲内でサブプライム損失を処理しており、自己資本比率も上位3行では若干低下したが、なお10.55％（三井住友）～11.69％（みずほ）と高い水準を維持している。しかし例えばみずほの損失額6450億円は決して「限定的」として軽視しうるものではない。

　上位大手3グループに関して、証券化商品残高、米政府機関債残高（その大半は優良プライムローンに区分された住宅融資担保の証券化商品残高）が開示された（表Ⅱ-5参照）。これによると、みずほはそれぞれ約1兆円、三菱UFJ同3兆3000億円の証券化商品、政府機関債を保有している。証券化商品は価格下落の危険性があるし、政府機関債についても例えば米連邦抵当住宅公社（ファニ

ーメイ）の株価下落に示されるように、格下げの恐れがある。ということで、なおサブプライムローン関連証券の値下がりによる損失は今後も増大する可能性がある。貸付型金融から直接投資型金融へという金融改革が進められ、アメリカをはじめとする海外の株式・証券投資を積極的に展開しはじめたとたんに、証券化商品重視に伴うギャンブルとリスクに直撃された、ということである。

次に国内証券会社に対するサブプライム関連損失の状況をみると（表Ⅱ－6参照）、みずほが4130億円、野村が2600億円の損失となっている。みずほ、野村の最終損益は赤字となった。みずほの赤字は4186億円、6期ぶりの赤字、野村の赤字は678億円、9期ぶりの赤字になった。サブプライムの損失を計上していない他の主要証券会社も、市場の混乱に伴ってトレーディング部門といわれる市場での証券売買の収益が悪化した。大和証券グループ本社は、証券取引などで損失が出て、前期の証券・為替関連の収益が1000億円と前期の収益に比べ3割減となった。日興コーディアル、日興シティグループ証券の2社は、株安の影響で株式関連の収益が振るわず、単純合算約1億円の損失となった。大和は、保有する外貨建て証券化商品の残高（3月末）を開示し、住宅ローン担保証券など計1934億円と公表したが、「サブプライムの影響を受けていない」としている（『日本経済新聞』08年4月29日）。

日本最大の証券会社、野村ホールデイングは、07年9月までにサブプライム関連商品の大半を売却し、1450億円の損失を計上したが、別に商業用不動産ローンの証券化事業で1700億円の資産を保有しており、米国の地価下落が拡大すれば、損失が膨らむ懸念がある。08年3月期にさらに2600億円のサブプライム関連損失を招いたが、これは「モノライン」（金融証券の保証会社、野村は7社のモノラインと契約を結び、金融商品の値下がりに対し保証を受けることになっている）1社が「破綻状態にある」と認定し、同社と結んでいた契約補償額1320億円を全額損失処理したことが主因となったとされている（『日本経済新聞』08年4月20日）。野村では、現時点（4月初め）でなお残り5社との間で11億ドルの保証契約を結んでいるが、うち8億ドルは引き当て、あるいはヘッジ（リスク回避）を行っていたので、リスタは3億ドル程度とされている。社員のインサイダー取引が暴露され、信用を傷つけたマンモス・野村證券。日本の金融機

関としては異常なスピードでサブプライム関連損失の処理を図っているが、一方でさらに足利銀行の買収を決め国内的にも支配を拡大しつつある。サブプライム関連の損失に対し総額1800億円の劣後ローンの調達による資本増強を進めながら、他方リストラを強行しつつある。

サブプライム関連の損失は、他の市中銀行、地方銀行、信用組合、損害保険等にまで及んでいる。農林中央金庫は、07年9月期中間決算で384億円の関連損失を計上・処理したが、サブプライム関連証券をはじめとする証券の価格下落で2800億円（サブプライム関連だけで1869億円）の損失となった（08年3月期）。滝野川信用金庫、インターネット事業のイーバンクも、関連損失が膨らんで、資本増強をせまられている。その他損失額は、損保大手5社1835億円、武富士296億円、日本政策投資銀行114億円（07年9月期）、信金中央金庫163億円等となっている。

貸付型間接金融から投資型直接金融への転換という政策的誘導の下で、しかもそれぞれの専門的な事業の経営困難、あるいは事業縮小によってその分野への貸付が減少し、資金が過剰化したことによって、金融機関はサブプライム関連証券に飛びついた。それがどのような内容の証券なのか、その価格の根拠は何か、価格は適切な水準なのかなど、ほとんどが分からないまま、もっぱら格付会社の格付けだけを信用して投資し、そして損失を蒙っているのである。だから問題は、金融のあり方に関わるとともに、実体経済、とくに生活に直結した経済領域の縮小・解体化の問題に関わっている。

2．株式・証券価格下落、原油・穀物価格上昇

信用力の乏しい、貧しい人々への、無理な貸付による住宅購入促進によって維持されてきた住宅ブーム、それによる消費・経済のバブル的成長は、ローン支払い困難が露呈し、広がることによって、崩壊しつつある。ローンを証券化した住宅担保証券の上に各種のローンの証券化を積み重ね、切り分け、それに格付け会社が格付けを与えて、全世界的に販売したことによって、全世界的影響が生じている。この種の証券化商品の発行額は約13兆ドルといわれているが、これらの証券価格の根拠は、貸付債権とそこから生ずる収益（利子）であり、

利払い困難・不能になれば債権は不良債権化し、利子収益もなくなり、証券価格は暴落しゼロになる可能性さえある。このような証券に投資し、これを保有する金融機関は、上述のように損失を蒙り、経営危機、倒産に陥る。またこれらの証券担保で運転資金を調達していた金融機関も経営難に陥る。このような第一次的影響の上に、金融機関が保有するサブプライムローン関連の証券だけでなく、それ以外の株式・証券価格の下落が生じ、金融証券の保険を行っているモノライン保険会社の経営危機が生じている。これが第二次的影響である。そしてさらに、影響は、株式・証券価格の下落によって投資（投機）先を失った金融機関、投資ファンド等の過剰資金が、株式・証券から実物（原油・金・穀物等）の投機に運用され、実物価格の異常な値上がりが生じている。これが第三次的影響である。このような波及的影響によっていまや影響は実体経済に波及し、アメリカでは明らかに物価上昇下の不況（スタグフレーション）に陥りつつある。その下でドル価値下落、ドル体制崩壊の危機が生じている。ここでは第二次、第三次の影響についてみておこう。

　株式・証券価格の下落（乱高下をくり返しつつ）である。07年の株価のピークは、NYダウ工業株30種平均価格が1万3900ドルであったが、07年12月に1万3000ドルを割り込み、08年3月には1万2000ドル台に下落した。日経平均株価は07年7月の1万8261円から、07年末には1万3000円台に、さらに08年3月には1万1787円に下落した（この間6474円の暴落）。サブプライム問題への対策（中央銀行の利子率引き下げ、資金供給増大）が行われると一時株価は持ち直すけれども、その対策によってさらにドル価値下落・円高が生じると株価が下落するという状況になっている。

　日本の株式市場の投資部門別売買シェアをみると（07年、委託売買ベース、東京証券取引所資料）、外国人が61％、法人12％、個人20％となっている。外国人―外国投資家・投資ファンドが、日本の株式市場の主役となり、株式価格を動かしている。外国投資家・投資ファンドは、株式売買を通した価格差による売買益獲得だけが目的であるから、値上がり期待が失われれば、投資を引きあげる。既述のように、彼らの投機対象が株式から実物に転換しはじめていること、そして日本企業の株価動向が、円高―輸出拡大の制約によって、上昇期待が失

われつつあることによって、株価の下落はさらに続くであろう。

　過剰マネーによる投機が、株式・証券から実物に移り、実物（原油、大豆、小麦、トウモロコシからコメまで）の価格（先物価格）が異常な上昇を引きおこしている。コメ・穀物輸入国（ハイチ、フィリピン、ナイジェリア等）では、輸入が減り、価格が急騰して"現代版コメ騒動"が起きている。WFP（国連世界食糧計画）は、「すべての大陸で1億を超える人々を飢餓に陥れる危険性がある」（4月22日）としている。世界銀行ゼーリック総裁は、「穀物、エネルギー価格上昇で現在33カ国が社会不安の危機にさらされている」（4月2日）、IMFストロスカーン専務理事は「このままでは戦争の危機が高まり、恐ろしいことになる」（4月12日）、といっている。

　大豆1ブッシェル（22キロ）は、06年の6ドルから08年3月に15ドルに、小麦（同）は同じく3.7ドルから13ドルに、トウモロコシ（約25キロ）は2ドルから6ドルに騰貴している。コメは08年に入って急騰し、タイ米平均価格は1月、1トン400ドルから3月末には827ドルとなっている。原油はついに1バレル130ドルを超えた（5月中旬）。このような穀物、原油の価格上昇は、需要に対する供給の不足ということでは説明できない。トウモロコシ、大豆等バイオエタノールを抽出して自動車燃料にするという、米ブッシュ政権（当時）イギリス・ブラウン政権の政策が、これらの価格急騰の大きな要因になっているけれども、現在の穀物、原油の価格急騰は投機的な先物投資によるものであり、サブプライム問題の波及によるものといってよい。

　現在、国際的な原油先物価格は、ニューヨーク原油先物市場（NYMEX、WTI価格）で決められる。穀物の先物価格は、シカゴ商品取引所で決められる。この先物相場の投資・投機に参加しているのは、投資ファンドなどの金融機関である。現在、投機に使われる過剰マネーは世界全体で150兆ドルと見積もられている（みずほ総合研究所）。その上、サブプライムローン問題の深刻化への対応策として米欧はじめ各国中央銀行は、金利を引下げ（あるいは据え置き）、資金供給を増大させている。過剰マネーの元凶であるアメリカの双子の赤字は解消せず、とくに軍需支出中心に財政赤字は増大している。こうして積み上げられる過剰マネーは、実体経済の拡大に用いられず、それから遊離した株式・

証券市場の投機に運用されてきたが、サブプライムローン問題の影響で株式・証券価格が暴落し、かつこの問題の影響で実体経済の不況をもたらし、株式・証券価格上昇が殆ど期待されなくなる中で、一斉に実物投機に向かい始めたのである。

　原油にしても、またとくに穀物についても、価格が上昇しても、使わざるを得ないし、買わざるをえない。先物価格上昇で、投資ファンドは売買益をせしめ、さらに穀物商社、卸売り、仲買人が一層の価格上昇を見込んで買占め、売り惜しみを行う。大型小売店まで売り惜しみをして価格を吊り上げている。このような価格上昇の波及でコメ・穀物輸出国も、国内価格の上昇を抑えるべく、輸出を制限しはじめている。このような生活必需品の急激な価格上昇によって石油・穀物輸入国の労働者・民衆は直撃されている。

　日本は、石油をはじめ、コメを除く主要穀物の輸入依存度は高い（小麦は87％、大豆95％、トウモロコシ98％、穀物自給率28％）、07年以降の原油、穀物の値上がりによって、日本では、食料品をはじめ、エネルギー、原料、運賃がいっせいに値上げされている。円高によって輸入品価格は低下しているが、その効果は減殺されている。

　このような価格上昇は、消費需要を減らして景気を減速させ、企業のコスト上昇をもたらし、とくに原料価格の製品価格への転嫁が困難な小零細企業の収益を圧迫している（本章第3節）。

3．ドル価値下落・円高―その意味

　08年3月17日、円の対ドル相場は、1ドル＝95円77銭となった。07年6月（期末）相場は1ドル＝123円49銭だった。1ドル90円台の円高は、1995年4月以来のことである。現在（5月下旬）1ドル＝100～103円程度であるが、いぜんドル下落・円高の傾向が予測される。

　ドルは円だけでなく、ユーロその他各国通貨に対しても下落している。ドルの独歩安である。サブプライム問題は、ドル独歩安傾向を明確にした。ドル価値低下の諸要因をまとめておこう。

　第1に、アメリカの"双子の赤字"の継続である。貿易収支の赤字は1971年

に現れ、82年以降（91年を除き）07年まで継続しており、06年には8000億ドルを超えた（07年は7945億ドル）。赤字額の累計は約6兆ドル、00年以降の7年間で約4兆ドルとなっている。財政赤字もクリントン政権最後の4年間を除き、1980年代から一貫して赤字、ブッシュ政権の下で年2000億ドルから4000億ドルへと拡大している。これがアメリカの国内外にドル支出―ドル過剰をもたらし、ドル価値低下をもたらす元凶となっている。

　第2に、71年のドル・金交換停止は、ドル・インフレ、ドル価値低下の始まりであったが、これに対し85年の円高調整、90年代の金利調整（アメリカの金利以下への主要諸国、とくに日本の金利の調整）は、ドル価値下落回避のための主要国、とくに日本の協調政策であった。この協調態勢が矛盾をもたらすとともに、協調不能を露呈したのである。この協調態勢の下で生じた世界的マネー過剰が、株式・証券投機とバブル、そしてその崩壊をもたらし、いま原油・穀物価格の異常な騰貴をもたらし、実体経済に打撃を与えている。

　いまや主要諸国の協調態勢が困難化している。上述のように、Ｇ7において協調利下げができなかった。日本で示されているようにドル価値維持の政策協調によってそれ以下への利子率引き下げが不可能な限度に達しており、西欧諸国では、物価上昇が賃金上昇―インフレをもたらし、その抑制をせまられ、アメリカの利下げに協調しえなくなっている。主要国の協調によるドル価値下落回避の困難、それは当然ドルの独歩安をもたらさざるをえない。ドル安是正はアメリカ自体が双子の赤字を解消しうるかどうかにかかっている。ドル安はアメリカの輸出競争力を強めるが、アメリカの輸入減によって他の諸国の購買力は奪われるので、アメリカの輸出拡大は期待できない。財政赤字の解消は、軍事支出削減にかかっているが、軍産複合体、そして帝国主義支配の野望を転換させない限り、絶望的である。

　第3に、主要国の政策的調整によるドル安回避策が機能不全に陥っている中で、国外に流出した過剰ドルのアメリカ国内への吸収はいかに可能か。対米貿易黒字で過剰ドルをかかえる諸国としては、その元本価値の減価回避という動力で対米投資・貸付を続けざるをえないということになるが、アメリカの金利低下、さらに株式・証券価格下落（上昇期待の喪失）によって、有利な貸付・

投資は実現しえない。結局かかえている過剰ドルの減価を避けるには、ドル建てからユーロ建て等への国際通貨の転換（ドル離れ）という志向が強まる。この動きとともに、現に現れているのは、サブプライム問題で自己資本比率の低下を招いたアメリカの大金融機関が高い利回りを支払って中東等の政府系ファンドからなりふり構わず資本を調達するという動きであるが、それ自体アメリカ金融資本の対外依存の姿であり、その資本力の弱体化の現れである。

　アメリカにとっての残されたドル体制維持手段は、軍事的圧力によるドルの使用の強制という以外にはない。この時代遅れの軍事暴力による基軸通貨ドル支配の維持という帝国主義的方策は、現実には各国の反発、それもラテンアメリカに示されるような地域的集団による反発を招くことになるし、軍事支出の膨張によるひとにぎりの軍需産業の膨張の下で、ドルはますます信用力、支配力を喪失する。サブプライムローン問題が示しているのは、ドル価値・信用喪失と株式・擬制資本に主導された経済の虚構性であり、そして帝国主義支配の終焉の始まりなのである。

第3節　日本経済—スタグフレーション再現か

1．1974〜75年との異同

　サブプライムローン問題の深刻化によって、アメリカ経済が物価上昇下の不況（スタグフレーション）に陥りつつある中で、日本経済はどうなるか。

　1974〜75年、日本経済は深刻なスタグフレーションに陥った(1)。それは第1に資源（原油）価格の上昇（さらに、公害・環境対策コストの上昇）、第2に、物価上昇に対抗する賃金の大幅上昇（74年34.5%の賃上げ）、第3に、世界市場競争戦の激化によって、このようなコスト上昇を十分製品価格に転嫁することが制約され、結局企業収益の圧迫を招き、物価上昇下の不況—スタグフレーションに陥った。

　今回の状況と比べると、資源（原油）価格上昇によるコスト上昇、そして世界市場をめぐる激しい競争戦は、共通している。しかし著しい違いがいくつかある。第1に、コスト上昇に関しては、原油だけでなく、穀物・食料品の価格

上昇が加わっていること、それによってコスト上昇の範囲・影響が大きいこと、第2に、前回は、原油価格上昇は産油国による原油供給の削減、そしてドル価値低下への対抗という産油国主導によるものであったのに対し、今回は上述のように世界的過剰マネーに基づく投資ファンド等による投機に起因する、という点である。だから、輸出、内需の減少で景気が落ち込めば、こうした投機的価格上昇は反転する。そして第3に、食料品価格上昇によって賃金引上げの要因が強まっていながら、日本では賃金が抑えられ、賃金コストは著しく下落している、という点である。企業の賃金コストは、00年と比べて06年では6.4ポイント低下（法人企業統計）している。同時に労働分配率が低下（資本金10億円以上大企業では01年の57.2％から47.2％に低下。財務省）していること、である。

第4に、世界市場競争戦との関係でいえば、この間日本経済の輸出依存度が高まり、そして経済成長要因における輸出寄与度が上昇している（08年1～3月期、輸出は実質4.6％の増大）一方、原油・資源・穀物の輸入依存度が高まっていることから、①輸出に関してはドル安・円高の影響による輸出拡大の制約が大きくなっていること、②逆に原油・穀物等の値上がりによる輸入品価格の上昇、それによるコスト上昇圧力が強まっていること、である。この点でつけ加えるならば、輸出依存度の高まりの反面、内需が停滞・縮小している（個人消費、政府支出中心に）ことによって、原油・資源等のコスト上昇の製品価格への転嫁が、輸出の面だけでなく、国内の販売に関しても困難になっていること、これはとくに生活・消費需要に直結した中小企業の経営を直撃している、ということである。とくに重要な点は、第3の賃金コスト低下と、第4の内需等の停滞・縮小である。そのことによって日本経済は、円高等による輸出の打撃によって決定的に左右されることになったばかりか、内需縮小によってコスト上昇圧力を価格に転換しえない——食糧とエネルギーを除く消費者物価はなおマイナスを続けている——、それだけ中小零細企業経営が圧迫を受ける、ということになっている。賃金コスト（そして資源、エネルギーコスト）を徹底的に削減させてきた新自由主義政策下でのリストラ・競争力の強化策自体が、たしかに一方では、コスト上昇要因を吸収し、現象的にはスタグフレーションを現出させていないけれども、そのこと自体が決定的困難をもたらしているのである。

注
（１）鎌倉孝夫『スタグフレーション』（河出書房新社、1980年）参照。

２．リストラ強行による困難の拡大

　日本経済は、1974～75年のスタグフレーションを徹底した省力化（雇用削減・賃金切り下げ）、省エネ化によるコスト切り下げ―競争力強化によっていち早く乗り切った。1985年の円高調整も、さらに国内産業のリストラによって乗り切り、90年代のバブル破綻下の不況、ITバブル崩壊による不況も、大規模なリストラでその克服を図ってきた。しかしいまやリストラ・競争力強化による経済運営は、サブプライムローン問題の影響の下で、決定的に困難に陥っている。

　第１に、リストラ―雇用削減・賃金切り下げがもたらす悪循環である。この下で確かに企業、とくに輸出産業企業の競争力は強まり、輸出拡大をもたらす。しかし反面、リストラは、国内消費需要を停滞・減少させ、輸出依存度を高める。輸出競争力強化―貿易黒字（1970年代以降一貫して日本は貿易黒字）は、変動相場制の下では円高を招く。円高は当然輸出競争力を低下させる。日本の輸出産業企業は抜群の競争力を持っている。むしろ強すぎて輸出拡大・貿易黒字の増大をもたらすことが、円高を招き競争力を低下させている。ところがこの円高に対し、さらに日本の企業はリストラを強行して対応する。こうして再びリストラ―雇用削減・賃金切り下げ―競争力強化・貿易黒字、反面内需縮小―そして再び円高という悪循環。円高に対し、国内のリストラ強行で対応できない産業企業は、賃金の低いアジア諸国に資本・企業を進出させ、そこからの輸入に転換する。海外への企業進出、進出企業による日本への輸出は、国内産業の空洞化をひきおこす。これがさらに国内需要（設備投資を含めて）を減少させる。

　第２に、このようなリストラに伴う悪循環によって、日本経済・産業は、輸出依存、内需縮小の下で"擬制"的投機的性格を強めた。リストラによる輸出競争力強化、その反面の内需縮小は、相乗的に作用して産業の輸出依存度を高め、反面原料・資源・農産物の輸入依存度を高めて、国内実体経済を縮小・解

表Ⅱ－7　主な企業の09年3月期の利益見通しと原料高、円高の影響
(08年5月時点)

企業名	09年3月期の営業利益見通し	原材料高による増減益	円高など為替による増減益	概況
トヨタ自動車	16,000 (▼29.5)	▼三千数百	▼6,900	北米販売がこの10年で初の前期割れ見込む。
日産自動車	5,500 (▼30.5)	▼1,700	▼2,800	北米では小型車シフトが進み収益力は低下。
松下電器産業	5,600 (7.8)	▼360	▼460	新興国中心に海外で10%超の伸びを目指す。
ソニー	4,500 (20.1)	公表せず	▼数百	米国を中心に海外でテレビ販売は好調持続を見込む。
日立製作所	3,800 (10)	▼400	▼600	景気減速によるインフラ受注への影響を懸念。
三井物産	4,700 (25.4)	1,350	▼670	資源分野の好調が米国景気減速を補う。
新日本製鉄	3,500 (▼35.8)	▼10,000	公表せず	鉄鋼原料急騰が直撃、価格転嫁も追いつかず。
住友化学	950 (▼7.2)	合計で▼455		需要は堅調だが、原料価格上昇が急。
キッコーマン	230 (▼3.6)	▼50	▼6	海外は好調。国内は値上げの浸透がカギ握る。

(単位・億円。カッコ内は前期比の増減率、▼はマイナス)
出所：『朝日新聞』08年5月16日

体させた。輸出依存は日本においては同時にドル依存でもあった。日本政府・財界としては東アジア経済圏―円を基軸とした地域経済統合に、一定の指向をもっていたが、アメリカ政府・財界の圧力で挫折させられた。いまや1兆ドルを上回る外貨準備（ドル建て）の元本価値喪失による厖大な損失の危険性をかかえ込み、この面からドル価値を支えなければならないが、そのための有効な歯止めは失われている。こうしていまやアメリカはじめ海外の景気に対してドル安・円高に伴う輸出産業の打撃は、輸出産業だけでなく日本経済にとっても死活的意味をもつものとなっている。逆にいえば日本経済は国内的自立の基盤

を失っている、ということである。主要輸出産業企業の、円高と原料高による減益の状況は表Ⅱ－7の通りであり、円高によりトヨタは6900億円の減益となる。しかも投機による輸入原料・資源価格の上昇は円高効果を減殺している。

　第3に、国内経済の自立的基盤が喪失しつつあることは、経済成長要因が国外の動向に左右されるとともに、実体経済から遊離した"擬制"的側面——株式・証券の売買による利得獲得という——に依存する度合いを高めることになる。この間の金融改革、そして財政・税制上の措置によって、株式・擬制資本市場は優遇されてきた。株式・証券の利得に関わる税率は引き下げられた（株式譲渡益税率、配当金課税20%→10%へ）。国内実体経済の縮小・解体の下で、過剰資金をかかえる金融機関、そして大企業（資本金10億円以上の企業＝金融・保険を除く527社の内部留保金は、00年度173兆円から06年度218兆円に増大している）は、過剰資金を国内外の株式・証券投資（投機）に運用し、世界的株式・証券投資（投機）に参入し、巻き込まれることになった。サブプライムローン問題に直撃された原因は、こうして形成された。このような経済体質をつくり上げたのは、まさにリストラの進展自体に起因するものであった。

3．リストラによる実体経済崩壊の中での円高、原油・穀物価格急騰

　リストラは、国内実体経済の縮小・解体をもたらしているばかりでなく、いまや実体経済の担い手である労働者・人間の破壊、人間の営みである「労働」そのものの破壊をもたらしている。

　雇用圧縮・賃金抑制は、「労働」領域の規制緩和による労働基準法の形骸化の下で、「労働」破壊・「人間」破壊をもたらすまでになった。自らの「労働」に対し労働条件・賃金の交渉・決定権を奪われている、現代の奴隷制というべき日雇い派遣労働は、その典型的現れである。それはまさに「人間」自体の"かんばん方式"の導入である。その下で多くの労働者は、人間的「労働」と人間的生活を奪われている。それがいまや"正規"労働者にも影響を与え、労働強化、精神異常、過労死、そして自殺を激増させている。リストラの到達点は、人間そのものの破壊である。いまその到達点に達しつつある。"乾いた雑巾から水をしぼり出す"——いまや雑巾がボロボロになっている。リストラの限

界といってよい。

　こうした状況に対し、「健康で文化的な最低限度の生活を営む権利」を保障し、「人たるに値する生活を営むための必要を充たすべき」労働条件を保障する責任を負っている政府は、財政難を理由に、責任を放棄している。決定的なのは、社会保障・福祉政策の抑制・切捨てと教育の市場化（しかも教師に対する国家的管理強化を伴いながら）である。福祉と教育、それは人間が人間として生きるための社会的条件である。それがいま破壊されつつある。

　この理由とされる財政難自体をもたらした原因が、リストラ・規制緩和の推進なのであった。国内経済基盤の縮小・解体化、輸出競争の強化とギャンブル経済化をひたすら促進してきた財政、ドル依存の下でアメリカ政府・軍部の要求に従ってきた国防政策と莫大な国防予算、これが財政難をもたらした。

　このように、これ以上リストラを進めることが困難になっているという状況の下で、いまサブプライム問題が襲っている。しかもこの問題による影響を、日本国内政策によって回避しえなくなっている。すなわち、ドル安・円高をもたらしているのは、上述のようにアメリカ経済自体の信用力喪失によるものであり、そして各国協調態勢の機能不全が関連している。ドル価値維持への各国協調体制自体が限界に達している。そしていま生じている原油・穀物価格上昇、これもアメリカを中心とした投資ファンドの投機（日本の金融機関もこれに参加しているが）に起因するものであって、国内経済への影響は外部からもたらされている。

　円高、原油・穀物価格上昇がこのようにもっぱら外部要因に起因するものであることによって、日本自体としてこれを回避する上にとりうる政策の余地はせばまっている。ドル安傾向に対し、日本は円資金供給を増大し、超低金利政策を採ってきたが、それがいまや機能不全になっている。円キャリトレードはもはや回復しえないほど、ドル価値は低下し、信用を喪失している。主要国が協調し、原油・穀物に対する投資ファンドの投機を規制する方策を採ることは不可能ではないが、それには金融投機・投機集団自体の"自由"な活動に対する（アメリカ政府自体を含めた）強力で一致した規制、そして"擬制"的経済を転換させる政策方向の合意が不可欠である。

ということで、日本は、外部から襲っている円高と原油・穀物価格上昇に受動的に対処するしかないが、上述のようにリストラによる省力化、省エネ・省資源化はもはや限度に達している。それでも企業サイドでは、さらにリストラを強行するであろうが、それは企業の存立基盤自体（その基本は人間労働である）を掘り崩すことになる。リストラ自体がもたらした矛盾の上にいかにリストラを強行しても事態は悪化するだけである。

競争力の強い大企業は、円高に耐えうるし、原料・資源価格を製品価格に転嫁して、一定の利益を維持しうる（しかし輸出依存度を高めている輸出産業大企業は、輸出が減少すればたちまち利益を減少させる）。しかし、中小零細企業、とくに生活に直結した分野に関わる中小零細企業は、原油・資源価格上昇に対しさらにリストラを強要されながら（しかしそれは人間「労働」の破壊を加速する）、コスト

図Ⅱ-1　中小企業の収益環境

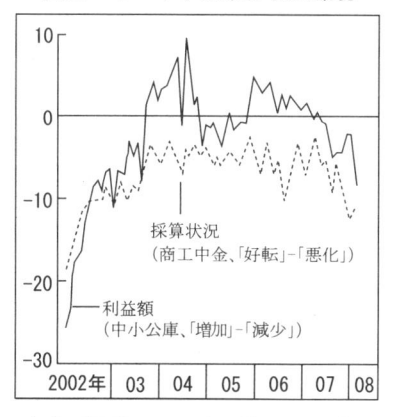

採算状況（商工中金、「好転」-「悪化」）
利益額（中小公庫、「増加」-「減少」）

事業所規模別の所定内給与の増減率
（前年比）

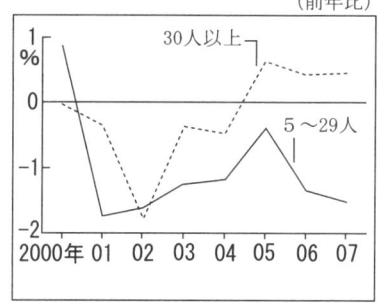

30人以上
5～29人

資料：「毎月勤労統計」より（みずほ総合研究所が作成）
出所：『日本経済新聞』08年3月5日

の上昇を製品価格に十分転嫁しえず、利益の圧迫、経営難、倒産に陥る。現に中小企業の倒産は08年に入って急増しており、賃金を切り下げながらも、収益が悪化している（図Ⅱ-1参照）。景況判断（表Ⅱ-8参照）をみると、全体的に景気判断は悪化しているが、中小企業においては、製造業、非製造業とも著しく悪化している。コスト上昇を製品価格に転嫁しえない中で、リストラによる内需縮小、そしてその下での弱肉強食の競争戦の激化が、もろに小零細企業の経営を困難にしている。

ということで、大企業においては、コスト上昇分を一定程度製品価格に転嫁

表Ⅱ-8　業種別景況判断
業種別に見た自社の景況判断
〔2008年1～3月期、カッコ内は前四半期の数値、▲はマイナス〕

	大企業	中堅企業	中小企業
製造業	▲12.9 (5.2)	▲18.9 (2.7)	▲32.7 (▲16.8)
非製造業	▲7.2 (▲2.2)	▲12.6 (▲4.3)	▲29.9 (▲19.1)
全産業	▲9.3 (0.5)	▲14.1 (▲2.6)	▲30.4 (▲18.7)

注：大企業は資本金10億円以上、中堅企業は資本金1億円以上10億円未満、中小企業は資本金1,000万円以上1億円未満の企業。
資料：内閣府『法人企業景気予測調査』08年3月24日

して、企業物価を上昇させて、一定の収益を確保する一方、中小零細企業においてはその下での労働者へのリストラを強めながら、コスト上昇圧力を回避できず、製品価格にも転嫁しえず経営難を激化させる。このような二極化、格差化を激化させながら人間、人間関係解体の危機をさらに深めることになろう。

物価上昇下の不況というスタグフレーションは、大企業製品の価格・企業物価の上昇としては現れているが、中小零細企業ではコスト上昇の下で販売価格は逆に低下しており、収益圧迫、経営危機に陥っている。その下で「労働」と「生活」の破壊、人間の破壊が進んでいる。それは単に経済問題にとどまらず社会体制自体の問題になっている。[2]

注
（2）鎌倉孝夫『"擬制"経済下の人間・人間関係破壊』（長周新聞社、08年6月）参照。

(08年5月29日稿、一部補筆)

第3章 世界的金融破綻——実体経済危機へ

第1節　金融危機から実体経済危機へ

1．まだ底がみえない

「サブプライムローン問題の広さ、そして底知れぬ深さは、深刻な問題をはらんでいる」——これは07年8月末に書いた拙文の一節である（『進歩と改革』07年10月号、本書Ⅰ第2章）。

　サブプライムローン問題は深刻化して、震源地アメリカから西欧、さらにアジア、そして新興国、発展途上国にまで広がり、株価大暴落、金融機関の破産——金融パニックをひき越し、アイスランドなど小国では国家破産という状況さえ生じるまでになった。その下で、実体経済は縮小・解体化し、世界的規模で民衆の生活破壊、まさに絶対的というべき貧困化が生じている。主要資本主義国は、G7蔵相・中央銀行総裁会議等を通して、一定の協調を通して、金利引下げ、マネー供給増大、さらに金融機関への資本注入・国家管理にまでふみ込みながら、事態は改善されず、かえって深刻化しているし、途上国の国家破綻の危機に対しては、IMF、世界銀行の資金援助が行われ、経済・民衆への管理が行われるという事態になっている。

　現在、金融デリバティブを中心とした世界のデリバティブの市場規模は596兆ドル（BIS＝国際決済銀行調査、07年末）、ベア・スターンズ、AIGを破綻に追い込んだCDS（クレジット・デフォルト・スワップ）だけでも58兆ドルという巨大な規模に達している。このまさに"擬制"的商品に、ほとんど全世界各国の金融機関がとびつき投資して儲けを漁っていた。しかも自己資本の何十倍もの資金を借り入れて、投資（投機）を行った。このデリバティブ全部が"虚構"だとはいえないにしても、ひとたびそのうちの一部の証券に価格の根拠・裏

づけがないことが暴露され、あるいはそのような疑念が生じれば、これを複雑に織り込んで形成された証券全体が、現実的根拠を持つデリバティブも、価格暴落、販売不能に陥り、これに投資していた金融機関は破綻する。サブプライムローン関連の金融商品が実際に示したように、利払いの現実的根拠の乏しい証券・金融商品が、何層にも積み上げられ、組み合わされて、膨張し、それが売買の対象となった。それらの証券・金融商品の価格はどこまで下落するのか、果たして価格の基準はあるのか、これらの金融商品に格付けを与えた格付け会社（S&Pとかムーディーズとか）も、またそれに投資（投機）した金融機関もノーベル経済学賞の受賞者も、実は全くといっていいほど分らない。すでに世界全体の株価総額は、07年10月のピークと比べ、08年10月までの1年間で32兆ドル（約3200兆円）減少した。しかもなおこの深淵は底を見せていない。

　住宅バブルがはじけ、これに関連する証券・株式価格が暴落すると、世界の投機マネーは、今度は原油、穀物、金などの実物投機に回った。それによって、投機の対象となった商品価格は異常な上昇を示した。ところが、この値上がり自体が、民衆の生活を困窮させて実需を、したがって実体経済を縮小させたことによって、この実物投機―資源・穀物バブルも崩壊し始めている。

　そこで問題の震源地アメリカの情勢を中心に、金融危機の進展の過程をとらえ、金融危機が、一時物価上昇下の不況（スタグフレーション）を現しながら、経済危機をもたらし、そして金融・経済危機が世界的に波及しつつあること、をとらえよう。

2．アメリカ金融機関の大損失、破綻

　仏BNPパリバ銀行傘下のファンドの資金凍結から露呈したサブプライムローン問題は、震源地アメリカの銀行、金融証券保証会社（モノライン）、証券会社（投資銀行）に大きな損失を与え、大手証券会社を経営破綻させ、保険会社を破綻させつつ、金融危機をひき起こした。08年9月末までの米金融機関全体の損失額は約4000億ドルに達している。米銀行最大手シティ・グループのサブプライム関連損失の合計は670億ドルを上回り、08年7～9月期決算は28億1500万ドルの赤字、4四半期連続の当期赤字となっている。第2位バンク・オブ・

アメリカは累計300億ドル、第3位JPモルガン・チェースは230億ドルのそれぞれ赤字になっている（『日本経済新聞』08年10月17日）。

　金融証券価格を保証しているモノライン保険会社を経営危機に陥れ、さらにベアー・スターンズ証券会社の破綻（公的資金290億ドルの特別融資でJPモルガンによる救済買収）、住宅金融公社ファニーメイ、フレデイマック（住宅ローン関連証券を購入・保有し、保証を与えた）の経済破綻の危機（最大2000億ドルの公的資金で優先株を国が買いとって救済）、そしてついに証券大手4位リーマン・ブラザーズ（資産6910億ドル）を破綻させ（負債総額6130億ドル、米史上最大）、同3位メリル・リンチ証券をJPモルガン・チェースが買収する（資産1兆5621億ドル、買収額はわずか500億ドル）――これによって証券大手5社中2社が大手銀行に身売り、1社が倒産、そしてゴールドマンサックス（第1位、資産1兆1197億ドル）、モルガン・スタンレー（第2位、同1兆454億ドル）は銀行持株会社に組織変更した。独立した証券会社（投資銀行）は消えた（もちろん証券売買、M&Aの仲介等証券業が消滅したわけではない）。そしてついに世界最大級保険会社AIG（資産1兆ドル、世界130ヵ国・地域に展開、代理店70万以上、顧客7400万人、従業員11万6000人）の経営破綻（サブプライムローン関連証券の元本を保証する保険料収入を基礎にしたCDS＝クレジット・デフォルト・スワップを発行・売買、3四半期連続赤字、損失額440億ドル）と、最大850億ドルの公的資金（2年間の緊急融資、79.9％の株式取得権を国が取得）によって救済する、という事態にまで進展した。

　住宅金融公社の公的資金による救済はともかく、証券会社ベア・スターンズを救済する一方、リーマン・ブラザーズを救済せず倒産に追いやり、またAIGは救済するというアメリカ政府・FRBの対応のブレに対して、市場は激しい不信感を示し、株価は暴落した。政府・FRBはあわてて7000億ドルの公的資金注入によって金融機関がかかえる不良資産を買い取るという金融安定化法案を議会に提出したが、下院はこの法案を否決した（9月29日）。"われわれに負担を負わせ犠牲を強いて、暴利をむさぼってきた大金融機関を税金で救済するのは許せない"という民衆の反発が法案否決の背景にあった。しかし、これに対し証券市場はさらに激しい株価暴落の反応を示し、証券の換金売りが激化し、

図Ⅱ-2 住宅価格の下落と歩調を合わせるように銀行経営も弱体化

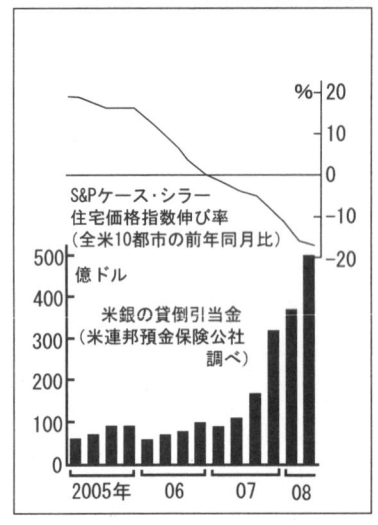

出所:『日本経済新聞』08年9月24日

銀行間取引が止まるというパニック状態を示した。G7は緊急の会議で金融危機対策（後述）を打ち出し、市場の鎮静化を図ったが、なお株式・証券市場は動揺を続けている。

とくに金融危機の原因となったアメリカの住宅価格は、なお下がり続けている（図Ⅱ-2参照）。08年7月の住宅価格（S&Pケースシラー価格）は、10都市で前年同月比17.5%下落（20都市でも16.6%の下落）と、20ヶ月連続下落、少なくとも2010年前半まで、前年比25%以上の下落が続くと予想されている。

サブプライムローン関連証券の価格は、借り手の住宅価格上昇に基づく利払いに基づいている。その根拠がさらに縮小、解体化しているので、関連証券化商品の価格下落はなお進む。その上銀行は保有証券の価格下落による不良債権の増大、経営危機によって貸し出しを制限しているので、住宅需要自体が減少している。住宅着工件数は、08年9月対前月比6.3%減（81万7000戸）と、1991年1月以来17年8ヶ月ぶりの低水準であり、先行指標とされる許可件数も同8.3%減である（米商務省、08年10月17日発表）。これは下落が下落を呼ぶ悪循環の展開であり、その底はまだ見えない。

3．実体経済不況へ――一時スタグフレーションに

サブプライムショックから始まった金融危機は、金融分野からすでに実体経済に波及し、現在のところ（08年10月時点）物価上昇（インフレ）下の実体経済の不況、すなわちスタグフレーションを現実に現している。しかも今回のスタグフレーションは、リストラによって賃金が殆ど上昇せず、消費需要が減退し

ている中で、生じている。

　08年7〜9月期のアメリカ経済の状況をみると、GDPは前期比（年率）マイナス0.3％となった。しかしGDPデフレータは4.1％の上昇である。明らかにスタグフレーションの再現である。GDPマイナス要因をみると、個人消費支出マイナス3.1％、民間設備投資マイナス1％、民間住宅投資マイナス19.1％、となっている。サブプライム問題から生じた金融危機が実体経済縮小にまで波及していることを示している。しかも政府支出は国防費を中心に5.8％の増大、輸出はドル安等をテコとして5.9％増大しているにもかかわらず、内需の落ち込みが大きく、マイナス成長となった。08年10〜12月期は、さらにGDPは落ち込み、前期比（年率）マイナス6.2％となった（1982年1〜3月期以来の大幅減少）。個人消費支出（前期比年率）4.3％減、企業の設備投資同20.8％減、輸出同23.6％減、公共投資だけが1.6％増となっている。消費者物価は需要縮小、実体経済の不況によって0.1％（12月）と上昇率は低下した。そこで金融危機がどのように内需を減少させ、実体経済の不況をもたらしたかを整理しておこう。

　第1に、住宅バブルの破綻自体による消費需要の縮小である。アメリカの個人消費需要は、住宅価格上昇に基づくホームエクイティ・ローン（借り換えを通した消費需要増大）によるところが大きかった。これが殆ど壊滅した。そればかりか、金融機関の貸付条件が厳しくなることも加わって、自動車ローンなど他の消費者信用の減少に波及した。消費者信用残高は3.7％減（8月、前年同月比）となった。その上、過剰マネーの実物投機による原油、穀物等の値上がりによって消費マインドは冷え込んだ。ブッシュ減税も、消費には殆ど回らず、貯蓄に回り、貯蓄率はゼロから08年5月には4.9％に上昇した。

　さらに株価の大暴落（08年9月中旬以来ダウ工業株は3割減少、約4兆ドル時価総額は下がった）によって、金融機関は含み損を増やし貸し出しを縮小する。株式を保有している個人は大損失を蒙る―資産価格下落に伴うマイナス効果によって、消費需要は減少した。個人株主の多いアメリカでは、株価が1割下がると、GDP成長率は0.5％程度落ち込むといわれている。

　こうした消費需要の減少によって、住宅需要減少―住宅投資減少、そして自

表Ⅱ－9　米大手企業の主な人員削減計画（08年10月末時点）

業　種	企　業　名	人員削減計画
ＩＴ	ヤフー	年内に全体の10％（1,500人以上）。
家　電	ワールプール	2009年末までに世界で5,000人。
医　療	メルク	2011年までに12％（約7,200人）。
複写機	ゼロックス	全体の5％（約3,000人）。
物　流	ＵＰＳ	今年すでに3,000人削減、09年も継続。
飲　料	コカ・コーラ	9月以降、北米管理職を中心に1,000人。
自動車	ゼネラル・モーターズ（GM）	事務職人件費の削減幅を従来の20％から拡大。
自動車	クライスラー	年内に事務職の25％（約4,000人）。
クレジットカード	アメリカン・エキスプレス	全体の10％（約7,000人）。
金　融	ゴールドマン・サックス	全体の10％（約3,300人）。
金　融	シティグループ	7～9月で1万人強を削減。

（注）一部、米報道をもとに作成。出所：『日本経済新聞』08年11月1日

動車など耐久消費財需要の減少が生じ、企業の設備投資は減少している。自動車販売台数は9月には32％減（前年同月比）で、GM等自動車大手は販売減少によって経営が厳しくなっている。

　第2に、金融危機は、金融機関によるリストラ―雇用削減を増大させ、さらに消費需要減少によって関連各分野の生産調整―雇用削減を増大させている。雇用者数は08年9月だけで15万9000人減少（非農業部門）と、失業率はすでに6.1％（07年平均4.6％）と上昇している。雇用削減計画は、金融部門だけでなく、IT、家電、医療、複写機、物流、飲料、自動車、クレジットカード等々の分野に及んでいる（表Ⅱ－9参照）。雇用減少によって個人消費需要はさらに減少する。消費減退―企業の業績悪化――一層の雇用減という悪循環が生じ始めた。

　第3に、全世界的規模の金融危機によって、各国の経済情勢は悪化し、西欧、日本でもすでにGDP成長率はマイナスになっている。新興国も、金融危機に

襲われて株価は暴落し、あるいは投機的につりあがった原油、穀物価格の急激な反転下落によって、資源産出・輸出国も景気を悪化させている。

　国際労働機構（ILO）によると、国際的な金融危機の影響で、世界全体の失業者は推定2000万人増加する—07年時点の1億9000万人から09年後半は2億1000万人に増加するとしている（ソマビア事務局長、10月20日）。また1日1ドル以下で生活するワーキングプアは約4000万人増加、1日2ドル未満の層は1億人以上増えるとし、「これはウォール街の危機にとどまらず、あらゆる街にとっての危機」である、と述べている。

　このような情勢によって、アメリカの輸入も停滞・減少せざるをえない。すでに中国、日本の対米輸出は大きく減少し、それがはね返ってアメリカの対中国、日本への輸出も減少した。世界同時的不況の下での貿易の悪循環的縮小が進行している。

　このように実需（個人消費、設備投資）減少—実体経済不況の進行の中で、08年10月まで物価は5～6％の上昇を続けた。この物価上昇は、賃金コスト、あるいは実需に対する供給不足による原料、資源価格上昇に起因するものではない。しかも資源、穀物の投機的上昇はいまや崩壊し価格は急落している。こうして物価上昇の原因はほとんど唯一、通貨・ドル価値下落＝本来のインフレ要因によるものとなっている。

4．シティグループの経営危機

　米銀行最大手シティグループが経営危機に陥り大規模な公的資金による救済を受けることになった（08年11月23日）。シティグループの総資産は2兆1874億ドル（07年度末）、世界100カ国以上に拠点を持ち、口座数は約2億、従業員約35万人をかかえている。

　シティグループは、サブプライムローン関連商品を含む大量の金融証券化商品に投資しているが、この証券化商品の価格暴落、あるいは販売不能によって巨額の損失（07年10～12月期から08年7～9月期までの損失額は700億ドル）を招き、営業利益は07年10～12月期から4四半期連続赤字となった。シティグループは、簿外（投資専門会社）になお1兆2000億ドルの資産（不良債権化しかねな

表Ⅱ-10　米主要金融機関への公的資金による資本注入

シティグループ	2回にわたり計450億ドル
アメリカン・インターナショナル・グループ（AIG）	400億ドル
JPモルガン・チェース	250億ドル
ウェルズ・ファーゴ	250億ドル
バンク・オブ・アメリカ／メリルリンチ※	150億ドル／100億ドル
ゴールドマン・サックス	100億ドル
モルガン・スタンレー	100億ドル

（※バンク・オブ・アメリカはメリルリンチを買収へ）
出所：『朝日新聞』08年11月25日

い）を持つ。現在シティグループが持つ3060億ドルの不良債権から発生する損失に対して、米政府は最大2493億ドルの保証を与える。

　米政府はすでに08年10月、シティグループに対し250億ドルの資金援助を決めた。これは不良債権の買取りによって損失をカバーするということであったが、証券化商品の価格決定方法がつめ切れない（大体その価格の根拠がほとんどない証券化商品をリスク極小化を図ると称して何重にも積み上げ、切り分けて証券を作り上げたものなので、実はだれにも基準になる価格は分らない）ということで効果が上がらない中で、シティグループの株価は暴落し（1株20～24ドルから11月に入って3ドルを割る状況に）、まるごと身売りか、などとさえ取り沙汰されることになり、公的資金をさらに200億ドル注入する（シティグループ発行の200億ドルの優先株＝配当率8％を政府が購入し、資本注入を行う）ことを決めた。公的資金注入額は450億ドルに達する（表Ⅱ-10参照）。その上、不良債権の政府保証に関わる手数料に見合うものとして70億ドルの優先株を政府が取得する（公的資金は合計520億ドル）。

　大手投資銀行（証券会社）リーマン・ブラザーズ（全米第4位、資産6910億ドル＝07年度末）の経営破綻によって一挙に金融危機は深刻化した。すでにみたようにアメリカの独立系投資銀行（証券会社）は、銀行持株会社に転換したり（ゴールドマン・サックス、モルガン・スタンレー）あるいは吸収されたり（メリ

ル・リンチがバンク・オブ・アメリカに)、破綻(リーマン・ブラザーズ)して、消滅した(図Ⅱ-3)。

総額7000億ドルの公的資金を使って大金融機関を救済しようという金融安定化法案は、9月末アメリカ民衆の強い反発を背景に議会(下院)で否決されたが、その下でアメリカの株価は大暴落し金融パニックの状況に陥った。あわてた米政府は、手直し(直接金融機関に公的資本の注入を行うように)の上議会を通した。すでにアメリカの大金融機関に対して表Ⅱ-10にみるように巨額の資本注入が実施されている。公的資金(税金)を使った大金融機関、金融ギャンブルで大儲けしてきた大銀行、投資銀行への資本注入——"Too Big to Fail"=倒産したら社会的影響が大きいという理屈で大々的に金融機関救済にのり出しているのであるが、明らかにこれは、規制緩和・自由化を進めてきた新自由主義政策の破綻である。しかしそもそも新自由主義というのは、巨大資本の利益になることであれば、彼らの思う通りに、つまり自由に、国家権力をも思うままに動かして、何でも行おうとする、利己主義追求の思想にすぎない。

現に、公的資金の注入を受けた以上リストラクチャリングが必要だとして、大々的な雇用の削減を進めている。シティグループは08年5月不採算事業を4000億ドル規模で売却する再建策を発表し人員削減を進めてきたが、公的資金注入に伴って、さらに全従業員の15%、5万人の追加削減を行うことを明らかにした(11月17日)。民衆の税金で大金融機関は救済され、その下で労働者の首切りが進む。労働者・民衆は、税金を奪われ、雇用を奪われ、生活を奪われている。

図Ⅱ-3 米金融大手の再編図

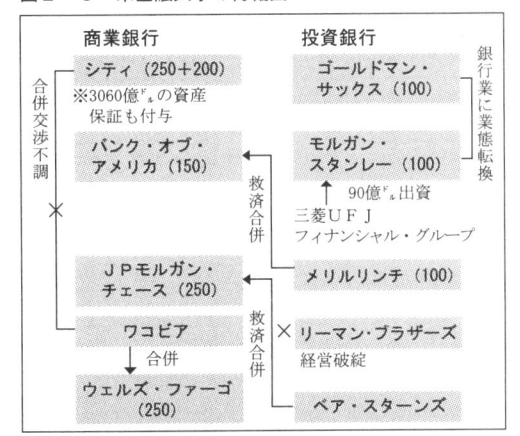

商業銀行	投資銀行
シティ (250+200) ※3060億ドルの資産保証も付与	ゴールドマン・サックス (100)
バンク・オブ・アメリカ (150)	モルガン・スタンレー (100) ↑90億ドル出資 三菱UFJフィナンシャル・グループ
JPモルガン・チェース (250)	メリルリンチ (100)
ワコビア	×リーマン・ブラザーズ 経営破綻
ウェルズ・ファーゴ (250)	ベア・スターンズ

合併交渉不調× / 合併 / 救済合併 / 銀行業に業態転換

(注)カッコ内は、公的資金投入額、単位・億ドル
出所:『毎日新聞』2008年11月25日

米連邦預金保険公社（FDIC）によると、8400の金融機関のうち資本や収益状況から経営に問題があると判断される金融機関（商業銀行、貯蓄金融機関＝S＆L）は171行（08年7～9月期）と、前期の117行から大幅に増加している（11月25日。『日本経済新聞』08年11月26日夕刊）。08年7～9月期は、S&L最大手ワシントン・ミューチュアルなど9行が破綻した。全体の金融機関の08年7～9月期の不良債権処理額は総額505億ドル（前年同期比約3倍）、純利益総額は17億ドルにとどまった（同94％減少）。金融危機の震源である住宅価格が下落し続け、金融危機がいまや実体経済の危機へと拡大していることから、金融機関の不良債権はさらに増える。FDICの集計では、"問題"銀行は08年末時点で252行に増大した。大金融機関のリストラ—雇用削減は、さらに実体経済の縮小をもたらし、金融機関の破綻を増大させて行くことになる。

　シティグループは、08年10～12月期83億ドルの赤字、08年通期では277億ドルの赤字となった。そしてついにシティグループは実質的に国有・国家管理となった（09年2月27日）。政府が資本注入して保有する優先株の一部を議決権のある普通株に転換し、約36％のシティグループの株式を政府が取得することになった。政府管理下で不採算部門中心にリストラが加速されることになる。

5．GMの経営危機

　"GMは国家なり"などと呼ばれ、アメリカ国内ばかりか世界の自動車市場に君臨してきた世界最大の自動車産業企業GMが経営危機に陥り、政府に対し支援を要請した。

　GM、フォード、クライスラー（ビッグ3）を中心とするアメリカ自動車産業は、アメリカGDPの約4％を占め、ビッグ3の従業員は約23万人に上っている。

　GMのリック・ワゴナー会長は、1社でも破綻すれば、部品メーカーなどを含めて300万人の雇用が失われる、としている。だから国家による救済は当然といわんばかりである。

　米自動車企業ビッグ3は、GM 599億ドル、フォード20億ドルの債務超過に陥り、最大340億ドル（GM 180億ドル、フォード90億ドル、クライスラー70億ドル）

表Ⅱ-11 米ビッグ3の再建案骨子と現状

	ＧＭ	フォード	クライスラー
支援要請額	最大180億㌦（約1.7兆円）	最大90億㌦（約8,400億円）	最大70億㌦（約6,500億円）
具体的な再建策	3万1,000人の追加人員削減、「サーブ」「サターン」などの売却、CEO報酬を1㌦に。10年に電気自動車生産開始。	専用ジェット機売却、国内工場の閉鎖、「ボルボ」の売却、CEO報酬を1㌦に。10～11年に電気自動車を投入。	従業員待遇の見直し、CEO報酬を1㌦に。10年に電気自動車を投入、13年までに車種拡大。
保有ブランド	キャデラック、シボレー、ポンティアック、サーブ	フォード、リンカーン、ボルボ、マーキュリー	クライスラー、ジープ、ダッジ
CEOの年報酬額★	1,440万㌦	2,100万㌦	―
債務超過額※	599億㌦	20億㌦	―
手元資金※	162億㌦	189億㌦	61億㌦

(注) ★は07年の額、※は9月末現在、――は公表せず
出所：『毎日新聞』08年12月4日

の支援要請額そして再建案を提示した（表Ⅱ-11）。再建案は、電気自動車の開発など新技術開発とともに、GMの3万1000人の追加人員削減などリストラ推進が柱となっている。

　大銀行の公的資金による救済に対してと同様に、GM等の自動車独占企業の救済に対する民衆の反発は根強い。CEOの年報酬が4億円～20億円という巨額、しかも自家用ジェット機を使っての移動などに対しても強い反発がある。米共和党は新自由主義の立場から国家の介入に対する拒否反応がある。しかし米民主党は労働組合（自動車産業には全米自動車労働組合UAWがある）を支持基盤としているところから、再建案に前向きである。

　民主党指導部は、ビッグ3救済法案をまとめ、提出した（08年12月8日）。政府は、最大150億ドルのつなぎ融資（期間原則7年）を行うこと、その財源は環境対応車開発向けの支援融資250億ドルを充当する、政府は融資の20％以上の金額の株式引受権を取得する、これに対し3社は09年3月末までに新たなリス

トラ計画（融資返済、コスト・生産能力削減、負債削減など）を作成すること、米大統領が指名する経営監視人が、つなぎ融資や追加融資枠を監視する権限を持つとともに、リストラ計画に関係者（債権者、労働組合）の合意ができるよう支援する、再建計画が進展しなければ政府独自のリストラ計画、法案を提出する、という内容である。UAWは、追加リストラを認める代わりに、GMの株式を取得して取締役会に代表を送ることを検討している。労働組合としては、医療保険基金への拠出金の支払時期の先延ばしとか、レイオフ中の賃金支払いの凍結等を検討しているが、リストラへの協力によって自ら首をしめることにならざるをえないし、下請部品企業、不採算部門のリストラで多くの労働者は雇用・生活を奪われる。

　このビッグ3の経営危機は、明らかに金融危機が実体経済を担う企業に波及しいまや実体経済の危機が生じていることを明確に示すもの、である。

　金融危機の深刻化の中で、アメリカの自動車販売高は08年9月に前年同月比で27％減少（96万5000台）、1993年2月以来の最低を記録した。販売高の減少は、フォード35％、クライスラー33％、GM16％である。10月には自動車販売高はさらに前年同月比31％減少した。とくにGMは45％減となった（11月の新車販売台数は、同36.7％減）。消費需要全体の減少の下で、銀行の破綻・経営危機によって資金貸出しが減少し、自動車ローンも減少したことによって、その上さらに投機による原油暴騰―ガソリン価格の騰貴が加わって、自動車の販売は一挙に減少した。

　GMは、系列下の金融部門に、金融安定化資金から資本注入を受けた（09年2月まで134億ドル）。しかし08年10～12月期に手元資金流出額は62億ドル、09年1月には1カ月で100億ドルもの資金が流出している。政府の追加融資（54億ドル）で何とか資金ショートを免れているが、経営危機はさらに深刻化している。09年2月（17日）には最大166億ドルの追加支援を要請している。危機の中でGMは一段とリストラを強行し、海外に展開した系列会社（サーブ＝スウェーデン、オペル＝ドイツ、GM大宇＝韓国、GMカナダなど）を切り離し、世界分業体制を見直さなければならなくなっている。

第2節　世界同時不況―経済危機へ

1．金融危機、西欧を襲う

　金融危機は西欧に波及し、西欧各国大金融機関を破綻の危機に追い込んでいる。

　スイス最大手金融機関UBSは、サブプライム関連商品で大損害を招いたが、08年9月末時点で408億ドルの不良債権をかかえている。スイスは世界的な金融自由化の下で、UBSはじめ300行以上ある金融機関が国際的金融証券取引を展開した。スイスのGDP（国内総生産）は5000億スイスフラン（SF）（約44兆円）であるが、金融機関の総資産はその7倍、3兆5000億SFに達している。UBSだけでスイスGDPの4.84倍の資産を持つ。今回の金融危機はスイス金融機関を襲い、巨額の損失を発生させ、経営破綻に追い込んでいる。スイス政府は、これに対処するため60億SFの公的資金注入を行うとともに、スイス国立銀行（中央銀行）はUBSの不良債権を最大600億ドル引取る（株式転換社債の引受け、株式転換による政府保有比率9.3%）。

　金融危機は、西欧の大国だけでなく、小国にも及び、住宅・不動産バブルを崩壊させ、それを根拠にした証券化商品価格の暴落、通貨価値の下落をひき起している。サブプライム問題の余波というだけでなく、金融証券化と取引を独自に展開させたことによるのである。その典型は人口約30万人のアイスランドである。アイスランドは、1980年代以降、金融規制緩和を進めて金融立国化を推進してきた。国内金利を高くして（10%程度）外国の資金を引き寄せた。とくに低金利の円などの外貨建て債券を発行して資金を吸収した。これを基に、カウプシング銀行など大手3銀行は、北欧やイギリスの企業買収融資など証券取引・売買を展開し、厖大な利得を獲得した。カウプシング銀行は「北欧のゴールドマンサックス」との異名をとるまでになった。金融取引による儲けによって、1人当たりGDPは5万ドル超（日本3.4万ドル、06年）となった（世界第3位）。大手銀行3行の総資産額はGDPの9倍に膨張した。

　しかし、サブプライムローン問題が深刻化し、金融危機が深まる中で、アイ

スランドに流入していた資金は一気に逆流し、いっせいに引揚げられた。銀行はたちまち資金繰り困難に陥り、アイスランド通貨クローナは対ドル、対ユーロ、対円で半値に下落し、外貨建て債券の返済は困難になってしまった。日本が引き受けた円建て債（サムライ債）はデフォルト（支払停止）になっている。ついに銀行の破綻は"国家破綻"の危機にいたり、政府は銀行を国家管理下におくことを決めるとともに、IMFの融資を要請した。IMFは、アイスランドに対し約21億ドル（約2000億円）の緊急融資を行うことに合意した（08年10月24日）。

IMFのこれだけの融資では、銀行の破綻も、国家自体の破綻も回避することは厳しいであろうが、ここからさらに金融引き締め、財政支出抑制等民衆に対する収奪が強まることになろう。北欧の"楽園"は夢と消えるのか。

すでに07年9月、イギリスでは中央銀行による中堅銀行ノーザン・ロックの救済融資、実質的国家管理にふみ切ったが、08年10月10日のG7の金融安定化のための「行動計画」をふまえ、同12日、ブラウン蔵相は、大手3行——ロイヤルバンク・オブ・スコットランド、ロイズTSB、HBOS——に370億ポンドの資本注入を決めた。これによって英政府はRBSの株式の6割を取得し、実質国有化することになった。ユーロ圏でも、10月12日緊急首脳会議を開催して、金融機関に対し資本注入を行い、国家管理下におくことを決めた。ドイツはバイエルン州立銀行に50億ユーロの資本を注入し、総額800億ユーロの資本注入枠を設定した。フランスも、公的ファンド（最大400億ユーロ）を設立し、政府主導でBNPパリバを含む大手6行への資本注入、新しい政府保証機関が最大3200億ユーロの枠を設定して金融機関向けに融資することを決めた。政府の責任で預金の全額保護、保護限度額の引き上げも決めた。深刻化する金融危機に対し、新自由主義は放棄された。

株式・証券投機に走るアメリカ型の金融資本に対し、産業的基盤—実体経済的基盤を重視する点でEC・ドイツ型金融資本を評価する見解がある。確かにその側面あることは否定しないが、銀行・証券業の兼営形態を持つEC金融資本が、株式・証券投資（投機）に無縁だということにはならない。株式・証券投機は、株式・証券発行・売買を行う金融資本には必然的に伴うのである。

むしろ今回のこの事態が示しているのは、実体経済から遊離したマネーが金融機関における過剰資金を形成するとともに、その運用が株式・証券─金融デリバティブに向けられていること、それがまさに世界的に、いうまでもなく西欧にも巨大な規模で広がっている、ということである。

図Ⅱ-4　欧州主要銀行の08年最終損益と金融危機関連損失
（1ユーロ=1.26ドル、1スイスフラン=0.85ドル、1ポンド=1.42ドルで換算）

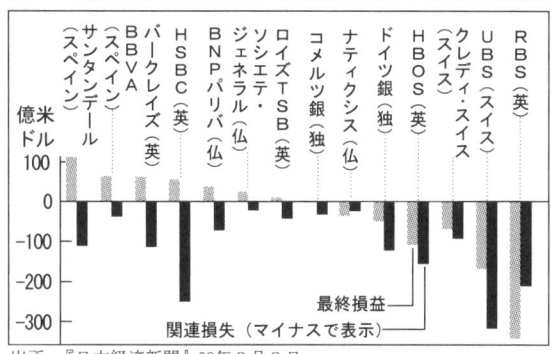

（サンタンデール〈スペイン〉／BBVA〈スペイン〉／バークレイズ〈英〉／HSBC〈英〉／BNPパリバ〈仏〉／ソシエテ・ジェネラル〈仏〉／ロイズTSB〈英〉／コメルツ銀〈独〉／ナティクシス〈仏〉／ドイツ銀〈独〉／HBOS〈英〉／クレディ・スイス〈スイス〉／UBS〈スイス〉／RBS〈英〉）

最終損益／関連損失（マイナスで表示）

出所：『日本経済新聞』09年3月3日

　国際金融協会（IIF）の調査によると、07年以降（08年9月末まで）金融危機に絡んだ損失額は世界全体で6330億ドル、うちアメリカ3834億ドル（全体の60.6%）、欧州2248億ドル（35.5%）、アジア248億ドル（3.9%）となっている。欧州のウエイトが高いことが注目される。

　金融機関はそれぞれ自力でも資本増強を行っているが、IMFの試算（08年10月7日）によると、世界の金融機関の損失額は1兆4000億ドルになり、金融機関は今後数年間で6750億ドルの資本増強が必要になる、としている。

　なお、08年の欧州主要銀行の最終損益と金融危機関連損失は、図Ⅱ-4のようになっている。保有有価証券の値下りなどで、1560億ドルの損失が計上されている。UBSは、サブプライムローンなどで317億ドルの損失処理を行なっている。英RBS（ロイヤル・バンク・オブ・スコットランド）も、保有株式の減損処理などを含め148億ポンドの損失を計上し、英企業史上最大の赤字に転落した。主要銀行14行中6行が最終赤字、14行の最終損益合算で400億ドルの赤字（前期884億ドル黒字）となっている。

2．全世界的経済危機へ

　金融危機は、西欧諸国から世界各国に広がり、実体経済の不況・経済危機へ

と波及している。EU統計局によると、ユーロ圏15カ国の08年7〜9月期のGDPは前期比0.1％減（実質）となった（年率換算0.8％、11月14日）。08年4〜6月期に続く2期連続のマイナス成長となるが、これは1999年の通貨統合以降はじめてのことである。08年10―12月期はユーロ圏全体で5.7％減、ドイツ8.2％減、フランス4.6％減、イタリア7.1％減、イギリス5.9％減となっている。

　金融グローバリズムの中で、EUもまた擬制的な金融証券化商品への投機に大々的に汚染されていることが暴露された。そして自ら証券バブル、土地・不動産バブルをひき起こしその過程で金融機関は巨額の利益を獲得してきたが、バブルがはじけ金融危機が激化し、破綻状況に陥った。そして金融破綻がいまや実体経済の危機に及び、ここでも労働者の大失業、そして生活破滅の危機が広まっている。西欧諸国では、この危機に対して、労働者、民衆によるストライキ、デモ、抗議行動が激化している。この点は後述する。

　金融危機によってどの国でも大きな打撃を蒙っているが、金融破綻でストレートに経済危機に陥っているのは、イギリス、スイス、ハンガリー、ウクライナ、アイスランド等である。

　アイスランドのほか、ベラルーシ、パキスタン、ハンガリー、ウクライナではIMFの支援を受けることになった。いうまでもなくアメリカ「帝国」主導下のIMF融資に伴って、財政・金融引締め、リストラが強要され、民衆の生活は圧迫される。

　このようなストレートな金融危機の影響だけでなく、それに伴う産業企業のリストラ、そして失業増大による消費需要の縮小が、輸出の減少をもたらすことによって、不況を深刻化させている。

　ドイツは、輸出依存度が4割弱に達する輸出国である。07年8月まで輸出の伸び率は2ケタを続け成長を維持してきたが、08年8月以降輸出の伸びはマイナスに転落した。アメリカ市場でダイムラーベンツが大苦戦に陥り、生産縮小に陥らざるをえなくなっている。輸出の減退によってドイツは08年4〜6月期から3期連続赤字となっており、さらに実体経済の縮小が続くと予測されている。

　金融証券バブルの下での輸出拡大によって成長を維持してきた中国、韓国、

表Ⅱ-12 農林中金が保有する証券化商品の内訳 (億円)

資産担保証券（ABS）	28,805
住宅ローン担保証券（RMBS）	7,554
商業用モーゲージ担保証券（CMBS）	6,701
債務担保証券（CDO）	24,416
その他	752
合　計	68,230

出所：『日本経済新聞』08年11月28日

　日本などアジア諸国も、金融・証券バブル崩壊に関わる損失とともに、軒並み輸出減少により実体経済危機を招いている。中国は、証券バブル崩壊の下で、対米輸出中心に輸出が減少しGDP成長率は12％から8％台に下落している。輸出は、08年10月までは20％程度の伸びを続けていたが、08年11月、前年同月比2.2％減と、01年6月以来7年5カ月ぶりに減少となった。これに伴い生産、そして設備投資の伸びも低下している。

　日本経済では、金融危機の波及によって、証券投機に走った金融機関は、金融証券化商品の価格下落、売却不能で大損失を蒙り、株価暴落によって巨額の含み損を生じている。

　象徴的なのは、農林中央金庫の巨額の損失計上と含み損である。08年9月末時点で農中が保有する証券化商品は6兆8230億円に達する。資産総額は約58兆円であるが、基盤の農業の生産縮小によってそれへの貸出は著しく減少し貸出は全体の15％、有価証券などへの運用が7割に達している。保有するこの証券化商品6兆8000億円は、ほとんど価格がつかない状態である。農中は08年3月期2800億円の損失を計上したが、この証券化商品の含み損は5兆円を上回るとみられる（表Ⅱ-12）。

　このように証券、株式価格の下落に関わる損失だけでなく、すでに打撃は実体経済に及び、日本経済は、08年4〜6月期、7〜9月期と2期連続のマイナスとなった。7〜9月期は実質GDP前期比マイナス0.5％である。輸出の伸びなやみ、それに関連する輸出産業企業（自動車、電機、精密機器）の生産縮小—

第3章　世界的金融破綻—実体経済危機へ

設備投資の減少によって、不況に陥っている。輸出に関してみると、08年10月輸出総額は前年同月比7.7%減（ITバブル崩壊が生じた01年12月以来の落ち込み）となった。アメリカ向け輸出が14カ月連続減、EU向けが3カ月連続減、アジア向け輸出も前年同月比4％減と80カ月ぶりのマイナスとなった。08年10～12月期はこのような輸出の減少によって、さらに成長率は一段と落ち込んだ。GDPは年率換算で12.7%減、個人消費支出1.3%減、企業設備投資5.7%減、輸出は何と21.8%減となった（速報値）。

　アメリカの実体経済の危機が、EU、そして中国等新興国の対米輸出を減少させ、アメリカ、EU、中国等への輸出拡大に依存してきた日本経済に深刻な打撃を与えている。その上円高（09年10月、前年同月比12%の円高）も加わって輸出産業企業は輸出の減少とともに円高による為替差損の打撃を受けている。雇用圧縮、派遣労働活用による低賃金と労働強化、それは輸出競争力を強める反面、内需を縮小させ、輸出依存経済を築いてきた。この輸出依存経済は大きな限界に突き当たっている。しかも円高回避を図るため、日本輸出企業は中国さらにアメリカへの企業の直接進出を進めてきたが、中国、アメリカの実体経済縮小悪化の中で、これも限界を露呈している。このような打撃を蒙った日本の輸出産業企業は、トヨタ・日産をはじめとする自動車、キヤノン・ソニーなど精密、電気機器大企業中心に、非正規雇用切り捨て（しかも契約期限前の）、さらに正規雇用の削減を強行している。しかしこれは労働者・民衆の生活を破滅させ、国内需要をさらに圧縮させて、悪循環を増幅させる。

　IMFの世界経済見通し（09年4月22日）によると、09年の実質GDP成長率は、世界全体でマイナス1.3%、アメリカ同2.8%、日本同6.2%、ユーロ圏同4.2%（ドイツ5.6%、フランス3.0%、イタリア4.4%、イギリス4.1%――いずれもマイナス）となっている。これは戦後最悪の景気後退である。BRICsについても、ブラジル、マイナス1.3%、ロシア同6％とマイナス成長、中国、プラス6.5%、インド同4.5%であるが、成長率は大きく下落している。

（第1節1～3、第2節1、08年11月4日稿。第1節4～5、第2節2、同12月10日稿。若干補筆。）

Ⅲ 金融・経済危機の原因

# 第1章 金融証券化商品の世界的拡散と投機

はじめに

　金融・経済危機は一段と深刻化し、震源地アメリカでは、ついにFF金利（フェデラルファンド金利＝最重要の政策金利）の誘導目標を年0.0〜0.25％とするという、事実上のゼロ金利にふみ切った（08年12月16日）。これはアメリカの歴史上初めてのことである。そして同時に「多額の政府機関債や住宅ローン担保証券（RMBS）を購入すること」「状況に応じてさらに拡大する用意があること」、さらに「長期国債の買入れを検討する」とした。しかしこの不換銀行券の巨額のバラまきによってこの危機が克服されるのか。そしてこの政策は何をもたらすのか。それを示唆するかのように、アメリカでは、国家管理の下でリストラが強行され、日本では急激な円高が進行し、輸出の大減少が生じている。そしてその下でトヨタ、ホンダ、日産など自動車大企業はじめ、ソニー、キヤノンなど家電、精密機器大企業は、派遣労働者から正規労働者の解雇、首切りを進めている。
　このなりふり構わぬ危機対策が具体的にどのような問題をもたらすか。
　この対策の影響・効果を考える前提として、この危機をひき起こした根本的原因をとらえよう。この根本原因にメスを入れ、これを切除しなければ問題は全く解決しえない、のである。

第1節　あらゆる収入が資本還元されて証券化

　現代資本主義は、一定の収入が継続的に生じる場合、その収入の根拠を問わず、これを証券化する関係を発展させる。証券化というのは、それらの収入を

利子とみなし、その利子を生み出す元本価値が擬制され（これを資本還元という）、これが売買しうる商品となること、である。企業が生み出す利潤、土地の貸付けで生じる地代が資本還元されて形成される株式、土地価格（土地証券）がその典型である。現在では、保証料・保険料や、CO_2排出量取引による収入さえも、利子率で資本還元されて元本（擬制資本）があるとみなされ、売買されるものとなる（なおこの利子率は直接には貸付利子率である。というのは証券に投資し、それを保有して得る配当収入は、銀行にとっては資金貸付けによる利子収入と比較、選択されるからである）。

「利子生み資本という形態に伴って、確定した規則的な貨幣収入は、それが資本から生ずるものであろうとなかろうと、すべて資本の利子として現れることになる。まず貨幣収入が利子に転化させられ、次に利子といっしょに、その利子の源泉となる資本も見いだされる」（『資本論』第3巻第29章）。もちろん、一定の収入が利子とみなされることも、その利子の源泉としての資本があるとされることも、「それが直接に譲渡可能であるか、または譲渡可能になる形態を与えられる場合を除けば、純粋に幻想的な観念であり、そういうものでしかない」（同上）。つまり"擬制"なのである。とにかくある収入を生み出す源泉は「利子生み資本」だとみなされ、しかもこの資本（擬制資本）が売買される——これが資本の物化＝商品化である。

　ところが、今回の金融危機の直接の発端となったサブプライムローンの証券化は、証券化の根拠としての収入（ローンに対する利子支払い）も、その収入の源泉（根拠）も、最初から人為的・政策的に作られたものでしかなかった。低所得者で、何度かすでに借金返済ができなかった経歴をもつ信用力の乏しい個人に対して、一戸建て住宅を取得しうる夢がかなえられるとして、金融機関は資金を貸付けた。このローンの返済は、信用力の乏しい個人の賃金などの収入ではなく（最初からそこからの利子支払いはできないことが分っていた）、ローンで手に入れた住宅価格の値上がり（それに基づくローン借り換え）に依存するものでしかなかった。この住宅価格の値上がり自体、ローンによる住宅需要の増大によってもたらされたものであった。

　ITバブル崩壊、そして9・11テロによる危機に対して、FRB（連邦準備制度

理事会）は、政策金利（FF金利）を01年（9月）〜03年（6月）にかけ5.5％から1％に引下げた。この超低金利とITバブル崩壊―実体経済不況の下での金融機関の資金過多（これは次に指摘するドル支出拡大によって膨張した）が、サブプライムローン拡大の背景であり、これが住宅バブルをもたらしつつ、バブルがローン利払いを可能にし（しかも借り換えによって返済に必要な額以上の借入れが可能になり、それによって消費需要の増大がもたらされ）、この利子収入を根拠とする証券化商品がつくられ、販売された。

　サブプライムローンに基づく証券は、証券価格の源泉である住宅価格も、資本還元の根拠となる収入（利払い）も、それ自体が人為的政策によってつくられたバブルに依存するものであった。

　リスクの高い貸付けを行なった金融機関は、ローンを証券化し売却することを通して、資金を回収するとともに、証券化商品が高い価格で売れれば手数料とともに利益を得る。それによって金融機関は、貸付けをさらに増やすことが可能となりバブルも膨張する。

　そればかりか、ローンに伴うリスクを極小化し、証券売却を促進、増大させるために、金融工学とやらを駆使した複雑な証券化・金融デリバティブが開発、組成された。サブプライムローンを組合わせたり、より信用力のある者へのローンを組み入れたりして、住宅ローン担保証券（RMBS）が組成された。この組成された証券を、格付け会社が切り分けて高格付け（シニア＝3A格）やそれ以下（メザニン1〜3、そしてエクイティ）に格付けして売却した。3A格とされた高格付け証券の中にもサブプライムローン関連証券が組み込まれた。さらに住宅ローンを根拠とする住宅ローン担保証券と他のローン、社債などを組合わせた証券が発行された（債務担保証券CDO）。この新しい証券は、証券自体を根拠にする擬制的商品であり、擬制の積み上げによって形成されたものである。だからこれらの証券価格が、格付け会社によって切り分けられて格付けが与えられて売買されたけれども、誰にも（ノーベル経済学賞受賞者にも）その価格の基準は分からないという代物だった。

　これらの金融証券に対し、金融保証会社（モノライン）そしてAIGなどの保険会社が、保証料を取って、元本価値を保証することが行われた。しかもこの

保証料（保険料）は、証券価格の根拠になっている収入源や資産が、借り手の支払い不能（デフォルト）のリスクが高まれば保証料は高くなる。これに目をつけて保証料を根拠にCDS（クレジット・デフォルト・スワップ）という金融デリバティブが組成された。保証料の変動を根拠とする証券化商品である。ヘッジファンドなど、もっぱら証券売買だけで利益を獲得する資本が積極的に介入したことによって、CDS発行・取引きは膨張した。07年末の調査（BIS）では、金利を対象とした金融派生商品の市場規模が393兆ドル、この信用リスクを対象にしたCDSだけで58兆ドル、その他のデリバティブを含めた市場規模（想定元本残高）は596兆ドルという巨額に達した。

　その価格の根拠、収入の発生源が何であれ、それ自体人為的政策的につくられたものであれ、収入が利子とみなされ、それを生み出す元本（＝擬制資本としての証券）が擬制され売買される。しかもこの売買を専業とする投資ファンドの投機的活動の中で、銀行・証券会社も、金融デリバティブ取引きをもっぱら行う特別目的会社（SIV＝投資ビークルという簿外の特別目的会社）を設け、自己資本の何十倍もの借入れによって、証券売買を行い厖大な利益を得てきたのである。

　このような金融証券自体、全く実体経済（富・価値形成の根拠をもつ）から遊離したものであり、その売買によってどれだけ利益を得たとしても、それは富・価値の増大に基づくものではない。その意味で、膨張した金融証券自体"擬制"であり、その売買を事業とすることは"虚"業である。しかし、それに投資し、その所有によって最低限利子を獲得するというのは、資本自体の本性的要求であり、人間にとってまた社会にとって何の意味もない商品の売買で利潤を獲得するということも、それ自体流通形態としての性格をもつ資本の当然の行為なのである。社会的規制や民衆の反抗がなく、あるいは弱く、資本が"自由"に行動しうる状況では、資本はこのような"擬制"的取引き―擬制的経済を展開し膨張させるのであって、それは決して資本の本性からの逸脱とか本性から離れた暴走、ということはできない。

　この収入の利子化、擬制的証券化はどこまで進むか。労働賃金を利子とみなし、それを生む元本（利子を生むとみなされる擬制資本）が想定される。労働

力＝人間の擬制資本化である。「資本家的な考え方の狂気の沙汰はここでその頂点に達する。…ここでは残念ながら、この無思想な考え方を不愉快に妨げる二つの事情が現れてくる。第1には、労働者はこの利子を手に入れるためには労働しなければならないということであり、第2には、労働者は自分の労働力の資本価値を譲渡によって換金することはできない、ということである」（『資本論』第3巻第29章）。労働者が自らを擬制資本化し、しかもそれを売却して元本価値を貨幣として獲得すること、それは自らを他人の所有物としてしまう以外にありえない（それは奴隷となることである）。資本主義の下ではこれは逸脱であり、現実に実現しえない。しかし、資本の擬制資本化の発展の対極には、労働者の物化、奴隷化の進展がある。それは資本の"自由"の徹底、すなわち労働＝価値増殖根拠の資本の自由意思による支配を実現せんとするものとして、である。

第2節　投機の世界的拡大と「金融帝国」の破綻

　アメリカを震源地とする金融危機は、西欧、北欧からほとんど全世界に広がり、金融機関を破産あるいは破産の危機に追い込んでいる。そして金融危機に見舞われた各国では、危機は実体経済に及び、リストラー雇用削減・失業の増大と生活破綻が進んでいる。しかしなぜアメリカ発サブプライムローン問題が全世界的に波及し、金融・経済危機を拡大・深刻化させることになったのか。そこには、虚構のアメリカ「金融帝国」を軸としたグローバリゼーションがある。

　金との交換性（裏づけ）を失い、しかも貿易赤字と財政赤字という双子の赤字をかかえている国の通貨が世界で唯一の基軸通貨となっていること、その基盤にあるのは、純債務国（外国からアメリカへの資金・資本の貸付け・投資額＝アメリカの対外債務が、外国への資金・資本の貸付け・投資額＝アメリカの対外資産を上回る、1986年以来）としてのアメリカが、その現実の実体的基盤がないにもかかわらず一定の成長・繁栄を維持するとともに、金融グローバリズムの主役となっている、まさに「金融帝国」となっているという虚構がつくられてき

たことにある。しかしこの虚構の「金融帝国」が、1971年8月のドルの不換紙幣化以降、とくにアメリカが純債務国に陥った1986年以降、今日まで持続してきたということ自体異常というべきことであったが、それは今日の資本主義の世界体制自体の脆弱性、矛盾を示すものなのである。

　大体継続的に貿易・経常収支の赤字を出し続けている国の通貨が基軸通貨であるということ自体異常である。

　というのは、財政赤字（国債・政府機関債発行）はその分だけ確実に通貨＝ドルの支出を増やす。貿易・経常収支赤字は外国へのドル支払いを増大させる。双子の赤字の継続ということはアメリカ自体として基軸通貨ドルの価値を維持することができないことを示している。ドル価値の維持―ドル体制の維持は、外国の、とくに対米貿易黒字国の"協調"を不可欠の条件としているのである。

　対米貿易黒字国はドルを外貨準備として蓄積している。現在対米貿易黒字最大の国は中国、日本は第2位、そして中東産油国である。これらの国のかかえるドルを、アメリカに還流させること、それがドル価値維持・ドル体制維持に不可欠なのである。

　そのための方策は、何よりもアメリカ国内の金利をこれらの諸国の金利より高く維持すること、したがってアメリカ国内の不況対策として金利を引下げなければならなくなると、アメリカはこれら諸国に対し金利引下げを求める。

　これにもっとも忠実に従ったのは日本（政府・日本銀行）であった。さらにほとんど金利引下げ余地がなくなった状況の下でアメリカ政府は日本に対し、金融量的緩和を要求した。01年3月から開始された金融量的緩和策は、円マネーの供給増大（日銀による国債等の購入を通した円マネー発行の増大で、日銀に当座預金を設定し、金融機関がいつでも引出して使いうるものとする措置）によってドル価値を支えるドル対策であった。

　ドルマネーの過剰の上に円マネー供給が増大した。超低金利と円マネー供給増大の下で、金融機関は低金利で円を借り、これをドルやユーロ等と交換し高金利（利回り）を獲得するという円キャリートレードに走った。世界的マネー過剰の増幅・拡大である。

　日本の金融は、アメリカ政府の要求に従い、ドル価値維持ということで、ま

さに世界的金融証券投機の増大に使われる世界的なマネー過剰を、作り出した。貿易黒字によるドル建て外貨準備の上に、政策的な円売り―ドル買いによるドル建て外貨準備が加わった。この外貨準備は、米国債、証券の購買に使われた。日本の米国債保有額は7000億ドル（04年）に達した。

巨額の対米貿易黒字を出している中国も、外貨準備を増大させている。米財務省の発表（08年11月18日）によると、中国の米国債保有高は08年

図Ⅲ-1 米国債保有高
（比較時点は毎年9月末）

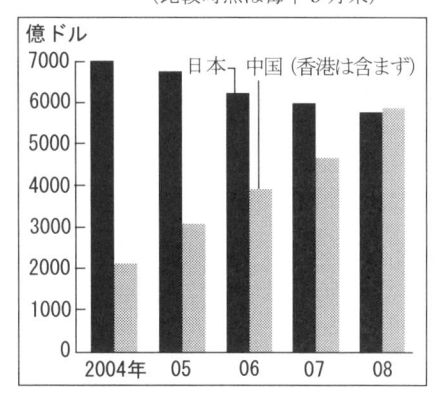

資料：米財務省
出所：『日本経済新聞』08年11月19日夕刊

9月末時点で5850億ドルと世界最大の米国債保有国となった（図Ⅲ-1参照）。日本の米国債保有額は5732億ドルで第2位（第3位イギリス3384億ドル）。海外全体の米国債保有額は2兆8605億ドルである。

日本、中国の米国債購入によって、ドルはアメリカに還流し、ドル価値が維持されているのであるが、これは反面これら米国債巨額保有国のドル価値下落による損失の可能性を増大させる。そして損失回避ということで米国債保有を減らす（米国債売却）ことになれば、一気にドル価値は暴落する。

アメリカ自体のドル支出―ドルインフレの継続、対米黒字国の米国債・証券購入＝対米"協調"によるドル還流、この脆い構造の上で米金融機関（証券会社、大銀行）主導の金融グローバリズムが形成・展開された。

07年6月現在、アメリカの対外債権（アメリカ資本の投資・貸付）は17.6兆ドル、同対外債務（外国資本の対米投資・貸付）は20.1兆ドルで、アメリカは2.5兆ドルの純債務国である。このアメリカに対する資金の出し手は、中国（全体の13％）、日本（12％）等である。アメリカは全世界の資本輸入額の64％を占めている（表Ⅲ-1参照）。もし、アメリカの対外債権による収益率（利子・配当受取り率）と、対外債務による利子・配当の収益率（利子・配当支払い率）が同

第1章　金融証券化商品の世界的拡散と投機

表Ⅲ-1 国際資本バランスの偏り（2006年、%）

資本輸出国		資本輸入国	
中　　国	13	アメリカ	64
日　　本	12	イギリス	4
ド イ ツ	9	スペイン	7
ロ シ ア	9	オーストラリア	3
サウジアラビア	9	その他	22
ノールウェイ	5		
その他	43		

資料：IMF、World Economic Outlook. database、07年3月21日

図Ⅲ-2 米国の財政状況

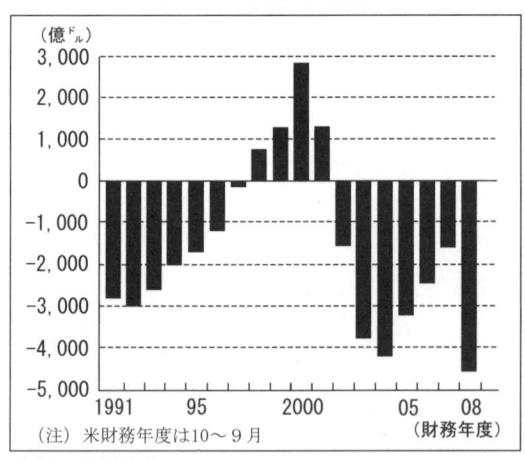

資料：米財務省
（注）米財務年度は10～9月

じならばアメリカは貿易赤字の上に投資収支上赤字を招くはずである。ところが、アメリカの対外純債務が、財政赤字の増大（図Ⅲ-2参照）、国債の対外売却等によって増大する中で、投資収益の収支はかえって増大している。1973年～98年半ばまでの投資収益収支は年平均219億ドルであったが、08年1～6月には1211億ドル（年率換算）に増えた（米商務省「国際収支統計」、水野和夫「米

投資銀行の破綻はドル本位制の崩壊を意味する」。『エコノミスト』08年12月2日）。それは、対外負債に関わるコストを上回る対外投資による配当・収益を獲得したからである。

そしてこの機能を演じた主役が、米投資銀行（金融機関）であり、彼らによる対外証券投資等による収益の獲得であった。アメリカの投資銀行は、外国からのドルの還流を基にして巨額の借入れを行いコストを支払いながら、それを対外投融資に回してコストを上回る巨額の利益を獲得して、アメリカ「金融帝国」を支えたのである。

このアメリカの投資銀行がいま破綻した。それは同時に、投資銀行によって支えられてきたドル、そしてアメリカ「金融帝国」の崩壊を意味するのである。

第2章 新自由主義の破綻

　この金融・経済危機は、新自由主義の世界的展開によってひき起こされたものであり、この思想・政策自体の破綻を示すものといってよい。資本主義経済はその内的矛盾を恐慌によって暴露するけれどもそのこと自体から資本主義が自動崩壊することにはならない。今回の金融・経済危機も、新自由主義政策の推進による資本主義の世界的矛盾の爆発といってよいが、そのこと自体から資本主義が崩壊するわけではない。

　すでに現代の資本主義は、周期的恐慌をひき起こした古典的自由主義段階において示されたような自律的回復力を失っている。"大きすぎてつぶせない"などといいながら、現代の国家は、この危機をひき起こした主役である金融独占体を、人民の税金を大々的に使って救済する。その下で、新自由主義を通してしこたま儲けてきた金融独占体は、自由主義を手離すどころか、労働者、人民に犠牲を強いて、その再生を図るのである（これがさらなる矛盾を増幅させることについては後述）。資本は自ら資本の墓掘り人にはならない。この支配を終らせるのは、労働者・人民の組織された力＝目標を明確にもつ実践以外にない。すでに世界的にストライキ、デモンストレーションによって労働者の反撃が始まっている。日本でも、派遣労働者に対する奴隷的扱いに対し、労働組合組織の結成を通して抵抗運動が開始されている。しかし、金融独占体と国家の支配そのものを転換させなければならない、という意識の確立にはなお至っていない。

　その意識確立をめざし、ここでは新自由主義がいかに金融・経済危機をひき起こしたかの分析を通して、新自由主義を総括しよう。その思想・政策によって明確に示された資本の本質が、いかに非人間的、人間破壊的なものであるかの認識を確立しよう。

第1節　新自由主義の"自由"の中身

　東京大学経済学部教授岩井克人氏は、「…資本主義の中で、人々は自由という禁断の果実の甘さを知ってしまった。その甘さの中には、もちろん"原罪"的不安定さが含まれている。でも、自由は手放すべきでないし、もう手放せないだろう」(『朝日新聞』08年10月17日)、といっている。この「自由」の中身は何か。人間を離れては自由について語れないが、資本主義の下での自由は、何よりも現実には市場における自由な行動であり、その下での資本の自由、利己的利潤獲得の自由である。もちろん労働者も市場と関わる限り市場の自由＝商品売買の自由に与かる。しかしその基本は、労働者の生活に必要な生活資料が、資本により商品として売られているので、それを買わなければならないからである。商品を買うためには貨幣を手に入れなければならないが、それは自ら所有する唯一の売りうるもの＝労働力を売らなければならない。しかしそれはその買い手＝資本による労働力需要によるのであって、労働者には資本主義の下で"自由"はない。マルクスは、資本主義の下での賃金労働者を「二重の意味で自由」な労働者と規定した。一切生産手段を持たない(生産手段から自由)とともに、人格上の自由(自らの所有物を自らの判断で処分しうること)であるが、前者は労働力を売らなければならないこと、後者は売りうる権利は持っているということであり、現実にこの「自由」とは自らの商品を売らなければならないことによって、現実に資本の支配の下におかれていること、したがって資本の支配の下では労働者は決して自由でないこと、人間としての自由——互いの自主性を尊重し合う中での自主的判断に基づく自発的創造的行為——は、現実に実現されていないこと、それは労働者＝人間が、社会の現実的主体となっていないことにあることを、認識しなければならない。資本主義の下で労働者が獲得した人権は、人間の人間としての主体的判断・行動を保障する権利には至らず、商品を売って貨幣を得るという"物権"に支配された——あるいはそれに制約された限りでの——ものであった。労働者・人民——人間社会の存立・発展根拠である実体の担い手——を、市場関係の中に必然的に巻き込むこ

とを通して、資本はその自由——まさに利己的金儲けの自由、労働者＝人間を支配し搾取する自由——を実現した。

　資本主義の下での自由は、基本的に資本の自由——労働者の搾取を通した金儲けの自由であって、決して人間の自由ではない。金儲けの自由は、人間を金＝貨幣（そして資本）の奴隷にすることであって、人間の自由を破壊するものである。資本の自由を人間の自由とすり替えてはならないのである。

　資本による労働者の搾取の自由の徹底は、機械の開発、資本によるその利用の下での労働の単純化を基礎に、児童労働、婦人労働など市場における商品主体たりえない労働者に低賃金、長時間労働を課すという奴隷労働化にまで及んだが、このことによって労働力の再生産自体の困難が生じ、少くとも商品主体化しえない児童労働者、婦人労働者に対しては国による保護手段（工場法を通した資本に対する規制措置）が採られた。それは資本の要求による自立しえていない人間の物化＝奴隷化という個々の資本の逸脱行為（市場のルール違反行為）への社会的規制といってよい。それは、なお商品主体たりえない子どもや女性の乱費によって人間＝労働力の再生産が損われることに対する体制自体＝国家の規制策であり、決して資本の搾取の自由を否定するものではなくその自由を社会的に維持するためのものであったことを想起しておこう。

　資本の自由の下では決して人間の自由は現実化しえない——市場の自由は人間の自由を保障しえない——ことが現実に示されるとともに、人間の自由の現実的実現を求めて労働者階級の組織的運動と社会主義思想に基づく体制変革をめざす運動が形成・展開された。資本主義体制の変革をめざす社会主義運動に対抗して、体制側権力が導入した政策が"アメとムチ"の政策であった。体制変革の思想・運動を弾圧するとともに、一定の改良政策によって労働者・民衆の体制内統合を図るという政策である。株式発行による資金調達が導入され金融独占体が確立する中で、慢性的過剰人口と零細企業、農業経営の危機が生じたが、体制側権力は一定の失業者対策（保険を通した生活維持策）と農業対策（小農保護策）を行った。

　ここで明らかにしておきたいのは、1930年代大恐慌に際してのいわゆるケインズ主義の導入についてである。とくにアメリカの経済破綻、大失業と農業経

営危機に対して採られたルーズベルト大統領のニューディール政策は、失業対策と農業対策を国の財政支出拡大——国債発行、銀行券の金兌換停止＝管理通貨制導入の下で——によって行うという特徴をもっていたが、それは、①大失業と農業経営危機を、経済の自動回復力——市場競争を通した整理淘汰に委せたら大衆の反抗・反乱が激化して資本主義体制自体が崩壊しかねないという体制危機の下で、②ソビエト「社会主義」への対抗を強く意識せざるをえないことが背景にあった。よく知られているようにケインズ自身大の反共主義者であり、社会主義に対抗し資本主義体制を維持するには、資本—金融独占体に対して一定の負担を課すこともやむをえない、ととらえていた。

　第二次大戦後のいわゆる戦後体制下の特徴は、何よりアメリカ主軸の帝国主義体制対ソビエト主軸の「社会主義」という体制間対立関係である。「社会主義」のインパクトを受けて、資本主義・帝国主義体制側は、アメリカ中心に「社会主義」に対抗する軍事力強化、資本主義各国との軍事同盟を確立するとともに、各国とも一定の改良政策—公的資金による教育、医療・社会保障制度を導入した。戦後資本主義国の福祉政策は、「社会主義」の対抗力なくしてはありえなかった。

　以上をふまえて、新自由主義導入の背景についてとらえよう。新自由主義の思想は、ハイエクやフリードマンなどを中心にケインズ主義への対抗思想として形成されてきたが、この思想が現実の経済社会への政策として導入されるのは、1970年代から、本格的には1990年代以降であった。その背景にあったのは、①ケインズ主義的福祉政策の下でのスタグフレーションの発生と財政危機の深刻化、②70年代以降本格化する資本の多国籍企業化と世界的市場競争戦があった。そして③「社会主義」のインパクトの弱体化、そしてソビエト・東欧「社会主義」の崩壊、同時にそれに影響を受けた資本主義国内はじめ世界的な労働者・民衆の側の社会主義への絶望感、社会主義意識の衰退である。この後者に関しては、レーガン、サッチャー、中曽根政権などの新保守主義政権が、新自由主義を導入展開するに当って、階級的労働組合（日本では国鉄労働組合）を権力的に解体化させたことを忘れてはならない。

　新保守主義政権の下で新自由主義政策が展開された。その特徴は、①すでに

市場における対等の自由競争の条件がない——巨大独占体と中小零細企業、小農業の解消不能の格差の中で、19世紀中葉における自由主義、市場の自由競争＝弱肉強食の自由競争を復活させ、巨大金融独占体の"自由"な活動を保証するものである。古典的自由主義への回帰という意味で、まさに"保守"政権が、自由主義を推進した。すでに現実には全く実現しえない市場の自由競争を通した法則性（社会的均衡）確立とか、効率的資源・労働力配分の実現とかを、ただイデオロギー的にふりまいて、まさに巨大独占体の"自由"—"狼の自由"を実現するというのが、新自由主義の自由である。となれば、社会的格差はさらに拡大する。格差は、大資本の中心が金融資本になればいよいよ拡大する。

②巨大独占体の"自由"を保証するためには、戦後体制の下で採られてきた資本の"自由"な活動に対する規制を撤廃する必要がある。それは、規制・制限をとり払って、大資本に最大の利潤獲得を実現させることを目的とする。反面、労働者・農民・小零細企業者に対する保護規制は緩和され、撤廃される。規制撤廃は、大資本の投資分野の自由化——儲かる分野であればどこでも制限なく投資して利潤獲得の場にすること、それを国内だけでなく他の諸国にも要求し実現し、市場に組み込むこと——から始まり、生活領域——福祉・医療、教育領域の公的事業の解体と民営化＝私企業化の推進——から、「労働」領域——「労働」の物化＝部品・原料化による"人間かんばん方式"の導入にまで及んでいる。その思想的根拠は、人間関係をすべて物と物の関係＝交換関係としてとらえる、ということにある。

③ソビエト・東欧「社会主義」の崩壊と労働者、人民における社会主義意識の衰退は、産業大資本、金融大資本の自由な、まさに資本の本質むき出しの活動に対する規制力を弱める。その上、官僚制度の肥大化と既得権限の温存が経済の活性化を妨げているという認識が、労働組合組織の既得権限に制約されて"実力"ある労働者が十分評価されないという（誤った）認識にまで広げられて（というよりここでも人間としての生存権維持を図る組織が、利益獲得という物権温存の機構と同一視されて）、組合組織が解体化され、労働者の中に弱肉強食の、互いを"敵"とする競争がもち込まれ、賃金引下げや失業は自分の実力がないことによるのだという自己責任の観念がもち込まれる。もちろん"実力"があ

れば高所得に与かれるのだという現実を演出する上に、株式・証券売買による利得獲得のチャンスが労働者にも開かれているという宣伝が行われ、誘惑が入り込む。

　弱肉強食の競争、仲間を蹴落として自己の利益を図るという行動は、資本自体の固有の行動なのであるが、それが労働者の中に浸透する。資本主義の下で、労働者は団結連帯して資本に抵抗しなければ生きられないという労働者として当然持つべき意識と行動が解体化される。

　現存「社会主義」解体の原因が、党・国家の官僚の既得権と労働者組織の既存権利の温存による活力・競争力喪失にあるというそれ自体誤った認識が、ケインズ主義の下で肥大化した官僚組織とその既得権、そして組織労働者の高賃金と生活水準の維持がスタグフレーションと財政危機をもたらし経済を停滞、非活性化させたのだという認識と重ねられた。巨大資本・金融資本の自由な活動によって生じた格差化、とくに労働者の中での格差化さえも、組織労働者による既存権の維持に帰因するという宣伝の中に、未組織の広範な労働者、人民を巻き込み、労働者組織の解体化作用を強めるものとなった。

第2節　新自由主義の徹底による矛盾噴出

　現在の派遣労働者をはじめとする労働者の悲惨な状態こそ、新自由主義の徹底自体がもたらした矛盾を示すものである。ここからとらえなければならないことは、今日経済社会を支配する巨大独占体、とくに金融独占体の資本としての本質そのものである。新自由主義は、大資本の本質の露わな発現に対する、労働者のとくに社会主義意識をもつ労働者の組織的抵抗力の弱体化の下で、しかもさらにこの抵抗力を解体化させることを通して、資本の"自由"を追求し実現してきた。そこから示されるものは、まさに資本、今日の巨大資本の"人狼（Werwolf）"的本質であり、彼らの"自由"に対する労働者人民の組織的抵抗力が弱まれば、人間は生きられなくなるという現実である。そこで新自由主義の推進の下での矛盾噴出をまとめておこう。

　①新自由主義推進の下で生じるのは、何より終りなき世界市場競争戦である。

しかもこの競争戦に主要資本主義国の多国籍大資本とともに、「社会主義」崩壊の下での旧「社会主義」国、発展途上国の市場経済化の推進によって、これら諸国の競争が加わった。これらの諸国の低賃金を武器にした輸出競争力に対し、主要資本主義国の主要な対抗手段は、それぞれの国内産業企業の徹底したコスト削減——賃金抑制、長時間労働、労働強化、下請企業の収奪——と、これら途上国、新興国への輸出産業企業の直接投資＝企業の進出であった。これは、日本、EU諸国において示されるように、国内実需の縮小と輸出依存度の上昇をもたらした。コスト引下げによる終りなき市場競争戦への対処は、国内実需（直接には個人消費需要）の縮小と内需型産業（農業、林業等）の輸入転換による解体化をもたらした。

　しかしすでに述べたように、アメリカは基軸通貨ドルの特権の上で、ドル散布と外国からの資金借入れをテコとして国内の実需に基づかないまさに過度の消費、輸入を続けた。ITバブル、住宅バブルは、それを演じた主役である金融大企業に莫大な利益を獲得させるとともに、この過度の輸入を膨張させた。

　主要資本主義国の国内実需縮小にもかかわらず、アメリカの過度の消費、輸入拡大は、途上国、新興国とともに主要資本主義国の輸出産業企業の設備投資＝生産能力の増大をもたらして行った。虚構の擬制経済の下でつくり上げられた架空の需要が、市場競争戦の刺激によってあおられながら、設備能力＝生産力を過度に膨張させ、破局の道へと突き進ませた。

　②新自由主義の下でもっとも膨張拡大したのは金融業であり、大銀行・証券資本は、株式・証券等擬制資本の売買で莫大な利得を獲得しつつ、これを極限的に発展させた。

　新自由主義の下での大資本の"自由"の展開、それはまさに資本の本質そのものを現実に発揮させるものとなったが、この資本の究極の"自由"の実現は株式・証券（金融デリバティブ）＝擬制資本の形成・発展によって可能となるのである。

　価値増殖を目的とする価値の運動体である資本は、可能な限り早く可能な限り巨額の、しかも制約条件なしに、利潤を得ることをめざす。しかし資本は本来流通運動でしかないし、流通関係自体は価値増殖根拠（富・価値を増大させ

る源泉）はない、つまり資本はそれ自体自立的根拠を持たない。

　その資本の価値増殖根拠は、労働者を雇用し労働させて、新たな富・価値を形成することにしかありえない。つまり社会の存立・発展の実体的根拠を、資本の運動の中にとり込む＝商品経済的関係を通して包摂する以外にない。しかし実体の担い手、労働の主体は労働者であり、労働はその人間的営みであるから、資本の価値形成・増殖運動は決して"自由"（資本の思う通り）に実現されるものではない。資本主義の根本矛盾は、流通運動としての資本（その担い手としての資本家）と、実体の担い手としての労働者との対立にある。より明確にいえば、それ自体自立の根拠を持たない資本が現実の主体として、社会存立・発展の根拠を担う労働者を支配するところに資本主義の根本矛盾がある。

　現実の主体である資本の"自由"の実現は、実体の形態的解消——人間労働の物化・原料部品化にある。これは現実に進んでいる。これはすでに人間・人間関係の破壊をもたらすまでに進んでいる——しかしその徹底は実は資本の存立根拠自体の否定、解体となる。ということで、後述するようにこの点では資本側としても対応・譲歩策を（きわめて欺瞞的な）とらざるをえない（新自由主義の思想によれば、この対応・譲歩策が"改革"への抵抗あるいはそれを遅らせるものだということになる）。ということになれば、資本の"自由"の実現は、この価値増殖根拠である実体に依存しない価値増殖＝利得獲得にしかない。

　資本は、価値増殖の本来の根拠に依存しない、これから離れた利得獲得を不断に追求してきた。

　無制約的価値増殖の追求と実現——この資本の本性的要求を現実化したもの、それが株式・証券なのである。株式・証券に資金を投下してこれを所有することだけで利得（配当、利子所得）を得ることができる。株式・証券所有による利得獲得自体、実体に関わらない利得獲得である。これこそ資本の"自由"の実現、無制約的価値増殖の実現である。マルクスが、株式資本を資本の最高の形態であるととらえたのは、それが資本主義特有の"物神性"（人間の物化＝物の人間化）の頂点であるという認識に基づいている。

　しかもさらにこの株式・証券の売買自体によって利益を得ようとする特殊の商人資本が発展する。その主役が証券会社＝投資銀行、ヘッジファンドなどの

投資ファンドである。

　彼らは、株式・証券を安く買い、可能な限り早く高く売って儲けるという営業を行うが、彼ら自体経営——労働者を雇い労働させて価値形成・増殖を行うこと——は行わないし、行うつもりもない。しかし安く買った株式・証券を早急にその価格を高めるために、経営に対し株主の権利をふりかざして利潤を高め、配当を高めるよう要求する。彼らの目的は株式売買益の獲得であり、しかも自己資金の何十倍もの借金をして、株式売買を行なっているので、どんな手段を使っても利潤拡大を図ること——利潤至上主義——を要求する。まさに株価至上主義の下での利潤至上主義である。株価至上主義の下に支配された企業では、利潤至上主義の要求の下で、上述したような人間労働の物化をとことん進めることになる。

　そればかりか、株式・証券売買で利得を獲得しようという金融企業（銀行・証券資本、投資ファンド）の展開は、その源泉を問わない収入の資本還元による金融デリバティブ（証券化商品）を発展・膨張させ、価値増殖根拠から遊離した金融の独走による価値増殖関係をつくり出した。もし金融資本が、株式・証券の所有とその売買だけで価値増殖を実現できるならば、明らかに資本は実体＝労働者の労働によらなくとも、その制約を受けることなしに、自立することになる。それは、労働による制約も、したがって恐慌による資本の自己運動の否定も止揚して、価値増殖を実現する資本の"自由"の、資本の理想の、実現になるはずのものであった。あたかもこういう関係が成立・実現しえたかのように思われるまでに金融が独走したとき、実はそのまさに擬制性が、自己存立の根拠を持たないものでしかないことが、暴露され、価値増殖の根拠のない株式・証券は実は紙くずにすぎないことが思い知らされることとなった。

　これが今日の金融危機という事態をひき起こしている直接の原因である。擬制資本・擬制的商品の巨大な金融構造が、新自由主義の展開の下で世界的に膨張した中で、その擬制性、虚構性が暴露され、その崩壊が始まったのである。しかしこの擬制でしかない金融の膨張は資本の本性的要求の発展に基づいているのであって、資本・大資本の経済支配が続く限り決してなくなるものではない。

③しかし問題はさらに深い。この金融の巨大な虚構の形成と展開の下で、そこから生じた架空の需要によって過度の生産力が形成されただけではなく、実はその本来の根拠である実体・実体経済が、そして何より実体の担い手である労働者が、ボロボロにされ、解体化されている、ということである。これこそ新自由主義のもたらした矛盾である。

実体経済ということばが、体制側でもマスコミでもよく使われるようになった。しかしそのさい使われているのは、決して人間社会存立・発展の根拠としての実体、あるは実体経済ではない。彼らのいう実体は、資本の価値増殖目的の下におかれている限りの、価値増殖＝利潤をもたらす根拠（というより手段）としてとらえた実体でしかない。だから、この価値増殖をもたらす産業・事業は、人間社会の存立・発展にとっては必要がない、というよりもむしろこれを破壊するものであっても、とにかく利潤をもたらすものであれば何でもよいのである。例えば軍需産業、原子力産業等々。人間・社会にとっての有用性はたんなる販売のための手段であり、目的は利潤獲得にあるという資本の運動の下におかれた実体経済でしかないことをとらえなければならない（だから「実体経済」の再生が必要というだけでは不十分である）。

逆に人間生活にとって不可欠な産業・事業（農業・漁業・林業・環境維持に不可欠な事業など）でも、資本にとって利潤がえられなければ、放棄されるか、利潤がえられるように操作される。コストと採算、要するに利潤原理が産業・事業に要求され、それは金儲けの手段にされる。人間の社会的生活条件である教育・福祉・医療等の分野も、資本による金儲けの手段にされる。

その下で、利潤をもたらさない事業は切り捨てられ、利潤を獲得するために、事業に不可欠な要員の削減、労働強化、賃金切下げが進む。教育・医療・福祉（介護）の荒廃、人間生存・発展の社会的環境の破壊が進む。それ自体、新自由主義のもたらした矛盾である。

しかもこのような人間社会の生存・維持に不可欠な農業、あるいは教育の分野にも、株式会社の参入が認められている。農業の株式会社化、その下で確実に進むのは株主に利潤（配当）をもたらさなければならないという要求の下での、農薬づけ・遺伝子組みかえ農産物の生産、自然力の徹底的収奪による環境

破壊である。

　教育分野における株式会社導入の下で、現に進展しているように金儲けのための人間材料の生産への転落——人間・人格形成の解体化——であり、株式価格の変動にさらされた学校経営の不安定化である（日本でも私立大学の多くが株式・証券投資の失敗で大損失を蒙っている）。

　そしてくり返し強調してきたように、新自由主義の下での「労働」の規制緩和によってもたらされているのは、人間労働自体の物化であり、資本による奴隷的操作である。とくに資本の要求に従った（需給変動に合わせた）労働者の雇用・解雇の実現——まさに人間労働者自体の原材料化と"かんばん方式"は、現代における人間奴隷化であるといわなければならない。

　しかしこの人間労働の物化、人間の奴隷化こそ、資本の本性的要求の実現なのである。資本の"自由"の実現は、一方では擬制資本の発展・膨張を生み出し、他方その対極として人間労働の物化の徹底をもたらすのである。このような資本の本質がいま世界的規模で明白にとらえられる。人間・人間関係の破壊、人間社会の破壊をもたらすものは、資本、その今日的主体である金融独占資本そのものなのである。

　いまこの金融独占資本自体が、株式・証券＝擬制資本の崩壊の下で危機に陥っている状況の下で、景気回復とか、実体経済の再生とかがいわれ、そのための対策が採られているが、その対策が資本にとっての価値増殖根拠の再生である限り、それは人間・人間関係の一層の破壊をもたらすものでしかないことを、認識しなければならない。

第3節　新自由主義破綻の認識に関する留意点

　今回の金融・経済危機に対する対応策（本書Ⅳで検討する）は、金融対策——金融機関の倒産回避による金融安定化策——から、実体経済危機対策——景気回復・雇用対策・産業企業倒産回避策——へと進んでいる。その中で、新自由主義（思想・政策）の破綻、ケインズ主義＝ニューディール政策の復興、それによる実体経済の回復が図られなければならない、という主張と現実の動

きが現われている。こうした動きに対し、認識上留意すべき点を指摘しておく。

　第1に、新自由主義の思想・政策自体のとらえ方に関して、である。いま明らかにすべきことは、新自由主義の思想・政策とともにその下で露わになった大資本＝金融資本の本質なのであるが、まずその思想・政策に関して留意すべき点を指摘すれば、①新自由主義思想・政策自体、決して資本主義の一時代、明確にいえば自由主義段階（19世紀中葉）とか、帝国主義段階に対応する新段階を画するものでは全くない、ということである。というのはこの思想は思想としても不徹底であり、首尾一貫性がない——この思想の主張者はスミス的自由主義の復活というのであるが、スミスが明確に国の軍事力（その増大）を否定したことについては全く無視している（今日のアメリカの厖大な軍事力を事実上肯定して）。またその政策としても不徹底であり、統一性がない。一方で国家の経済への干渉・介入を否定するが、大資本の自由を実現するうえに、国家の暴力が必要（階級的労働組合を解体化させる上で）な時には暴力を行使してはばからないし、自己の経営の存続が危うくなると、なりふり構わず国家の援助を求めるのである。この政策は実はケインズ主義（国家財政支出を通した経済活動、生活領域への介入）を転換させうるものではなかったのである。

　この点に関しては、②新自由主義思想・政策とその基礎としての現実との不適合を明確にしておかなければならない。新自由主義は自由競争の徹底、そのための資本活動に対する規制の撤廃を要求するのであるが、そもそも今日の現実には自由競争の条件が欠如している。個別資本間の資本規模、生産性の格差は解消しえないし、弱小資本には投資・参入しえない分野があるし、その下で競争が自由になったら弱小資本はつぶされるか、利潤がえられる分野を奪われる——要するに大きな格差が生じる。だから現実には新自由主義は、資本の活動に対する規制緩和・撤廃によって大資本＝独占体の自由、まさに"狼の自由"を野放しにしたのである。

　③新自由主義思想の基本は、（すでに述べたが）すべての人間関係をモノとモノの交換関係ととらえるところにある。これ自体全く誤ったとらえ方なのであるが、この思想を、資本間、市場関係に現実化するだけでなく、人間の生存＝生活領域と活動＝労働領域に全面的に導入しようというのである。明らかにこ

の思想の現実化が、まさに“改革”の名の下に推進された。その下で資本、大資本の自由が発揮され、教育・医療・福祉の崩壊、人間のモノ化・奴隷化が進んだ。しかしそれは当然民衆の反抗を強め、社会的秩序の混乱も生じる。これに対して国家・政府としても体制秩序の維持上対応策をとらざるをえない。

　しかしこれに対し新自由主義の主張者は、抵抗勢力によって“改革”が妨げられたと呼ぶ。マスコミもこれに流されて“改革”を遅らせるな、と主張する。しかしこの思想は、人間をモノにしてしまわないと完成しないというそれ自体全く実現不可能な、誤った思想なのであるが、主張者にはその誤りの自覚はなく、彼らの思想通りにならない現実の方が誤りだという、全く転倒した思想なのである。

　第2に、新自由主義思想・政策の破綻に関してである。新自由主義は思想としても破綻したものなのであるから、今回のこの危機を新自由主義思想の破綻を示すものというとらえ方は正しくない。とらえるべきことは新自由主義政策によって制約をとり払われたことから発現した資本、大資本の本質そのものに起因する危機だ、ということである。

　この点でも留意すべきことは、①この資本、大資本の本質は、金融資本（銀行・証券資本、ヘッジファンド等）に限られたものではなく、産業資本にも共通だ、ということ、②株式・証券の発行・売買から、各種の収入の証券化・金融デリバティブの発行・売買を規制して、“本来”の金融――それは社会的遊休資金の集中（銀行の下への）と、それに基づく貸付（基本は産業企業、しかも実体を包摂する）関係――に戻せというような主張があるが、資本としての本質は必然的に株式・証券、さらに金融デリバティブなどの擬制資本を生み出すということである。もちろんこれは、資本、大資本が経済の現実的主体となっている限りこの必然性があるということである。労働者が組織的にこの資本の行動に対して労働者としての思想に基づいて抵抗し、規制すれば、このような擬制資本の支配は転換しうる。③当然、資本、大資本の本質とその発現は、アメリカに限られるものではなく、ドイツなどEU諸国にも、もちろん日本にも共通する。しかし資本、大資本の行動に対する、労働組合や社会主義志向の政党による抵抗・規制力によって、資本の本質の発現を抑え、譲歩させることは現

実に可能である。EU資本と日米資本との行動の相違は、資本の性格のちがいによるのではなく、主要には労働者、政党の組織力、規制力のちがいによる、ということである。もちろんそれも、体制内改良（経済の現実の主体が大資本であることを前提にした上での）の要求にとどまっているのでは、抵抗力はほとんど働かない。

　第3に、今回のこの危機に関し、証券化商品の爆発的膨張を抑えられなかったのは、法的規制の遅れによるものだ、とか、証券化を設計するミスがあった、とかいうとらえ方があるが、前者に関しては、新自由主義による規制撤廃のもとで、資本の自由化が推進されたのであり、資本としては規制がなくなる中で儲けの手法を次々に開発し現実化したのである。新自由主義主義者たちは、それを新しい起業の創造とかいって持ち上げたのである。それがもたらした大混乱の危機の中で、あわてて規制が必要といい出すのであるが、これに対しては"社会主義"的規制はとるべきでない、との反発が直ちに生じる。だから規制がとられたとしても枝葉の部分を削る程度で根幹には何らメスは入らない。それどころか、規制に伴って、"小悪"は潰されるが"大悪"はかえって強まる。

　設計ミス、という点に関しては、1998年の米ヘッジファンドLTCMの破綻において示されたように、いかにノーベル経済学賞受賞者によって絶対に損失を招くことはないという証券売買の設計が行われても、それは全く無力であった。今回の金融危機については、リスクの極小化を金融工学を駆使して綿密に設計したけれども、リスクは現実になくならないばかりでなく、リスクを限りなくゼロに近づけさせるため設計して発行された証券の価格の基準が設計者にも全く分らなくなってしまう、ということになった。社会主義経済計画では設計ミスがそのまま混乱をもたらすことになるが、市場経済を通した資本主義においてはどんなに工学的手法で綿密に設計してみても、むしろ綿密化すればする程、現実の市場の動き（予想・投機を含めた市場の暴力＝自動的動き）とのズレを大きくしてしまう。市場にモラルを求める、などといっても、市場の媒介（モノとモノの関係に規制された人間関係）をなくさない限り、それは現実化しえない。

　いま金融・経済危機が深刻化しつつある中で規制やルール・モラルを求める

要求が強まっているけれども、大資本、金融資本の現実の支配をそのままにした（維持・温存、さらに強化させた）上での規制は、その規制を要求する主体が社会的公正を意図していたとしても、何ら実効性がないし、かえって根底にある悪の根源を隠蔽するものになる。

Ⅳ 金融・経済危機対策

第1章 金融危機対策

第1節 ギャンブルの主役救済

今回の危機が、サブプライムローン関連の証券価格暴落、販売不能から始まったことに対応して、危機対策も金融危機対策—金融安定化対策として行われた。

金融危機対策としては、①何よりアメリカはじめ、EU、日本の、ほとんど連動した（利害の対立を含みながら、危機の深刻化に促迫されて協調せざるをえなくなって実施された）政策金利の引下げである（図Ⅳ−1参照）。アメリカの政策金利は、08年12月16日、ついにほぼゼロ金利（FF金利誘導目標0.0〜0.25％）に引下げられた。これは米国史上はじめてのことである。イギリス中央銀行も、09年1月8日、政策金利を2％から1.5％に引下げた（4カ月連続引下げ）。これはイギリス中央銀行設立（イングランド銀行BOE、1694年設立）以来最低の水準である。そして欧州中央銀行（ECB）も、1月15日、金利を2.5％から2.00％に引下げた。すでに日本銀行は08年12月、0.1％に金利

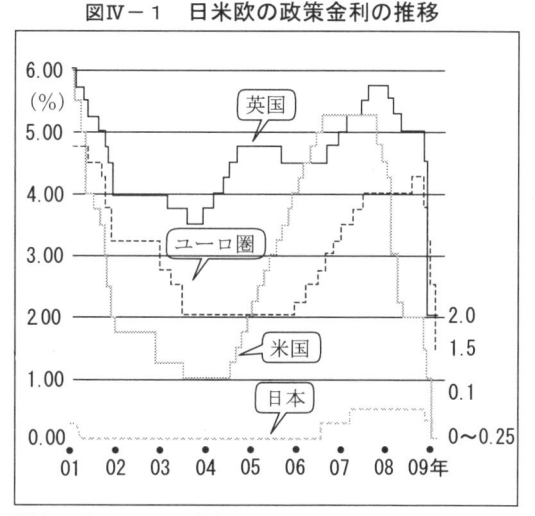

図Ⅳ−1　日米欧の政策金利の推移

（注）09年1月15日時点

表Ⅳ-1　米大手銀への公的支援と各行の資産規模

	第1弾（08年10月）	追加策		総資産
	資本注入	資本注入	不良資産の保障	
シティグループ	250	200	3,010	19,453
バンク・オブ・アメリカ	250	200	1,180	18,179
JPモルガン・チェース	250	—	—	21,750
ウェルズ・ファーゴ	250			6,223

（注）単位億ドル。総資産はウェルズ・ファーゴが08年9月末、その他は同12月末。
出所：『日本経済新聞』09年1月17日

を下げている。ユーロ圏ではつい1年前まで物価上昇対策の必要上金利引上げの動きさえあったが、金融危機が深まったことから、金利を引下げ、ほとんどボトムというほどの引下げを行なった。

金融対策としてはもう金利引下げの余地はほとんどなくなり、残された対策は金融量的緩和しかない。FRBはすでにこれを実施することを決めている。

②このような超低金利はほとんど各国協調による金融安定化策（資金繰り困難に陥った金融機関救済策）であるが、今回はさらにFRBと各国中央銀行間の緊急スワップ協定によるドル資金の直接供給——日本銀行、欧州中銀、イングランド銀行、カナダ中央銀行、スイス国立銀行とFRBの協調——が行われた。日銀はこれに600億ドル供給する。金融危機の中でドル資金不足に陥った諸国にドルの供給を行うという、これは日銀としてもはじめての政策である。

しかしここから各国の国益追求の主張が抑えられているととらえることはできない。後述する各国の景気―産業対策と関連しながら、一方では各国産業保護主義、他方世界市場競争戦が激化している。協調利下げは、例えば日本の利下げは、円高回避の意図がある。この点からいえば、主要国の金利引下げは、通貨切下げ競争の性格をもつものといえよう。

③公的資金、そして国家管理による金融機関の経営維持・安定化策である。アメリカでは、08年9月末、金融安定化法案が国会（下院）で拒否されたが、

一定の修正の上10月3日成立した。金融安定化のため政府は公的資金7000億ドル（総枠）を拠出する――当初はこの資金を使って金融機関がかかえる不良債権（価格が暴落し、あるいは販売不能となった証券等）を買取る構想であったが、買取るさいの証券価格算定の困難によってこれをやめ、金融機関に直接資本注入することにした。資金枠7000億ドルのうち、政府が支出裁量権を持っているのは3500億ドルであるが、これはすでに09年1月中旬までにほとんど使い切った。内訳は、大手銀行（9行）に資本注入1250億ドル（主要4行については、表Ⅳ-1参照）、地銀などに資本注入1250億ドル、保険会社（AIG 850億ドル）・自動車大手（GM、クライスラー等170億ドル）に1000億ドルの投融資である。あと3500億ドルに関しては議会の承認を必要とする。

　オバマ新政権は、この金融安定化資金の枠の拡大を含め運用見直しを行うことを明らかにしている。この公的資金による金融機関への資金注入は、AIGや住宅金融公社にみられるように、政府による優先株（普通株転換可能）の取得、そして経営への一定の介入を可能とする。大手銀行にも公的資金がさらにつぎ込まれなければならなくなれば、国家による管理が不可避となる。また経営安定化を図る目的のためということで、注入を受けた金融機関には、不採算部門の切捨て、そして雇用の圧縮が要求され進んでいる。民衆は税金を大金融機関の経営維持のため奪われた上、リストラで雇用を切捨てられる。

　政府の金融安定化対策に加えて、FRBも8000億ドルにのぼる金融市場対策を打ち出し実施しはじめている。金融機関の貸し渋りで縮小している消費者ローンの維持を図るということで2000億ドル、政府系金融公社が保証した住宅ローン担保証券（RMBS）を09年6月末までの半年間で最大5000億ドル買取り金融機関に資金をつぎ込む。また自動車ローン、教育ローンなどを裏付けに金融機関が発行した資産担保証券（ABS）の買取りも、この2月からはじめている。

　このように金融バブル、そして金融危機の主役である金融機関に対し巨額の公的資金注入、証券買取りを行なっているにも拘らず、シティグループやバンクオブアメリカ等の経営は安定せず、その株式価格もなお下がり続けている。金融危機は、株価・住宅価格下落→雇用・消費縮小→産業企業の生産縮小、さらに雇用縮小・需要縮小→企業倒産増加を通し、金融機関保有の資産＝貸付・

保有証券を不良債権化させているからである。このような危機の継続・深刻化によって、米政府、FRBは、バッドバンク（不良債権を買取り処理する専門金融機関）の設立を検討していることを明らかにした（1月13日）。（これについては、本章第3節及び〔補論1〕で検討する）。

　EUにおいては、08年10月10日、緊急首脳会議を開いて対策を打ち出した。これをみると、①預金保護、保護限度引上げ、②銀行の資金繰り支援、③金融機関への資本注入による破綻回避支援、④EUの横断的な金融監督システムの新設等が行われる。EU各国協調による金融機関安定策とともに、各国の個別的な危機対策が進んでいる。08年10月にはイギリスが包括的金融安定化策を打ち出し、ロイヤル・バンク・オブ・スコットランド、ロイズTSB、HBOSの大手3グループに総額370億ポンドの公的資金を投入した。ドイツも、バイエルン州立銀行に50億ユーロの資本注入を行ない、総額800億ユーロの資本注入枠を設定した。フランスも公的ファンド（最大400億ユーロ）の枠を設定し、BNPパリバを含む大手6行への資本注入を行なった。──すでに08年末までにEU各国は合わせて（スイス、ノールウェイを含めて）公的資金2兆3000億ユーロを金融機関救済に使っている。

　それでも金融安定化はなお達成されず、危機は深まっている。08年12月12日欧州委員会理事会は、総額2000億ユーロ（約24兆円）の総合対策を全会一致で承認した。しかし09年に入って金融危機の進行の下でさらなる金融危機対策を採らざるをえなくなっている。イギリス政府は、銀行の不良資産を買取る（総額2000億ポンド）バッドバンクを設立し、一部の金融機関大手の国有化、第二段の公的資金注入を検討している（1月17日付「デーリー・テレグラフ」）。ドイツでも、国内第2位の銀行コメルツ銀行に100億ユーロの追加的な公的資金投入を決め、部分国有化する。──しかしなお金融危機の底はみえない。

　EUには平等な競争条件維持のため、特定産業への政府支援を原則禁止する規制がある。銀行に関しては、その観点から公的資金で支援した銀行に対して、支店閉鎖、部門の売却など市場シェアの縮小が求められている。しかし、緊急対応ということで公的資金注入行に貸出し増加を求めるという競争条項に反した措置がとられている。後述の産業・景気対策に関しても、EU加盟各国の財

政赤字をGDPの3％以内に抑えるという財政規律を3年間適用除外する、ということになった。こうした緊急対応策によって、各国の産業保護主義の台頭が懸念されている。

第2節　G20、ギャンブル金融は規制されるか

　08年11月15日、米ワシントンで20カ国・地域による金融サミットが行われた。金融危機がEUに、さらに東欧、北欧からアジア、ラテンアメリカなどまさに全世界に及び、実体経済の危機をもたらしつつある中で、もはやこの危機への対応はG7とEU―主要資本主義国だけでは困難になったこと、またいわゆるBRICs（ブラジル、ロシア、インド、中国）等も、襲ってきた金融危機に積極的に対処しなければならなくなったことを背景に、新興国、途上国（インドネシア、韓国、オーストラリア、サウジアラビア、トルコ、南アフリカ、メキシコ、アルゼンチン）が参加したはじめての国際会議である。この20カ国・地域で、世界のGDP、貿易額の約9割を占める。参加20カ国・地域は、この間の新自由主義潮流の中で市場経済化とともに金融証券化を積極的に推進してきた諸国である。

　この会議の主導者仏サルコジ大統領は「ドルを基軸通貨とする現在の金融体制の転換にむけた第一歩」「長い間米国が推進してきた自由放任市場主義からの決別」と強調し、英ブラウン蔵相は「新たなブレトンウッズ体制への道が開かれた」と述べた。またシン・インド首相は「新興国は金融危機の最大の犠牲者だ」、ルラ・ブラジル大統領は「先進国は自分の問題をまず片づけてほしい」と先進国の責任を強調した。胡錦濤・中国主席は「公正、公平、包括的で秩序ある国際金融体制が必要だ」と強調した。このように途上国、新興国によって、金融危機や国際金融体制に関する積極的発言が行われたことは、確かに歴史的意義がある。

　G20の「宣言」では、「すべての金融機関、金融市場、金融商品を規制・監督下におく」ことが明記され、「金融市場に規制の枠組みを強化する改革を実施する」こと、そのために国境を越えた資金の流れを監視する各国規制当局の

協調・連携の強化、複雑な金融商品や格付け会社の監督強化などの原則が提起された。

しかし、ヘッジファンドなど投資ファンドやSIV（投資ビークル）の投機に対する実効性ある規制（例えば短期投機資金移動の規制や投機による利得獲得に対する課税等）は示されてはいない。金融監視、あるいは不公正な取引に対する具体的規制措置、さらにIMFはじめ国際的金融機関への新興国・途上国の発言権・代表権拡大の具体化等は、09年4月の第2回会議で討議される、といわれているが、どこまで「改革」「規制」が提起、実施されうるか。

むしろG20の「宣言」に示されたのは、ドル体制中心の現在の金融システムの改革、そして実効性ある規制というよりも、金融・証券ギャンブルを助長し促進してきた金融自由化の原則が大前提とされていること、であった。「宣言」には、「われわれは、この世界的危機の再発を防止する改革のための基礎を置かなければならない。われわれの活動は、自由市場、自由な貿易と投資という原則を指針とする」「われわれは、これらの改革は法の支配、私有財産の尊重、競争的な市場、効果的に規制された金融市場といった自由市場の原則に対する約束が確立されて初めて成功すると認識している」とある（『思想運動』08年12月1日）。結局G20は「IMF体制を強化し、ドル延命を図っただけだった」（熊野英生氏、『エコノミスト』08年12月2日）という評価が妥当する。もちろんこのことによってドル体制は安定、維持されるどころか、さらに崩壊への道を進むほかないのであるが、オバマ新政権は、ブッシュ政権が推進し、そして危機をもたらした路線を果たして転換しうるであろうか。

第2章 産業・雇用対策

第1節 オバマ新大統領の「就任演説」

「私たちが危機のさなかにあるということは、いまやよく分っている。我が国は暴力と憎悪の大規模なネットワークに対する戦争状態にある。経済はひどく疲弊している。／家が失われ、雇用は減らされ、企業はつぶれた。医療費は高すぎ、学校はあまりに多くの人の期待を裏切っている」。09年1月20日オバマ米新大統領の就任演説は、アメリカを襲っている深刻な経済危機をとらえ、「自信喪失」「つきまとう恐怖」に対し、「希望」と「目的」の「共有」を訴えた。

　しかし株式市場は、新大統領就任に対し、株式価格大幅下落（ダウ工業株30種平均332ドル下落）で応えた。市場は、民衆の熱狂を、危機の深刻さを見せつけて冷ました。しかしこれはオバマ新政権に対する危機対策拡大を求めるシグナルでもある。

　アメリカの実体経済を支える自動車、住宅産業はさらに落ち込みを続けている。08年差し押さえのの通告を受けた住宅の件数は233万件（07年の約8割増、リアルティトラック社調査）に達している。ゴールドマンサックスの報告（09年1月中旬時点）によると、ローン関連の損失（貸し倒れ、住宅ローン担保証券を折り込んだ金融証券価格の下落）は、全世界で2兆830億ドル、アメリカだけで9620億ドルと推計している（表Ⅳ－2参照）。しかもなお住宅価格の値下がりが続くと予想されている（S&Pケース・シラー価格指数で10年半ばまで20～25%の値下り予想）。金融機関の損失はさらに増え続けるであろう。すでに08年1年間でアメリカの雇用者数は259万人も減った。金融機関だけでなく、製造業（自動車、電機等）、建設業、小売業で雇用削減が増大した。危機の深刻化の中

表Ⅳ-2　米国のローンによる金融機関の損失 (単位：億ドル)

	世　界	うち米国
総　　額	20,830	9,620
住　　宅	11,000	5,080
商業用不動産	2,340	1,250
クレジットカード	2,260	1,690
自 動 車	1,330	780
商工ローン・社債	3,900	810

(注) ゴールドマン・サックスの推計。
出所：『日本経済新聞』09年1月23日

図Ⅳ-2　人種間に残る失業率格差 (2008年12月)

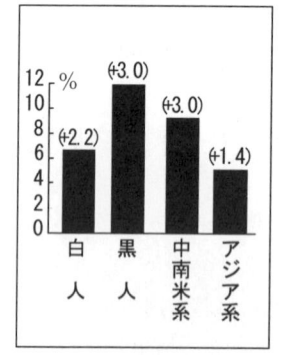

白人 (+2.2) 約7%
黒人 (+3.0) 約12%
中南米系 (+3.0) 約9%
アジア系 (+1.4) 約5%

(注) カッコ内は前年同月比、ポイント
出所：『日本経済新聞』1月22日

でさらに失業者は増大し、労働者の生活は困窮する。

　オバマ新政権はこの危機にどう対処しうるか。黒人、ヒスパニックの失業率は高く（図Ⅳ-2参照）、低所得、生活困窮・破壊に陥っている。これらの多くの民衆の期待に、どれだけ応えられるか。

　「経済状況は力強く迅速な行動を求めている。私たちは行動する。新たな雇用を創出するだけではなく、成長への新たな基盤を築くためにだ。産業の糧となり、人々を結びつけるように、道路や橋、配電網やデジタル回線を築く。科学の驚異的な力を使って、医療の質を高め、コストを下げる。そして太陽や風、大地のエネルギーを利用し、車や工場の稼働に用いる。新しい時代の要請に応えるように学校や大学を変革する」とオバマ大統領は述べた。「雇用創出」「成長への新たな基盤を築く」──しかしそれは財政に依存するしかない。「政府が大きすぎるとか小さすぎるとか、ではなく、それが機能するかどうかだ。まっとうな賃金や仕事や、支払い可能な医療・福祉（ケアー）、尊厳

をもった老後の生活を各家庭が手に入れられるよう政府が支援するのかどうかだ」として、事実上新自由主義の見直し、ケインズ主義への転換の姿勢を示した。「今回の危機は、市場に対する監視の目がなければ、市場は制御不能に陥るおそれがあることを、思い起こさせた」と、市場＝金融市場に対する「監視」（規制）の必要を明らかにした。しかし同時に「市場が良い力なのか悪い力なのかも問われていることことではない。富を生みだし、自由を広めるという市場の力は、比類なきものだ」と、市場経済を評価している。

クルーグマン米プリンストン大学教授（08年のノーベル経済学賞受賞者）は、この大不況を克服するには、すでにゼロ金利になっている金融政策はもう限界で、「巨額の財政出動が必要なのだ」といっている（『朝日新聞』08年11月17日）。「いまは債務（財政赤字）の増大を心配すべき時ではない」とクルーグマン教授はいう。ただ「ゼネラル・モーターズ（GM）などの自動車産業を救済すべきかどうかは、極めて難しい問題だ。もし救済すれば、これに至った経緯の失敗を今後も続けさせることになる。しかし一方、この危機のさなかに自動車メーカーが消えていくのは避けたい。正しいことでもいまはなすべき時ではない、ということもあるのではないか。／金融政策が影響力を失い、財政政策しか残っていないというのは、〈不思議な国のアリス〉の世界だ。この世界では、貯蓄を高めるのが悪いことで、健全な財政も悪いこと。逆に完全にムダな政府支出が善いこと。〈あべこべの世界〉だ。／ここに長くいたくない」（同上）といっている。

クルーグマン教授は、アメリカ経済は、経常赤字を膨張させながら、世界中からだぶついた資金を吸い上げてバブル―住宅バブルを支え、世界の好況を演出してきたが、それは「世界が歴史上でも経験したことのない巨大な不均衡」であり、余りにも市場に信認を置きすぎている、という。またブッシュ政権を含む歴代の共和党政権は、高所得者減税の拡大や社会保障水準の切り下げという政策によって不平等を拡大した、といっている。しかしこの市場への過信によるバブルが崩壊し、1929年恐慌の前夜というべきいわば「あべこべの世界」の状況になった今、ルーズベルト大統領が導入したニューディール政策のように、財政出動によって危機克服を図るべきだ、というのである。

表Ⅳ-3　オバマ政権の経済政策と課題

金融危機対策	金融機関への公的資金の追加投入と不良資産買い取り →**危機収束にメドをつけられるか** 金融安定化法に基づく公的資金の活用方法 →**貸し渋り解消や住宅市場回復につながるか** 再発防止に向けた金融規制の強化 →**市場機能との両立**
不況対策	2年間で総額8,250億ドルの景気対策 ・最大400万人の雇用創出 ・環境技術開発による産業育成「グリーン・ニューディール」を実施 ・減税で中低所得層を支援 →**財政赤字急増で、ドルの信任低下・長期金利上昇懸念も**
通商政策	原則として自由貿易体制を支持 →**WTOの立て直し** →**保護主義圧力を抑え、自由貿易体制を維持できるか** 人民元切り上げなど中国への内需拡大要求

※矢印は今後想定される課題

出所:『毎日新聞』09年1月22日

　オバマ政権の危機対策―新自由主義の見直しの上でのオバマ版ニューディール政策は、クルーグマン教授の考えをベースにしているように思われる。

第2節　グリーン・ニューディール政策

　表Ⅳ-3で概要が示されているが、オバマ版ニューディール政策の財政政策（原案）は、2年間で総額8250億ドル、公共投資5500億ドルの支出と減税（中低所得者中心）2750億ドルである。これを通し、300～400万人の雇用創出を図る、という。公共投資については「就任演説」にあるように「道路、橋、配電網、デジタル回線」など従来型のインフラ整備が示されている。これは「即効性が期待できる」（クルーグマン教授）雇用対策として位置づけられている（例えば「ハドソン川をくぐる2番目の鉄道トンネル」や老朽化している配電網の建設など）。
　公共投資として特徴的なのは「太陽、風、大地のエネルギー」の利用、いわゆるクリーンエネルギーの開発である。「我々のエネルギーの消費の仕方は敵

を強化し、地球を脅かしていることが日を追うごとに鮮明になっている」とオバマ大統領はいう。

　石油業界を権力基盤としていたブッシュ大統領は、エネルギー供給の基本を石油（国内消費だけでなくイラク等の石油利権の獲得も含めて）においた。先進国に温暖ガスの排出量削減を義務づけた京都議定書からも離脱するという"単独行動主義"をとった。これに対しオバマ政権は京都議定書の枠組みを尊重し国際的に協調する姿勢を明らかにするとともに、再生可能エネルギーの開発推進、そして環境保全対策重視の方向を明示した。オバマ版ニューディール政策はグリーン（緑）・ニューディール政策といわれる。

　オバマ政権のエネルギー・環境関係チームは、エネルギー長官に、ノーベル物理学賞受賞者で"脱・石油"の推進者であるスティーブン・チュー氏をおいた。彼は「現在の（生活の）やり方を続ければ、子供や孫の世代の環境に破壊的な変化をもたらすリスクがある」とし、新エネルギー開発や温暖化防止を重視する対策をとる姿勢を明らかにしている。また環境保護局（EPA）長官にリサ・ジャクソン氏が就任した。ジャクソン氏は、EPAに16年間勤務した経験を持つ環境行政のベテランである。ゴア元副大統領とも近い立場だといわれる（『日本経済新聞』09年1月24日）。

　オバマ政権はすでに、太陽光・風力発電、バイオ燃料やハイブリッド車の開発に1500億ドルを投資すること、クリーン・エネルギー・プロジェクトの科学研究予算の倍増、クリーン技術ベンチャーキャピタル・ファンドに年間100億ドルを充当することなどの政策を打ち出している。08年11月18日、「気候変動問題に関する国際会議」向けビデオメッセージで「連邦排出量取引制度から始める」ことを約束した（「次のバブルは『環境ビジネス』か」、『選択』09年1月号）。新エネルギー普及促進や公共施設の省エネ化に500億ドル超を計上する見通しという（『日本経済新聞』同上）。

　グリーン・ニューディール政策がどのような効果を現わすか、注目されるところであるが、そこには多くの制約条件・難関がある（次節で検討する）。ここでは、オバマ政権の環境政策との関連ですでに「環境バブル」が発生するのではないか、と危惧されていることを指摘しておこう（『選択』同上参照）。民主

党クリントン政権はIT産業（ブッシュ政権は石油産業）の支援を受けたのに対し、オバマ政権は、ベンチャーキャピタリストから積極的に支援を受けた。彼らの主力投資分野は環境ビジネスだといわれている。

実は、"脱・化石燃料"を強く主張しているゴア元副大統領は、全米最強といわれるベンチャーキャピタル、クライナー・パーキンズ・コーフィールド＆バイヤーズ（KPCB）の幹部である。ゴア氏は、オバマ政権に新エネルギー開発・促進の面で、強い影響を与えている（『日本経済新聞』09年1月23日）。金融破綻の下で行き場を失った投機マネー（それは景気対策の下でさらに膨張している）が、環境ビジネスを投機先として狙っているのではないか─「新興国中心に投資をしているあるファンドマネージャーは、……環境バブルが引き起こされることで、この分野の技術革新が一気に進むことを期待している」（『選択』同上）、「不況下にもかかわらず、米国の08年の環境ベンチャー向け投資額は前の年より56％多い58億ドルと高水準を維持、世界の投資額合計の約7割を占めた。アメリカの未来を開く官民挙げた総力戦が始まる」（『日本経済新聞』同上）。この「総力戦」の中で、ファンドマネー等による新たな投機とバブルが生じ、オバマ政権の意図した政策を撹乱することになりかねない。

第3節　オバマ版ニューディール政策の限界

銀行破綻による金融崩壊、工業製品・農産物価格暴落、とくに農業恐慌激化、その下での25％超の失業率という1929年恐慌の状況に対し、今回の金融・経済危機は全く新しい特徴を示しながら危機の底はみえず、金融危機・経済危機は深刻化している。アメリカの失業率はすでに10％にせまり、失業・貧困に陥り住宅を失った数百万人の民衆、教育・医療を受けることもできない民衆が激増している。事態は、ヨーロッパでも、日本、アジアでも深刻化しつつある。

このような厳しい事態の下でオバマ政権は少くともアメリカ国内では民衆の圧倒的期待を担って登場し、ブッシュ前政権の新自由主義と単独行動主義の見直しの上で、新ニューディール政策を実行しはじめている。民衆の期待にオバマ新政権はどこまで応えられるか。それは「故障車を〈糸で押す〉ようなもの」

（渡部亮法政大学教授、『日本経済新聞』09年1月23日夕刊）と評されているが…。

　第1に、すでに公的資金を総額3500億ドル注入したにもかかわらず、大手銀行はじめ金融機関の経営危機は収束していない。

　例えばバンクオブアメリカは450億ドルの公的資金が注入されているのに、その株式時価総額は約400億ドルに減少している。シティグループには520億ドルもの資金が注入されているのに、株式時価総額は約200億ドルしかない（09年1月20日時点）。オバマ大統領は「金融システムの機能を保ち資金が十分動くように、必要なことは何でもやる」といっていっているが、当面危機を絶つとすれば、金融機関がなおかかえている不良債権＝金融証券化商品を買い取るという手段、公的資金（政府出資）でバッドバンクを設立して証券化商品を買い取って処理する手段を導入することである。

　しかしこれには重大な問題がある。これら金融証券化商品の価格が全く不確定なのである。リスクゼロ化ということで殆ど価格の源泉のない証券をおりまぜて余りにも複雑に組成してしまったため、実は誰れにもその価格の基準は分らなくなってしまった。ここに今回の金融危機の重要な特徴がある。

　だから政府出資のバッドバンクがこうした証券化商品を一定の価格で買うとすると、それが売却不能となれば当然政府の損失（納税者・民衆の損失）となる。ほとんどただ同然の価格で買えば、金融機関の資本不足が生じる。膨れ上がった不良債権を買い取るには少くとも「3兆〜4兆ドルのコストがかかる」（シューマー上院議員、『日本経済新聞』09年1月25日）、という。

　どれだけ政府（納税者）の負担になるか分らない資金を注ぎ込まなければ金融危機は解消されない。しかもそれによって住宅・証券バブルをひき起こした主役は維持・温存される。ここからでてくる方向は、金融機関の国有化、国家管理であろう。しかしそこまで行くと"市場の反乱"とともに経営層（そしてそれを基盤とする政党）の抵抗・反発が生じよう。

　バブルの主役を、公的資金＝税金注入で維持・温存する——民衆にとってはこれは明らかに期待に反した裏切りと受け取られよう。民衆、とくにローンの返済・利子支払いができず家を追い出された民衆が望むのは、借金の棒引きと公的住宅の確保である——それだけ税金を使うのなら、まずは民衆の生活維持

に使うべきだ、それこそがニューディールの政策といえるのではないか。

そして第2に、いまや自動車、電機はじめ実体経済を担う産業企業が、倒産、あるいはその危機に陥っている。そして大量の失業が生じている。とくにGMなどの産業独占体さえ政府援助（税金の注入）を受けなければならなくなっている。GMにはその金融部門に金融安定化資金から資金援助が行われたが、GMの本体の自動車製造部門に対しても、その倒産から来る大量の失業を回避する（といっても雇用の削減は免れない）ためということで、政府援助が必要だと、民主党は主張している。しかし"大きすぎてつぶせない"という理屈は、巨大独占体の維持・温存の口実ではないか、という民衆の反発が当然強まる。オバマ政権としても、政府援助を実施するとしたら、それに応えるだけの理由を明示しなければならない。それはクリーン・エネルギー開発、自動車に関しては、排ガスによる環境汚染を少くする電気、あるいはバイオエネルギー開発ということである。現にこの方向は進んでいる。しかし、政府資金に支えられた産業独占体の存続、これはいうまでもなく産業保護政策である。EU各国もいま失業対策上産業保護政策を導入している。これから生じるのは自国産業保護主義の下での世界市場競争戦である。

後述するように、これは一面経済ブロック化の傾向をもたらしながら、しかし今日の国際関係ではグローバルな関係は維持されなければならない。失業増と不況進展によって実需が縮小している中で、実需奪い合いの世界市場競争戦が激化する。それへの対処は結局さらに一層のリストラ―雇用削減を進めるということになる。既存産業独占体の保護を図ることによっては、労働者の雇用・生活は守りえない事態になっているのである。

したがって第3に、資本のコスト・利潤原理と、人間＝民衆の生活原理とはもはや両立しえないという事態が明らかになっている中で、なお資本のコスト・利潤原理を前提にした上で（あるいはそれに対する規制のないままに）、政府の対策を講じても、民衆にとって効果は限られている、ということである。1930年代のニューディール政策では、少くとも大資本の利潤に対する一定の規制（反独占政策）の下で失業対策・生活保護政策が行われた（後述のように利潤が規制されたので、景気回復、上昇効果は十分示されなかったが）。新ニューディール政

策は大資本の利潤に対する規制（増税等を含めて）の上で、失業対策、環境対策を行うことができるか。

　上述のようにオバマ大統領は、風力、太陽、バイオ燃料等によるグリーン・ニューディール政策を目玉にしているが、「環境政策」に関して「カリフォルニアは党派を超えた指導力を発揮し、多くの州が追随してきた。ワシントンがその足を引っ張る時代は終わった」と演説した（１月26日）ことが伝えられている（『朝日新聞』09年１月28日）。カリフォルニア州は環境問題の取組みで全米の先頭を走ってきた。03年に就任したシュワルツネッガー知事は、環境対策を加速させ、06年には温室効果ガス排出を28年までに現状と比べ25％、50年までにさらに80％減らす目標の州法（地球温暖化対策法）を策定した。すでに08年12月、電力会社南カリフォルニア・エディソン（SEC）社による大規模な太陽光発電施設が稼働しはじめたが、同社は今後５年間に150ヵ所の屋根を借りて同様の施設をつくる、という。オバマ大統領はこの「カリフォルニア基準」が全米に広がることをめざしている。全米規模のグリーン・ニューディールに今後10年間に1500億ドルを投資して、温暖化対策とともに雇用創出をはかる、ということである。「経済危機をむしろ地球温暖化対策に取り組む好機とする」という姿勢である。

　しかし、政府資金をバックにしながら、直接に民間資本家的企業に委ねて、新エネルギー開発、環境対策を進めることになれば、すでに述べた環境バブルの傾向とともに、当然コスト・利潤原理を基準とする業界の利害対立が生じることになろう。「カリフォルニア基準」を全国的に、といっても、その地域と異なり風力、太陽光などの条件が少ない地域では、既成の石油エネルギーを使用したほうがコストがかからない。既成のエネルギー業界から、新エネルギー開発に関わる後発企業に対し、利益や雇用機会を奪われるとの反発も起こりかねないであろう（『朝日新聞』同上）。ポスト京都議定書の国際的枠組みに参加して排出量削減を進めるとすれば、ブッシュ前政権下の枠組み無視によって現に生じている1990年比削減目標の大幅超過（CO_2換算で16・7％超過）の現状から、大規模な削減をせまられる。しかし、全国的統一対応が、資本間の利害関係の対立がからんで困難だとすれば、排出量削減も制限されざるを得ない。そ

の中で削減目標を立て実施しようとすれば、排出権売買——結局それを通した排出権取引バブル——に頼らざるをえなくなるであろう。

　そして第4に、1930年代のニューディール政策と今回進めようとしている新ニューディール政策の経済的背景の決定的違いがある。今回の経済的背景の特徴は、ブッシュ前政権の残した大規模な財政赤字と貿易赤字である。財政赤字は08年度会計（07年10月～08年9月）で4548億ドル、貿易赤字は07年7945億ドル（08年7996億ドル）に達している。09年度（08年10月～09年9月）の財政赤字見通しは、景気後退に伴う税収減と金融対策で1兆1860億ドルに達すると予想されている（米議会予算局、09年1月7日発表）。オバマ政権による産業・雇用対策は、さらに財政赤字を増大させる。財政赤字—国債発行の増大の下で、FRBは、ゼロ金利の上に政府機関債や住宅ローン担保証券購入からさらに長期国債購入の「用意がある」（09年1月28日、FRBの公開市場委員会FOMC）としている。約8000億ドルの貿易赤字は対外的にドル流出をもたらし、1兆ドルを超える財政赤字も国債の国内外（とくに外国による）引受けが進まなければ、ドル・マネー支出を増大させ、確実にドル価値を下落させる。

　双子の赤字の膨張の上での新ニューディール政策は、ドル価値下落—ドル体制の危機を深めることによって大きく制約を受けざるをえない。ここからどういう事態が生じるかは項をあらためて明らかにする。

第3章 危機対策による危機深刻化

第1節　危機対策が危機を深める

　金融・経済危機の深刻化の中で、アメリカをはじめ全世界的に危機対策が打ち出され、実施されつつある。その危機対策がどのような影響、効果をもたらすかは、当然現実の事態の推移を通して明らかにされなければならないが、今回の危機の特徴、そして危機対応策の内容、性格をとらえることによって、ほぼ確実に予測され、とらえることができる。というのは、危機対応策が、ゼロあるいは超低金利策、金融量的緩和策であり、国債増発による財政支出の拡大策——いずれも不換銀行券＝ペーパー・マネーの供給増大に基づく——であるし、（もちろんそれがどこに支出されるかによって、影響の違いは生じるが）それはすでに従来から、恐慌あるいはバブル崩壊に直面して採られてきた政策と内容上ほとんど変わらないし、その政策がもたらす影響も多くは実証ずみであるからである。

　もちろん、今回の事態の特徴を現実にふまえて分析されなければならないが、それは今までくり返し行われてきた政策が、一挙に（時間的に急速に）、大規模に（量的規模）、そして全世界的（地域的規模）に同時に実施されていることであり、「金融帝国」アメリカに関していえば、くり返されてきたバブルの崩壊とそれが破局に陥るのを回避させてきた（矛盾の爆発を先伸ばしさせてきた）この対策自体が、その限界を一挙に露呈して、金融も実体経済もいま解体的危機に陥っているのであり、いかに一挙にそし大規模に対策が講じられても、破局の危機の先伸ばし自体がもはやほとんど不可能になっていること、つまりこの対策がもはや危機の現実的解消どころか、さらに危機を深めるものとしかならないことが明確にとらえうる。

結論的にいえば、この危機対策の下で確実に生じることは、①ドル暴落——ドル体制崩壊の危機であり、②アメリカはじめ各国の通貨増発も加わって、バブル発生要因が増幅すること、③各国の産業・雇用対策の下で産業保護主義が台頭し、経済ブロック化の傾向が進みながら世界経済の分裂を回避せざるをえない——そこから生じるのは一段と激しい世界市場競争戦であり、これに対処するリストラ—雇用の圧縮・大量の失業の発生である。

　もちろんこのような問題が生じるのは、アメリカはじめ主要諸国の経済が、大資本—金融資本によって動かされていること（大資本が現実の主体であること）によるのであり、彼らの"自由"な行動に対し一定の規制（その規制に関しては労働者の組織的抵抗の状況によって決定的違いが生じる）が加わったとしても、また国有化によって国の管理下におかれても、大資本—金融資本の支配が維持される限り、問題は確実に生じる、ということである。危機対策が採られても、危機は克服されず深まる——決定的に重要なことは、危機対策の下でかえって労働者・民衆は首を切られ失業化し、生活が破壊されることである。大資本—金融資本の利潤原理と、労働者＝人間の生活原理は両立しえないことが現実に示されているのである。

第2節　ドル暴落——バブル要因増幅

　上掲①、②の点に関し、総括的に要点を述べておこう。

　①に関しては、上述のようにオバマ政権の新ニューディール政策に伴って巨額の国債発行が行われる。

　現在までのところ、財政支出拡大に必要な国債発行（借り換え債を含む）は09年度1兆5000億ドルとみられている。しかし危機深刻化に伴い、危機対策としての財政支出がさらに増えることが予想される。税収の増加が全く見込まれない景気後退の上に減税政策の実施によって税収は減少するので、さらに国債は増発されることになろう。

　オバマ政権は、この財政危機の深刻化に対しどう対処しようとしているのか。高額所得者に対する課税強化が打ち出されているが、経済危機深化によってこ

れも実現困難の状況である。イラクからの軍隊引揚げは実施するが、アフガニスタンへの軍隊増派、そしてMD配備を軸とする反テロの名の軍事力トランスフォーメイションは進める姿勢である。軍事支出の大幅削減こそが財政赤字の重要な対策なのであるが、オバマ政権はそこにふみ込めない。アメリカの軍事力は（オバマ大統領がどう意識しているか分からないが）むしろドル体制維持を他国に強要する上に必要となっているのではないか（後述）。

その上に、ドル支出を増加させる要因が重なる。1つは、FRBによる証券（CP、一定の保証のついた住宅担保証券など）の買い取りである。FRBはすでに8000億ドルの金融市場対策を打ち出しているが、消費者ローン市場への資金供給（2000億ドル）とともに、政府系金融機関の保証のついた5兆ドル余のRMBS（住宅担保証券）のうち5000億ドルを上限に買取る、としている。CPやRMBSの価格が低下することになれば、当然FRB資産の劣化を招く。ドル発行主体であるFRBの資産劣化は、ドルの信用力低下を招く。

第2に、金融機関のかかえる不良債権の処理を図るため、上述のように政府出資のバッドバンク構想が出されている。これも買取った証券の価格が下落したりあるいは売れなくなれば、政府の損失（財政赤字）となり、国債増発要因となる。

そして第3に、貿易赤字である。ドル安傾向もあって、アメリカの輸出は07年4月～08年9月まで一定の増大を示していた。しかし、08年10～12月期輸出は大幅に落ち込んだ。

アメリカの不況が世界各国に波及し、アメリカの輸出を悪化させるという負の連鎖が生じている。内需の総崩れ（08年10～12月期前期比年率個人消費支出3.5％減、民間設備投資19.1％減、民間住宅投資23.6％減）の上に、輸出も減少し（同19.7％減）、不況が進展しつつ、貿易赤字は増え、ドル価値は下落せざるをえない。

このような財政赤字（国債発行）と貿易赤字によるドルマネー支出の増大の下で、ドル価値をいかに維持しうるか。ゼロ金利の状態なので従来行われてきた金利差によって外国保有ドルの還流を図ることはもはやできない。アメリカで発行された株式・証券への投資（価格上昇による利得獲得を目的とした）で、

図Ⅳ-3　日米欧の国債発行額
（借換債を含む）

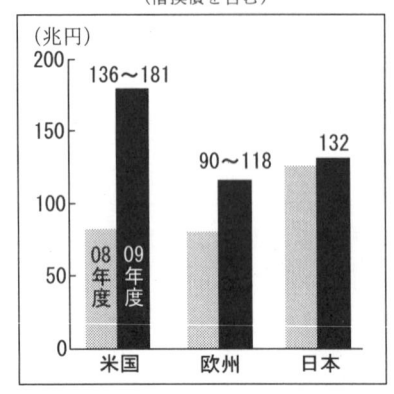

（兆円）
米国　136～181
欧州　90～118
日本　132
（08年度／09年度）

（注）日本は当初予算ベース。各国政府、民間リポートなどから作成。09年度は見込み
出所：『日本経済新聞』09年1月11日

ドルあるいは外国の資金の流入（とり込み）を図ることもできなくなった。残る方策は、米国政府債、政府機関債の対外売却、そして諸外国による通貨供給の増大——金融量的緩和策（アメリカ政府の要請で01年～06年まで日本で実施した量的緩和策と円売り・ドル買い介入のような）である。

しかし米国債発行は増大しながら、これを外国に売却することは困難になっている。すでに述べたように、中国、日本、イギリス等はすでに巨額の米国債・政府機関債を保有している。しかもドル価値低下によって保有米国債の価値減少による膨大な損失の可能性が高まっている。米国債を現在保有する国も（中国に示されているように）損失を避けるため、その売却（あるいは自国通貨建への転換）を図ろうとしている。——だからこれ以上これら諸国に買わせる（押しつける）ためには、政治的、軍事的脅しによるしかない、あるいはこうした脅しによる経済制裁措置の発動によることになろう。

"日米同盟を最優先する"という日本政府の対応の下で、日本はさらに巨額の米国債を押しつけられ、厖大な損失（それは民衆につけが回される）を蒙らざるをえないであろう。

　世界的な経済危機の進展の中で、各国とも国内対策——産業・雇用対策を採らなければならなくなっている。それは結局財政支出の増大——しかも国債発行に依存する——を必要とする（図Ⅳ-3参照）。各国金融機関は、保有株式・証券価格の低下で、国債引受け（投資）の余裕が失われているので、結局各国とも国内経済対策上、国債増発—中央銀行引受け—マネー供給拡大を行うことになろう。

　このような世界同時的マネー供給拡大策、つまりインフレ政策は（日本が実

施した円によるドル買いのように)、ドル買い―米国債購買によるドル価値維持策を容易に行いうる要因となりうるが、(日本政府のように何の自主的戦略なしに米国に追従する国を除いて)各国とも意図するのはドル価値低下に対応する各国通貨の価値引下げ、つまり為替ダンピングであり、それによる輸出の維持・拡大というそれぞれの自国利益追求である。

こうして金融・経済危機に対する対応策がもたらすのは、確実にドル価値低下(暴落)、そしてドル体制の崩壊である。

そして上掲②で指摘したように、ここから発生するのは、再びバブル、しかも世界的な通貨供給増大―インフレ政策の下での、世界のどこからでも発生する可能性のあるバブル経済である。

通貨供給の拡大が、バブル経済をもたらすかどうかは、たしかに一定の条件による。第1に、供給された通貨が何にどこに使われるか、それが実体経済の回復・拡大に使われるかどうか、ということである。財政支出が雇用対策に用いられれば、消費財需要は増えるがその下で生活に直結する消費財生産が回復し、それによって雇用が増えるかどうかは、財政支出だけによるのではなく、実需が持続的に形成され、増大するかどうかに関わる。それが行われないまま、あるいは実需縮小をもたらす状況の下で、財政支出増大―雇用対策が行われる場合は、くり返し財政支出を増やし続けなければならず、マネーは一層過剰化する。

現在は、雇用削減・失業増大によって資本家的企業が延命を図っている状況であり、一時的に雇用対策を通して需要が増えても、それは過剰在庫の一時的処理に寄与しても、生産増・雇用増に基づく実需の増大に結びつかない。しかもすぐ述べるように世界的な市場競争戦の中で、雇用縮小、賃金切下げが行われ、実需が縮小している。実需縮小の中で、雇用対策上財政支出を増やしても、実体経済の回復・拡大にはつながらないまま、マネーは過剰化する。

雇用対策上財政支出を増やすことは、それ自体が経済の再生をもたらすものとはならないにしても、労働者、民衆にとっては死活に関わる政策である。しかし現在行われている財政支出の拡大は、実体経済再生ではなく、それから遊離した金融領域の崩壊回避、さらにはバブルをもたらす主役である金融機関=

金融資本の維持を図るものとなっているとともに、バブルをもたらす資金を増大させるものとなる、ということである。これが決定的問題である。

　金融危機から始まった今回の危機に対応し、各国政府・中央銀行の危機対策は金融機関の危機回避——資金注入、不良債権買取りなど——に全力をあげている。財政資金によって、金融機関保有の証券を買上げても、価格の根拠を欠いた証券の価格を維持することは全く不可能であり、税金を注ぎ込んだ金融機関＝バブルの主役を救済するだけであり、注ぎ込んだ資金はほとんど実体経済に回ることなく、金融機関の下に過剰マネーとして堆積する。それは金融機関によって投機・ギャンブルに運用されることになる。

　公的資金の金融機関への注入によって、金融機関の国家管理（国有化された場合には）あるいは政策介入・規制が実施されることになろう。すでに資金を注入した金融機関を通して中小企業等への貸付け拡大が要請され、実施されている。しかし国家の管理・介入によって、金融機関が金融ギャンブルに走ることをどれだけ規制しうるか。株式・証券売買・投資が金融機関の主要な営業領域となったことが、金融ギャンブル＝バブルの原因となったのだから、金融の中心を"本来"の資金貸付けに戻すべきだ、という主張が行われているが、これは金融機関の"資本"としての本質、金融資本としての本質を見失った観念的主張である。いかに国家の介入・管理が行われても、金融機関の金融資本としての性格が維持される限り、株式・証券＝擬制資本の発行・売買をやめさせることはできない。すでに大規模に（ほとんど極限的に）発展した、株式・証券＝擬制資本の発行・売買、それに必然的に伴う投機は、規制によって度を超えた暴走は抑えうるにしても、（資本家的国家の下では）抑止することはできない。実体経済から遊離した過剰マネーが累積して行けば、金融機関は、全世界的規模で禿鷹のように、新たな獲物（投機先）を狙うことになる。

　すでに新たな投機先そしてバブルが、クリーン・エネルギー—環境領域において発生しつつある。

第3節　産業保護主義——EUの対策を通して

　オバマ新政権の産業対策法案（09年1月下旬下院で可決）にアメリカ製の鉄および鉄鋼の購入を義務づける条項（バイアメリカン条項）が盛り込まれた。上院でさらに「工業製品」も加えられた（2月2日）。これに対しEU各国は、これは保護主義的な措置であり、対抗上各国の産業保護主義を台頭させてしまう、と非難している。

　08年11月開催されたG20による金融対策サミットでは、今後少なくとも一年間新たな貿易障壁措置を禁止することを決めた。ところがその直後、会議に出席したロシア政府は、自動車の輸入関税の引上げを表明、続いてインド政府も、鉄鋼製品輸入関税を復活させることを明らかにした。金融・経済危機が深刻化する中で、各国は自国産業保護の方向になりふり構わず走り出した。

　米政府のGMなど自動車大手企業への公的資金注入による経営破綻回避策——金融安定化法の枠内で総額174億ドルの融資——は、特定産業の保護に当たるものであり、WTO自由貿易原則に抵触するものとして、EU諸国は反発した。ところが、ドイツは、自動車税免除（年15億ユーロ）、フランスは自動車メーカーのローン会社に対する信用保証（10億ユーロ）を打ち出した（08年12月12日、欧州理事会合意）。さらに追加対策として自動車購入に補助金を出すことを決めた。これはアメリカの自動車産業保護に対するドイツ、フランスの対抗措置といえよう。

　アメリカの金融・経済危機対策によるドル価値下落の傾向が進む中で、EU諸国は、各国それぞれに金融・経済危機対策を実施するとともに、EU圏としての統一した対策を講じながら経済ブロック化の傾向を強め、ドルに代ってユーロの通用領域を広め基軸通貨化をめざしはじめている。ブラウン英首相は、08年11月のG20で、「新しいブレトンウッズ体制への道だ」といい、サルコジ仏大統領が「ドルを基軸通貨とする旧い金融体制を転換させ21世紀に対応した新しい通貨体制を」、そして「長い間米国が推進してきた自由放任市場主義からの決別を」と強調したように、ドルに代るユーロ基軸の新しい体制に向けて

表Ⅳ-4　欧州各国の主な金融機関支援策

英国	HBOSなど大手金融機関に資本注入
	銀行の不良債権損失を政府が肩代わりする保障制度を創設
ドイツ	金融機関の資金繰り支援などで総額4,000億ユーロを用意
	個人預金を全額保護
フランス	大手6銀行に総額105億ユーロの公的資金を注入
オランダ	金融大手INGに100億ユーロの公的資金を注入
スイス	金融大手のUBSに60億スイスフランの公的資金を注入
	中央銀行が基金を通じて不良資産を買い取り
アイルランド	大手銀行アングロ・アイリッシュを一時国有化
アイスランド	国内銀行を国有化
デンマーク	国内の銀行預金を全額保護
	銀行に対し、最大1,000億クローネの公的資金を注入

（注）1ユーロ＝約119円、1スイスフラン＝約80円、1クローネ＝約16円。
出所：『日本経済新聞』09年1月20日

積極的に動き出した。しかしその実現は厳しいだけでなく、新たな課題を生み出さざるをえない。EUにおける金融・経済危機対策を通して問題をとらえておこう。

①金融危機対策として、08年10月の協調利下げの後、イングランド銀行、欧州中央銀行（ECB）は急ピッチで利下げを行い、イングランド銀行は09年1月に史上最低の1.5％（年利子率）に、ECBは発足以来最低の2.00％に引下げた。外貨危機に陥ったハンガリーには、IMF、世界銀行とともにEUによる総額254億ユーロ（うちIMF157億ドル）、ラトビアにもIMFとともにEUが金融支援することになった。

EU全体としては、07年10月ユーロ圏緊急首脳会議（主に金融対策）、同12月11～12日欧州理事会（金融対策追加とともに、景気対策）を開き、対策に全力をあげている。金融対策としては、金融機関への資本注入、それに伴う国有化、個人預金保護（全額、あるいは保護限度引き上げ）、中小企業をはじめとする産業企業の資金繰り支援等々である（表Ⅳ-4参照）。ブラウン英首相は、金融株の空売りを（一時的に）禁止する金融規制をとった。そして貸し渋りを行う金融機関に対しては、「このような非常時には全銀行の国有化もありうる」（ダーリング英財務相）と脅しをかけている。イギリス政府は、金融機関保有証券などの価格下落に対

し、税金で肩代りして損失補償を行う保証制度（総額2000億ポンド）を創設した（09年1月19日）。税金注入による金融機関の不良債権処理である。

　ブラウン英首相、サルコジ仏大統領も、今回の金融・経済危機は、全面的にアメリカ政府と米金融機関の責任だと強調しているが、現実には西欧諸国の金融機関は自ら金融自由化を推進し、サブプライムローン関連の証券化商品やその債務保証を行う金融派生商品（CDS）を大量に購入し、売買し、利得を稼いできたのである。そればかりか、イギリス、スペインでは金融証券だけでなく不動産（住宅、土地）の証券化商品の取引を活発に展開し、そこに中東産油国、新興国の資金、あるいはEU諸国の余裕資金を集めて、証券・不動産ブームを起こし巨額の利益を得てきた。ロンドンのシティー（国際金融センター）を通して獲得した金融的収益は、イギリス経済の総利益の70％も占めるというほど金融依存―擬制的証券依存の体質をつくり上げたのである。

　その上、ドイツ、フランスの金融機関は、中東欧諸国への金融的投資、そして製造業・サービス業の直接投資にも、投資先企業倒産による損失を保証する債務保証証券（CDS）を大量に発行し販売してきた。ところが中東欧諸国の債務支払い不能の危機が深まったことによって、CDS証券を発行した金融機関は、この証券に対する保証料支払の負担が急増し、経営を圧迫した。アメリカのAIGのCDS危機と同質の危機が西欧金融機関を襲っている。中東欧諸国がデフォルトになればCDS証券への支払は不能となる。EU諸国の金融危機は、アメリカ金融危機の波及というだけではなく、世界的金融証券化の波の中で自ら演じた証券・不動産バブルの崩壊によるものである。

　EU諸国もいまや金融危機から実体経済の危機へと進んでいる。EU諸国全体で失業者は急増し、08年12月には1800万人、失業率も8％に達している。とくに実体経済に関しては、EUの"機関車"ドイツの不況が深刻である。アメリカの実体経済の不況によって対米輸出が減少し、ドイツ貿易全体の17％（07年）を占めるイギリスへの輸出が激減し、他のEU・東欧諸国への輸出も落ち込んで、ドイツの実体経済不況は深刻化している。GDP成長率は08年4〜6期からマイナスとなり、下落幅は増大している。ドイツでも、膨張した虚構の金融証券バブルの下で、産業大企業は生産能力を拡張させ、しかも貿易黒字が

表Ⅳ－5　欧州各国の景気対策

ドイツ	500億ユーロ（6.3兆円）規模。法人税負担を軽減、雇用助成金を拡充。
	2010年までに最大500億ユーロの追加策実施へ。所得減税や企業支援が柱。
英国	総額200億ポンド（2.9兆円）。付加価値税（消費税）を一時的に引き下げ、個人消費を下支え。
	2010年までに教育や交通インフラに400億ポンド投資し、10万人の雇用創出。
フランス	260億ユーロ（3.3兆円）規模。自動車購入に補助金、政府による3万戸の住宅買い入れ。
	200億ユーロ規模の政府系ファンドを創設。主要企業の株取得。

(注)各国とも上段は08年12月12日時点、下段は09年1月の追加対策。
出所：『日本経済新聞』09年1月13日

GDPの37.8％を占めるという輸出依存経済を形成してきたことが、不況を深刻化させた。こうしてEU諸国はいっせいに景気・雇用対策に乗り出している。

②そこでEUの景気対策をみておこう（概括的内容としては表Ⅳ－5参照）。EUは08年12月の理事会で総額2000億ドル（欧州委員会が300億ユーロ拠出、あと1700億ユーロは各国に財政出動を要請）の景気対策を決めた。欧州委員会としては、EU横断的失業補償、職業訓練、R&D（研究開発）投資、自動車業界への低利融資、欧州投資銀行による中小企業・環境への金融支援を行う。

　この欧州理事会の合意に呼応して、各国それぞれに景気対策を講じている。イギリスは200億ポンド（GDPの1.4％）の景気対策で、付加価値税の基本税率引き下げ（17.5％→15％に、09年末まで125億ポンド）、学校・道路・エネルギー効率改善のための投資（30億ポンド）、児童・年金受給者支援（13億ポンド）、臨時減税措置（35億ポンド）、追加対策として教育・交通インフラに400億ポンドを投資し、10万人の雇用創出を図る。ドイツは、500億ユーロ（GDP2.1％）の支出で、政府系金融機関による中小企業対象の融資（150億ユーロ、09年末まで）、加速度減価償却制度（09年から2年間）、インフラ建設（20億ユーロ）、自動車免税（年15億ユーロ）などの対策、さらに追加対策として2010年までに最大500億ユーロの支出で、所得減税・企業の支援を図る。フランスは、260億ユーロ（GDPの1.4％）の支出で、政府・政府系企業の投資拡大（80億ユーロ）、住宅対策（18億ユーロ）、研究開発投資への法人税控除、付加価値税還付の前倒し実施

（14億ユーロ）、新規雇用を行った企業への税金控除（7億ユーロ）、これに加えて200億ユーロ規模の政府系ファンドを設立し、主要企業の株式を取得することなどを決め、実施している。

第4節　経済のブロック化の動きとその制約

　金融・経済危機に対する対応策は、一定の国際的協調を必要とさせてはいるが、それも限られており、現実には各国それぞれの景気対策が進み、その中でアメリカはじめ各国の産業保護主義が台頭している。その下で世界経済はどのような方向に進むであろうか。

　今回の危機は、1930年代大恐慌後主要資本主義国の利己主義的国内政策の下で進んだ経済ブロック化—世界経済の分裂—そして主要資本主義国ブロック（「連合国」、「枢軸国」）間の世界戦争という方向に進むのであろうか。アメリカ「金融帝国」の中にほとんど吸収されてしまった日本の政府・体制勢力にはもはやアメリカ「帝国」に対して戦争を仕掛ける姿勢も力もない。この点で注目すべきは、EUの動向である。

　現在（09年2月初）、ユーロ圏は（1月のスロバキアの加盟によって）16カ国（EU加盟国は27カ国）である。ユーロ未導入のEU既加盟国は8カ国、そのうちハンガリー、ポーランドが12年中の導入に向けた行動計画を公表している。EU既加盟国でユーロ導入を見送ってきたスウェーデン、デンマークは導入の是非を問う国民投票を行う方針を固め、ポンド価値下落に見舞われたイギリスもユーロ導入の動きがある。国家破綻の危機に陥ったアイスランドはEU加盟に動こうとしている。東・北欧を含む、ユーロを共通通貨とする大欧州経済圏が形成されつつある（ユーロ圏16カ国の人口は3億3000万人、GDPは8兆9300億ユーロ。09年1月現在）。

　たしかにこの大欧州圏形成—ユーロ圏拡大の中で、上述のように各国の相互協調、そして域内共通の対策が進みつつある。しかし、金融政策に関しても、ECBを通した金利政策、一定の資金供給による金融機関の資金繰り補給機能はあるが、危機に際しての金融機関の管理監督権限——金融機関の破綻の是非、

預金の保護、銀行間（インターバンク）市場の保証、公的資金の注入などの権限はなく、それらは各国の主権に委ねられている。財政政策における EU 理事会（閣僚会議）の権限をみても、一定の政策提起、各国への要請行動は当然として、不十分な財政基盤による制約の上に、上述のように財政赤字やインフレ率に対する統一基準を守らせることも難しくなり、是正措置も出しえない状況である。

　政治的統合を欠き、財政基盤・権限も不十分な大欧州連合は、北・東欧など激しい金融・経済危機に襲われた諸国の加盟によって、さらに統一的政策の不十分さを露呈させることになろう。景気対策の中心は現実には各国の主権に委ねられざるをえない。そこから、すでにアイスランドのECBとの協議なしの預金全額保護の決定（08年9月末）で預金流出を招いたイギリス、ドイツとの利害対立（そのドイツは、直後に自国銀行の預金保護を決めている）に現れるように、各国の自国利益優先による利害対立をひき起こすことになる。経済統合が、各国の利害調整を通して各国それぞれの利益になるように行われるためには、各国産業間の相互補完的関係を基盤にした経済関係が成立するかどうかが要件となる。しかしユーロ圏全体の動向を支配しているドイツ、フランスが、それぞれの金融資本、産業独占体による域内市場の確保に有利な市場圏形成を図ろうとしている限り、各国利害関係の対立は避けられない。ということは、ユーロ圏域内に限ってみても、共通通貨ユーロは安定的基盤が欠けているということである。

　ということから、ユーロ圏の基軸となっているドイツ、フランスは、ブラウン首相のイギリスとの連携を図りながら、ユーロ圏の拡大を"外"に向かって進める方向を強めている。仏サルコジ政権は、「地中海連合」の名の下に北アフリカ、中東諸国との政治的、経済的協力関係の形成を進めている。同時に、中東、アフリカの産油諸国の石油・資源採掘に関する利権、ナイジェリアから地中海にいたるパイプラインの設置に関する利権獲得を図っている。これに対してメルケル首相のドイツは、「地中海連合」をフランス主軸から EU 加盟27カ国全部が参加するものへと転換させ（この点でフランスと角逐しあいながら）、ロシアの天然ガス・石油依存からの脱却という中東欧諸国の利害関係の一致の

上で、中東、北アフリカ地域との経済的連携・統合を進めつつある。これは明らかに、ドルを基軸とするアメリカ「金融帝国」に対するユーロを基軸とする経済圏の形成——経済ブロック形成の動きということができる。ドル暴落の傾向が進展するする中で、すでに国際決済通貨の3割を占めるにいたったユーロは、確かにその国際的地位を高めて行くであろう。

しかしこのことは、ドルに代ってユーロが世界基軸通貨としての地位を占める、ということを意味しないし、その展望もない。と同時にこれと関連して、ドル・ブロックに対し、これと分裂・対抗したユーロ経済ブロックが形成されるという展望もない。

1930年代の世界経済の分裂という事態に対する今日の決定的特徴は、主要資本主義国が単独でも、連合を組んでも、もはや発展途上諸国（後進国とされる国、地域）を、政治的にはいうまでもなく、経済的にも統合しえなくなっている、ということである。そして決定的なことは、資本主義・帝国主義国の、FTAなどによる各個撃破的自由化協定を通した金融・輸出市場支配に対して、途上諸国が共同・連帯して自国及び地域の経済的利害を守るという動きが強まっていることである。

ラテンアメリカ諸国のALBA（ボリバル代替計画）を軸とした"21世紀社会主義"をめざす経済的連携・共同協力の動きは、これからの方向・展望を明確に示すもの、といってよい。資本主義国がその金融・産業独占体の利己的利益を露わに追求すれば、途上諸国は連携を強めて確実にこれに対抗する。と同時に、ドル圏にとどまるか、ユーロ圏との関係を軸にするかの選択も、途上諸国の主権によって決められるという方向が強まっている。途上諸国の台頭、その連携関係は、もはや資本主義国による一方的支配——帝国主義的経済圏への統合＝経済ブロック形成を決定的に制約している。

このような途上諸国、さらにBRICsに示される新興国の経済的台頭の下で、資本主義諸国は自国市場の開放を図りながら（したがって自国内の国際的にコストの高い、競争力弱体な産業・農業製品の輸入拡大とそれら産業の縮小解体化を進めながら）、財政資金＝税金による経済援助の増大をテコにした輸出の拡大を図らなければならないことになる。こうした経済ブロック形成の制約の上で、

それぞれの金融・独占体の利益を目的とした市場拡大、そして資源・食糧の安価な輸入を図ろうとすれば、必ず財政支出拡大、したがって自国民に負担・犠牲を課さなければならない。

　経済ブロック形成の制約――その下で進むのは、現実的にいえばアメリカ・日本を軸とする帝国主義とEU連合（イギリスを同調させたドイツ・フランス資本主義連合）との世界市場争奪戦の激化である。ドル暴落の危機にあえぐアメリカ「帝国」は、オバマ大統領自身どんなに国際協力・連携の姿勢を示そうとも、基軸通貨ドルの体制を維持するために、日本政府をさらに強くからめ取って日本の国民から資金を吸上げながら（07年末で日本の対米資産は、政府・民間合わせて200兆円と推計されている、財務省）、自国金融資本・産業独占体の支配の維持を目的とした世界市場確保を進めることになる。そこには、経済援助をテコとするだけでなく、世界を圧倒する巨大な軍事力がドル体制維持、そして市場拡大を実現する上に――経済的利益追求のための制裁措置の脅しの力として――使われる。軍事力は、植民地領土の獲得ではなく、経済的戦争（市場争奪戦）の武器となる。日本政府は、アメリカのこの軍事的恫喝に明確な認識もなく屈服しているが、EU連合が、対米対抗的市場圏形成を進めれば、経済的利益追求のためのEUに対するアメリカ軍事力の圧力が強まることにもなろう。もちろん、ラテンアメリカのように、明確にアメリカ帝国主義に反抗する態勢を固めつつある諸国に対しては、各個撃破的なFTAA（アメリカ中心の自由貿易協定）への各国統合策動とともに、いよいよ軍事的圧力が強められることになろう。

　しかし現実の軍事力の発揮は無理であり、その恫喝による市場維持はますますEUはじめ、新興国、途上諸国の反発と反米結集を強める。しかも巨大な軍事力の維持・不断の強化は、いよいよドルインフレを招き、ドル価値を低下させる。ということで、アメリカ「帝国」としても、金融・財政面から自国金融・産業独占体の競争力を強めることによって、世界市場競争戦に対処しなければならない。EU、日本も、それぞれの金融・産業独占体の利益を図ろうとする限り、激しい世界市場競争戦に対処しなければならない。

　それは金融・経済危機の下での大量失業によって実需が縮小している中で行

われる市場争奪戦であり、この経済戦争に対処するための競争力強化のテコは、リストラ―雇用圧縮、賃金切り下げによるコスト切り下げである。すでに生じている大量失業の上にさらにリストラ―失業の増大が加わる。欧米資本主義各国は、大量失業に対抗する労働者のストライキ・デモに対処して、失業対策・雇用対策を拡充せざるをえなくなっている。その柱は、上述したように、新エネルギー開発、環境対策に関わる分野中心に雇用創出を図るという方向であるが、この雇用創出策も、一面では旧来のエネルギー産業（石油関連分野を中心とした）のスクラップ化による失業を伴うとともに、他面米・日・欧の新エネルギー・環境対策に関わる資本家的企業間の、途上国市場を含めた激しい世界的市場争奪戦の中で競争力を高める必要上、雇用圧縮、賃金抑制が必要とされよう。

　ということで各国とも雇用対策上旧来型のインフラ整備（道路、橋等々の）＝公共事業の拡大と減税政策に頼らざるをえないが、これは財政支出の拡大に、結局国債発行・中央銀行引き受けを（日本では政府が直接紙幣を発行する政策さえ提起されている）行わなければならないことになる。要するに財政インフレ政策の拡大である。しかもリストラがさらに進行し実需縮小―実体経済縮小の下で、通貨増発が行われることになるので、インフレが進行し、労働者・民衆は、失業増大の上にインフレ＝通貨価値下落による生活難に見舞われる。そしてインフレマネーは、上述したように公的資金で経営を維持する大金融機関による新たな投機に使われる。金融・独占体の支配、コスト・利潤原理の追求が続く限り、労働者・民衆の失業と生活破壊の上で、ひと握りの各国金融・独占体はまたしても投機―金融バブルによる利得獲得に走ることになろう。

　今日の金融・経済危機、それに対する危機対策が示しているのは、大資本―金融・産業独占体を現実の経済主体とするコスト・利潤原理の下では、労働者・民衆は雇用も生活も維持しえないということ、大資本の利潤原理と、人間の生活原理は両立しえない、ということなのである。

〔補論1〕 オバマ版ニューディール政策の困難

1.「最後の審判日が来た」

「我々は短期的な利益が長期的な繁栄より重視される時代を過ごしてきた。…財政黒字は、我々の将来に投資する機会ではなく、富を富裕層に移す口実となった。短期の利益を得るために、規制は骨抜きにされ、健全な市場は失われた。銀行や金融会社は悪質なローンを押し付け、人々は支払い能力がないことを知りながら、住宅を購入した。そしてこれらの過程でずっと、重要な議論や難しい決定は…後回しにされた。最後の審判日が来た。今は大胆にかつ賢く行動するときだ。経済を回復させるためではなく、持続的な繁栄の新しい礎を築くために」。オバマ大統領「議会演説」(09年2月25日) の一節である。

オバマ政権は、深刻な危機の中で、350万人の雇用創出、金融危機克服、エネルギー・医療保険・教育の3分野を柱とする長期投資による新たな「成長」基盤の形成を提起した。明らかにブッシュ前政権の新自由主義政策からの転換であり、新たなニューディール政策の展開といってよい。ブッシュ前政権の下でアメリカ国内ばかりか世界全体がめちゃくちゃに破壊されてきただけに、そこから何とか脱却したい、その点でオバマ版ニューディール政策に期待するという傾向が民衆の中にも（国内外を問わず）強くある。オバマ版ニューディール政策はどのような効果を生むか。金融・経済危機は解消され、貧富の格差、人間生活の破壊は是正されるか。そして世界の平和は……。

しかし結論的にいえば、この金融・経済危機をもたらしている根本原因にメスを入れえず、これを解決しえない中での危機対策は、事後対応策としても不十分であるだけでなく、危機をもたらした原因自体を増幅させる。

2．金融危機対策

オバマ版ニューディール政策に対して米共和党の中から「米国は社会主義国

家になる」(キングリッチ元下院議員)という危惧の声がでている。オバマ氏自身は、「共産主義」をファシズムと並べてこれと闘ってきたアメリカを誇っている(「就任演説」)。政府資金の注入によって救済された金融機関の中からも、政府の関与によって経営者の報酬が制限されると優秀な人材が集められなくなる、経営の自由度が失われるという警戒の声が強い。何しろたとえばゴールドマン・サックスのCEOの報酬額は6850万ドル(65億円)、JPモルガン・チェースのCEOは2780万ドル(25億円)という巨額である。オバマ政権が、金融機関経営幹部の報酬上限を年50万ドルとすること、高額の退職金の支払いを禁止することを明らかにしたことに対する反発が生じている。

しかし米大手金融機関は、シティ・グループ、バンク・オブ・アメリカ、JPモルガン・チェースはじめ、すでに巨額の政府資金の支援(普通株転換可能な優先株の政府取得、大手9行で1250億ドル、金融機関全体で6000億ドル)を受けている。にもかかわらず、経営はさらに危機を深めている。ついにシティグループは政府持ち株比率36%で実質国家管理となった(2月27日)。アメリカの家計と企業の負債残高は現在GDP(13兆ドル)の1.7倍。住宅バブルの中で生じた過剰債務は7兆ドルという。この相当部分が金融機関の不良資産となり、その経済危機をもたらしている。そこで金融機関のかかえる不良債権を買い取り処理するバッドバンクを設立しよう、ということになった。ガイトナー米財務長官によると、官民共同(官は政府、FRB、FCIC＝連邦預金保険公社)で最大1兆ドルの「基金」を設け、金融機関の不良債権を買取る。買取り価格は投資ファンドなど民間投資家の判断に委ねるという。しかし証券化商品などの不良債権は現在売買が止まり、値がつかない。それを一定の価格で買取れば、金融機関への官による補助金──政府の損失(税金からの負担)になる。シューマー上院議員によれば、必要な公的資金は4兆ドルになる、という。

金融機関の資本増強も続けられるが、政府が1000億ドル超の資産をもつ大手金融機関(全米で19行という)を対象に資産査定を行ない、資本増強を要する金融機関には資本注入(必要に応じて2500億ドル追加)を行なう。資本注入は普通株に転換可能な優先株取得で行なう。

さらに金融危機対策としてオバマ政権は、貸し渋り対策と住宅ローン対策を

打ち出した。貸し渋り対策はFRBの１兆ドル枠の融資で、自動車ローンなどを担保とする証券化商品を購入した投資家向けに融資をし、証券市場を活性化し、金融機関に個人、中小企業への融資を促す、という。住宅ローン対策は、①住宅価格が下落してローン残高が担保価値の八割を超えローン借りかえが難しい借り手（最大500万世帯）に住宅金融公社に公的資金注入枠2000億ドルを増やし（4000億ドルの枠にして）借りかえ条件を緩和する。②月収の38％超を高金利のローン返済に充てている住宅差し押えの恐れのある世帯（同400万世帯）に政府の負担で返済額を引下げ、借りかえに伴う民間金融機関の損失の一部を政府が負担する（100億ドルの保証基金設立）。ただ全米で住宅ローン件数は5200〜5500万世帯、うち住宅価格がローン債務を下回る「債務超過」借り手は1400万世帯、超過債務は5000億ドルといわれている（ゴールドマン・サックス資料、『日本経済新聞』２月20日）。これらの対策費用（公的資金）は750億ドルとされているが、これを大きく上回るであろう。「ローン元本を大幅に削減しないと解決しない」（ムーディーズ・エコノミー・ドットコム、ブルセラス氏、同上）。

オバマ大統領は、「信用の流れは経済の血液だ。しかし、信用のあるべき流れを止めてしまった。…融資がなければ、個人は住宅や自動車を買えず、企業は雇用削減を迫られる。…ウォール街の経営者に報いるのに、１ドルも使う気はない。だが従業員に賃金を払えない中小企業や、倹約してもなお住宅ローンを借りられない家庭のためならどんなこともする。銀行を救おうとしているのではない。国民（people）を救おうとしているのだ」と述べた。しかし値がつかない証券化商品を買上げるのに巨額の税金を使って金融機関の存続を図っている。住宅ローン対策、証券化市場活性化対策も、住宅や証券を買った者に対する対策であり、公的資金注入を通して中小企業、個人への融資拡大を義務づけてはいるが、証券化、したがって"擬制"的経済構造を維持・温存させる前提の上での対策である。巨額の税金で住宅対策を行なうのであれば、債務帳消しの上で、公的住宅建設、低家賃による住宅確保を行なうべきである。

ノーム・チョムスキー氏（米言語学者）はいう。「オバマ政権の経済担当者の中にもこの危機の遠因を作った者がいる…。（国家経済会議委員長の）サマーズ氏は、クリントン政権時代に財務長官として、デリバティブなど金融派生商品

の規制に反対した。／また、オバマ氏の経済政策顧問を務めるルービン氏は、クリントン政権の財務長官から…シティグループの経営委員会会長になり、膨大な報酬を受け取っていた。オバマ政権では、こうした人々に歓迎される解決策が模索されるのだろう」(『毎日新聞』09年2月21日)、と。

3．景気・雇用対策

　オバマ政権は、7870億ドルの政府資金で、今後2年間に350万人の雇用を創出し、経済の「持続的な繁栄への新しい礎を築く」という。この対策資金は、米GDPの5.5％に相当する。ルーズベルト大統領のニューディール政策の第一次対策（NIRAの下で設立されたPWA＝公共事業局の予算）はGDPの5.9％（当時の金額33億ドル）であったのに匹敵する。

　7870億ドル中、5000億ドルは歳出に使う。その中身は、インフラ整備（高速道路、鉄道など）に1200億ドル、エネルギー投資（クリーンエネルギー開発など）に375億ドル、医療保険助成1930億ドル（社会保障準備基金6300億ドルの創設）、教育改革1060億ドルなどとなっている。

　減税政策としては、勤労者向け戻し税（個人400ドル、夫婦800ドル）1160億ドル、中間層への所得税減税700億ドル、州・地方自治体向け196億ドル、再生可能エネルギー促進減税194億ドルとなっている。低中所得者への減税の反面、ブッシュ前政権が実施した富裕層向け減税は打ち切る（11年度に）。この他税制面では年収25万ドル以上の高所得者層を対象に最高税率を引上げ、キャピタルゲイン（株式などの譲渡益）への税率引上げなどを盛り込むことも検討している。経済格差の是正へ向けた所得再分配策への転換を図るものであり、それだけ危機の深刻さを表わすものであるが、それによって財政赤字はさらに深刻化する。

　医療・教育改革に関しても、新自由主義政策推進の下での破壊作用がいかに深刻であったかを示すものといえよう。「過去8年間に保険料は賃金の4倍の速さで増大した。その間毎年100万人以上の米国民が医療保険を失った」(「議会演説」)。1000億ドル超の「米国史上最大の教育投資」についても、景気悪化で税収が落ち込んだ州政府は今後3年間で教育予算を15％削減し、公立小中高

の教職員57万4000人の削減が生じるとの試算（米ワシントン大学、『日本経済新聞』09年2月27日）が出ている状況であり、解雇回避に支出の過半（540億ドル）を使わなければならない。

　産業振興を通した雇用対策としては、老朽化の激しい橋、道路あるいは通信網の建設・修繕のほか公共輸送・高速道路など脱石油をめざす投資が含まれているが、柱とされているのは、風力・地熱・水力・太陽光発電などクリーンエネルギー開発の推進である。同時に「クリーンで再生可能なエネルギーを、利益を生むエネルギーとしなければならない」、そして温暖化ガスの排出量取引市場を設ける、としている。

　"グリーン・ニューディール"政策といわれる所以である。実際、新エネルギー開発に関連する政府投資、そして減税による促進策の下で、ベンチャー・キャピタルが群がり、さらに排出権取引市場に関わって、新たな（すでに西欧では急拡大しつつあるが）証券発行・取引がはじまっている。なお、GMの危機など自動車各社は「瀬戸際に追い込まれている」が、「新たな手段を得て、新たな発想を持ち、競争し打ち勝てる自動車産業をつくる目標は堅持する。何百万人もの雇用がかかっている。…自動車を発明した国は、自動車を捨てることはできない」とオバマ大統領は述べている。

4．財政赤字拡大・インフレ・バブル再燃の危機

　事態はたんなる経済恐慌ではない。人間社会存続自体が危機に陥っている。「我々の抱える問題が自然に解決されるという見方を受け入れない」（オバマ大統領）。政府が対策を講じ行動を起こさなければ、危機は克服されない。オバマ大統領の危機意識は深い。しかし膨張した虚構の金融構造とその下での金融独占体の支配体制の下では、ニューディール的"改良"はもはや困難なのである。ここでは要点だけを指摘しておく。

　第1に、金融・経済危機を引き起こした主役である金融資本も、GMに代表される産業独占体も潰せない。"Too big to fail"ということは、巨大金融独占体の崩壊（＝恐慌による破局）に、この体制自体が耐ええない、ということを意味する。しかし、その維持・温存には、膨大な公的資金＝税金の注入が不

可欠である。国家が管理下におくとしても、危機をもたらした主役の維持に、民衆がどれだけ負担させられるか分からない。所得再分配策は（よりましであるとしても）弥縫策にしかならない。そしてこれはバブルの主役の温存である。

　第2に、財政危機はさらに深刻化する。今回の金融・経済危機は、ドルの不換銀行券化とアメリカ財政（そして貿易）の赤字拡大の下で生じた。すでにオバマ政権はブッシュ前政権下で生じた1兆3000億ドルの赤字の上で、さらに巨額の財政支出を必要とする。イラク、アフガニスタン戦費の半減など軍事費削減を打ち出しているが（その分日本政府への負担要求が強まる）、軍事力トランスフォーメイションはいぜん推進する。09年度財政赤字は最大1兆7520億ドルとされる。このために巨額の国債発行が必要であり、これを対外的に処理（消化）しなければドル価値は維持しえない。中国・日本が頼みであるが、「基軸通貨ドルの堅持が重要」（麻生首相）などという日本が狙われる。その下でドル減価によって日本の民衆はさらに収奪される。と同時にドル・インフレは、新たなバブルの要因を増幅させる。

　第3に、アメリカの景気対策にもり込まれたバイアメリカン条項（鉄・鉄鋼・工業製品）は明らかにアメリカ産業保護政策であるが、経済危機が深刻化している西欧諸国も自国産業保護の姿勢を強めている。新エネルギー開発、それに関わる資本家的企業に関しても、各国の優遇策とともに、世界的競争戦の激化が必至である。主要資本主義国の産業保護主義の台頭は、1930年代において経済ブロック化――後進国の分捕り合戦＝帝国主義国（連合）間の戦争に帰結した。現在では植民地的に統合・支配しうる後進国はない。それどころか帝国主義的収奪に対して連帯して強力に抵抗する。経済ブロック化―戦争による暴力的な決着を図ることはできない。リストラによる競争力強化を図りつつ、世界的に縮小しつつある実需の争奪戦―経済戦争によってしか産業独占体はその体制を維持しえない。その下で生じるのは各国民衆へのいっそうの収奪である。

　第4に、実体経済の縮小と世界市場争奪戦の下で再燃するのは、上述の各国の財政支出膨張の下で実体経済から遊離した過剰マネーの増大であり、上述したバブルの主役＝金融資本の維持・温存の下で、過剰マネーは新たなバブルをもたらす原因となる。国家管理下におかれても事業の利益を上げるにはリスト

ラと過剰資金の証券・デリバティブへの投機的運用によるしかない。すでにオバマ政権の下には、"環境ビジネス"を業とするベンチャーキャピタルが群がり投資が急増し活況を呈している。金融機関・投資ファンドは、環境バブルに狙いを定めている。

　またしてもバブルが、擬制的金融膨張が生じる。危機対策は危機を深め、人民の生活をさらに破壊させる。どんな対策を講じても金融独占体の支配下では、人民は人間として生きられなくなっている。解決はこの体制を変革すること＝経済の現実の主体を金融・産業独占体から、労働者・人民、すなわち社会的実体の担い手に転換させること、によるしかない。

(09年2月28日稿)

〔補論2〕「排出権」売買の意味
——地球温暖化対策になるか

1.「人間として最低の生きざま」

「割り当てを超えて排出量をカットしたとき、それを『排出権』と称して、あたかも自らの努力で獲得した私的な財産であるかのようにして、マーケットで売買して儲けようという、人間として最低の生きざまです」——これは宇沢弘文氏（東京大学名誉教授）の発言である（『中央公論』08年7月号、東嶋和子氏との対談）。そもそも「排出枠」ということで、ここまでは（直接はCO_2を）排出してもよい、ということ自体おかしな話である。排出をしてもよいのではなく、出してはいけない、のである。しかもその排出枠に対し排出量を減らすこと自体当たり前のことなのに、減らしたことが「私的財産」となって十分排出量を減らせなかった企業が金を支払って買う。宇沢氏はこれを「人間として最低の生きざま」だといったのである。

地球温暖化対策は、洞爺湖サミット（08年7月7日〜9日）の主な議題の1つであった。この問題をめぐって、アメリカ、EU、日本、そして途上国（中国、インドなど）のそれぞれの利害関係のちがいを反映した主張のちがい、対立があった（表Ⅳ-6参照）。最終の議長総括では「50年までに世界全体の排出量の少なくとも50％の削減を達成する目標というビジョンを国連気候変動枠組み条約（UNFCCC）のすべての締約国と共有し、目標をUNFCCCの下での交渉で諸国と共に検討し採択を求める」とした（同上）。しかしEUが「真剣に検討」するとした50年までに50％削減という数値は記されなかった。「中期目標」においても「共通だが差異のある責任及び各国の能力という原則に沿って、世界全体での対応」が必要としたが、主要先進国の削減目標は明記されず、途上国（主要排出国）についても「意味ある緩和の行動を約束」するとしたけれども、具体的目標は示されなかった。

表Ⅳ-6　温暖化ガス削減の長期目標・中期目標はこうなった

		独ハイリゲンダム・サミット(2007年6月)	交渉過程		洞爺湖サミット(2008年7月8日)
【長期目標】2050年ごろ		2050年までの50%減を「真剣に検討」	日本	「50年までの50%減で合意を」	○50年までの50%減の目標というビジョンを全世界で共有を ○「共通だが差異ある責任」という原則で対応
			欧州	「50年までの50%減、先進国全体で60〜80%減」	
			米国	「中印を含む合意が前提だ」	
			途上国(中印など)	「目標設定に反対」	
【中期目標】2020〜2030年ごろ		言及なし	日本	「先進国は国別総量目標」	○先進国と(中印など)途上国の行動は異なると認識 ○先進国は排出量削減を進めるため、野心的な中期の国別目標 ○(中印などを含む)すべての主要経済国が意味ある緩和の行動を約束
			欧州	「EUは20年に20%減」	
			米国	「25年までに排出量増に歯止め」	
			途上国	「先進国が率先して目標をつくるべきだ」	

出所：『日本経済新聞』08年7月9日

　重要なのは、原子力発電の承認、排出量取引の推進が示されたことである。「原子力については、気候変動とエネルギー安全保障上の懸念に取り組む手段として、関心を示す国が増大していることを目の当たりにした」としている。そして「国内及び国家間の排出量取引、税制上のインセンティブ、税金等の市場メカニズムについては、これらが費用対効果の高い方法で排出量削減を実現することに役立つことを認識」したとしている（「サミット議長総括」。『毎日新聞』08年7月10日）。

　後でも検討するが、排出権取引の推進派は、排出量の上限（キャップ）を設

定し、過不足分を売買する仕組みによって、上限の設定を現状より少なくすれば、排出を減らす努力をするので効果的だとか、排出量を比較的低コストで削減しうる企業Aと、そのコストが高い企業Bがあるという状況の下で、BがAの排出権を買う、要するにAの排出量を減らすコストを負担すれば、Bで排出量を減らすより効果的に減らせるので、社会的メリットがある、という主張がある。しかも排出権の売買を市場に委ねれば、"自由"な競争でその価格も妥当な水準になる、という主張もある。一体排出権に価格がつけられ売れば利益が得られる、というのはどういうことなのか。しかもその取引を金融機関、ヘッジファンド等の投資集団が取引することで、妥当な価格水準が形成されるとはどういうことか——市場原理としてはほとんどアダム・スミスの"神の見えざる手"という考えを援用しているのだが、少なくともスミスにあっては、商品価格の根拠としてそれを生産するのに要した労働(量)がある、としていた。排出権価格の根拠には、それはない。なのに一体スミスの考えがこの価格形成に適用しうるのか。宇沢氏のように「人間としての最低の生きざま」とまではいわないにしても、排出権取引に金融機関が介入するとバブルが生じかねない、という危惧の声は強い。

「国別削減目標を高く掲げ、排出量取引制度を導入すれば、地球温暖化問題に前向きという、薄っぺらな議論から脱するべきだ。排出量取引導入に熱心なのは金融関係の人たちだ。環境問題をマネーゲームにしてはならない」(寺島実郎・日本総合研究所会長、『毎日新聞』08年6月30日)。「排出量取引を導入しても世界の温暖化ガス排出総量は減りません。しかも排出枠を買うという安易な方法に頼り、自身の排出削減の努力を怠ってしまう。また中国など京都議定書の非加盟国は排出削減に努めるより排出枠を売ってもうけようとしがちです。……どの国にも排出枠を設定し排出量取引は導入しないのが一番良い。逃げ道を断てば国も企業も必死に技術開発に努めるでしょう」「投機の対象として大きな市場性があるからです。信用力の低い米個人向け住宅融資(サブプライムローン)問題の発生後、次の目標が必要となっています。欧州連合(EU)で広がる排出量取引では証券化が進み、投機対象としてサブプライム問題と同じ過ちを犯す危険が大きいのです」(原丈人デフタ・パートナーズ会長、『日本経済新聞』

08年6月23日）。

　排出権は、商品として売買されているだけでなく、「証券化」され、投機の対象となり、サブプライムローン証券の「次の」証券バブルを起こすものとなる危険性がある、ということになれば、投機的利得を目的とする投機集団にとっては、地球温暖化対策はどうでもよいことになる。そればかりか排出権証券取引による利得獲得にとっては自らの努力で排出量を減らすのではなく、それをカネで買う企業（あるいはセクター）が増えた方がよい、ということになろう（後述）。

　しかしこれに対し、「人間として最低」と非難するのではなく、排出量削減に排出権売買を導入し、問題を、利潤追求を目的とする資本家的企業しかも投機集団自体に委ねることが、温暖化対策さえも投機の対象にするという事態を必然的にもたらすものとなることをこそ、認識しなければならない。

2．「排出権」商品の価格とは

「それ自体としては商品ではないもの、例えば良心や名誉などは、その所持者が貨幣とひきかえに売ることのできるものであり、こうしてその価格をつうじて商品形態を受け取ることができる。ここでは価格表現は、数学上のある種の量のように、想像的なものになる。他方、想像的な価格形態、例えばそこには人間労働が対象化されていないので少しも価値のない未開墾地の価格のようなものも、ある現実の価値関係、またはこれから派生した関係をひそませていることがありうる」（『資本論』第1巻第3章第1節）。マルクスは、商品価値の実態的根拠を「労働」ととらえたので、ここで指摘されている「良心や名誉」あるいは「未開墾地」などの価格は、価値実体というそれ自体としての価値の根拠をもたない商品ということになる。いまやこの価値実体を欠いた商品——気温、雨量、保険から借金や債務まで——が全世界的に膨張し、価値の実体的根拠をもつ商品生産・流通を圧倒し、撹乱している。サブプライムローンに関わる証券化商品を含む金融派生商品の市場規模（取引所を通さない相対で取引する店頭デリバティブ）は、569兆ドル（約6京2200兆円）に達している（BIS報告、07年末、『日本経済新聞』08年6月2日夕刊）。これらの商品は、その価値の実体を

表Ⅳ-7 主要な排出権取引所と新規参入の動き

地 域	名 称	都 市	状 態
欧 州	欧州気候取引所（ECX）	ロンドン	稼働中
	ノルドプール	オスロ	
	ブルーネクスト	パリ	
	欧州エネルギー取引所（EEX）	ライプチヒ	
米 国	シカゴ気候取引所（CCX）	シカゴ	
	シカゴ気候先物取引所（CCFE）	シカゴ	
	ニューヨークマーカンタイル取引所（NYMEX）	ニューヨーク	
	ニューヨーク証券取引所（NYSE）	ニューヨーク	検討中
	シカゴマーカンタイル取引所（CME）	シカゴ	
アジア	香港証券取引所	香港	
	韓国証券取引所	釜山	
	アジア・インターカーボン・エクスチェンジ	シンガポール	稼働中
	カーボンマーカンタイル取引所	ドーハ	検討中
	排出権取引所（仮称）	北京	

出所：『エコノミスト』08年5月13日（宿輪純一氏稿）

全く欠いている。いまや排出権という商品の取引がつけ加わり拡大しつつある。

　03年全世界で、64億ユーロだった世界の排出権取引額は、07年に400億ユーロ（1ユーロ＝160円として6兆4000億円）に増大（国際排出権取引協会〈IETA〉）、08年には630億ユーロ（約10兆円）に達する見通しである（ノルウェー情報調査機関ポイントカーボンによる。『エコノミスト』08年5月13日「排出権バブル」）。取引されるCO_2は前年比56％増の約42億トンと見込まれている（同上）。主要な排出権取引は、（後に説明するが）EU（EU－ETS域内排出権取引制度、05年スタート）が全体の7割、そして京都議定書に基づくクリーン開発メカニズム（COM）、それに共同実施（JI）がある。排出権取引市場（新規参入の動きを含めて）は、表Ⅳ-7の通りである。

　それにしても、「排出権」はいかに商品になるのか。その価格はどう決まる

〔補論2〕「排出権」売買の意味　173

のか。
「排出枠とはそれ自体では価値を持ち得ず、温室効果ガスの削減目標といった社会的ルールの上に初めて成り立つものであり、人為的に創り出された『財』である」（三菱総合研究所編『排出量取引入門』日経文庫、2008年、63ページ）。「もう一つの重要な特性は、排出権は物理的に存在せず、あくまで机上の数値である」（同、64ページ）。

　私的な企業活動によって、地域的、社会的に大気・水質・土壌汚染をもたらす公害（社会的外部費用＝負担）に対して、OECD（経済協力開発機構）は1970年代から、「このような外部費用を生産者のコストとして内部化する方法」（同、57ページ）として、「汚染者負担の原則〈PPP: Polluter-Pays Principle〉」を環境対策の指針として採用した。自ら環境汚染を防止する負担を負わず、外部＝社会に様々な負担─悪影響をもたらしていることに対し、主要発生源＝汚染者が負担して汚染を防止すべきだという原則が明確にされた。もちろん環境を悪化させる汚染者は企業だけでなく、国の活動においてもまた生活の中からも生じる。それも主要には企業活動を通して生産される生産物（商品、代表的には自動車や石油化学製品など）によってもたらされるものであり、環境を悪化させない商品の開発、使用が行われなければならないが、汚染源が拡散し、特定が困難である場合には社会的に（公的に）政府の責任（規制、そして炭素税等の環境保全のための税金）によって対策を講じる必要がある。産業革命（石炭を使用した蒸気機関の導入）以降の私的資本家的企業の利潤追求活動の下で、大気・水質汚染による環境悪化が急激に進行したのであり、その基本的な汚染源である私的資本家的企業の負担による環境対策＝保全は、いまや一刻も猶予しえないまでになっている。

　明確にしておかねばならないのは、「汚染者負担の原則」というのは、公害を防止すべき直接の責任を負う企業が、自らの負担（コスト）で公害防止の措置を講じなければならないということ、したがってそれは企業が得た利潤からの負担でなければならないのであって、環境対策コストを製品価格に転嫁するのでは企業は負担を免れる──それは生活者にとっては、環境悪化の被害とともに、対策コストの負担という二重の負担・犠牲を蒙ることになる──、とい

うことである。

　さらにいえば、環境汚染をもたらしながら、それを防止する技術もなく、また企業による直接的負担にも耐ええないような産業や生産技術は、導入、現実化してはならない、ということである。原子力発電が、CO_2排出なきエネルギー源として今後大増設される（今回のサミットでも確認された）傾向にあるが、この産業は、どれだけコストをかけても放射能を含む廃棄物の処理が困難だという欠陥産業であって、本来導入、現実化してはならないのである。さらにいえば、軍需産業そしてその大量消費の場である戦争は、政府の責任による大気、水、土地などの環境汚染の一大源泉である。ともかく、汚染源がどれだけ負担しても環境汚染を防止・減少しえない技術、産業、そして行為（戦争）は、やめなければならない。

　ということで、原則的観点からいえば、ここまでは排出してもよいというような枠自体、これ以上出してはならないという当面の（政策的）限度にすぎないし、この枠以下に排出量を抑えることは、企業にとってどれだけコストをかけても、行わなければならない義務・責任である。つまりその削減コストは、排出量を減らす（原則的には出さない）という企業の社会的責任なのであって、回収しうるコストではない（それが利潤から支払われるということの意味である）。

　ところが資本主義の、直接には資本家的企業のしたたかさというか、コストをかけても削減しなければならないことが、排出する権利とされ、しかも代価を得られる商品と化してしまう。そのことによってこの排出枠以下への排出量削減にかかったコストが、その権利の販売によって回収しうるもの（企業としては自己負担にならないもの）となる。排出枠—ここまで排出してよいという政策的（人為的）限度の設定とそれ以下への排出量削減が企業の私的財産として売りうる権利となるという、まさにこの人為的政策が、義務を権利に、そして権利を私的財産に転化させ、本来企業利潤から負担されるべき削減コストを、権利の販売によって回収しうるものに転化させた。

　しかしこの排出権商品は、企業（汚染者）に対して設定する排出枠とともに、その権利の需要者がいなければ、価格がつかないし、売れない。EUの排出枠キャップ制（上限設定）は導入当初、排出枠の企業への割り当てをきわめてゆ

るく（ほとんどその枠内に排出量を抑えうる水準に）設定したために、排出割当量に余剰が生じ、売りうる権利が生じなかったため、その取引価格はほとんどゼロとなった（06年、07年物）。

　他方、いくら排出権が形成されても、それを買う者がいなければ価格はつかないし、売れない。EUの場合は域内の企業（CO_2排出量の多い大規模排出施設—発電施設、セメント、鉄鋼、紙・パルプなど約1万1500カ所、11年から航空部門、13年からアルミ、化学、CCS等に対象拡大）間の排出権取引が行われている。排出権を購入する必要のある企業（施設）は、自らの努力（負担）によって排出枠がクリアできず、そのままではペナルティを科せられる場合である。むしろ排出枠以内の排出量削減ができなくても排出権を買えばすむことから、自らの企業で排出量を減らす努力を怠る傾向も生じる。自分の怠慢をカネで済ます、というやり方である。排出枠の設定を厳しくすれば、排出削減がそれだけ増えると期待するむきもあるが、排出削減が困難な企業が増加し、排出権の買い手が増え、その価格が上昇する——そのことがその買い手の負担を増やすことによってコスト負担の面から自らの排出量を減らそうという傾向を強める場合も生じるが、域外から排出権を買いうる条件（制度）があれば、その購入で排出削減の努力を回避してしまうことにもなる（すぐ述べるCERの場合のように）。また金融機関等が排出権取引を媒介することになれば、彼らにとっては、排出権価格が上昇した方が儲けにつながるので、排出量削減への努力はむしろ減退するであろう。

　排出権を買う場合の価格の設定に、排出枠をクリアすればどれだけコストがかかるかが関わるが、このコスト自体確定したものではない（将来の技術開発如何にかかわる）し、社会性の配慮よりも私的利益追求の観点に立つ企業は、不確定なコスト負担による削減努力をするより、カネで済ましうる方向に走りやすい。

　ということで、排出権の価格はそれ自体としての根拠をもっていない。人為的設定によってその供給もまた需要も左右され、需給の相対的関係によって動くものでしかない。だからまた投機が介入しやすいのである。

3. 国連公認の排出権取引

　排出権の売買は、EU の域内に限られない。京都議定書に基づいて、国連の認証の下で行われる国際的な排出権取引がある。CDM（Clean Development Mechanism）による CER（Certified Emission Reduction 認証排出削減量）の売買である。これは京都議定書の目標を持つ日本などの「先進国」が、京都議定書に参加するが削減目標・義務を持たない中国、インドなど「途上国」で実施した排出量削減プロジェクトによって削減したと認められる排出量を、排出権として、京都議定書の目標達成に利用できる仕組みである（この他京都議定書の目標を持つ日本などの先進国が、目標が緩く設定されている旧ソ連・中東欧諸国でプロジェクトを実施して削減した排出量の取引 JI が認められている）。

　この CDM による CER の取引は、プロジェクトの提出、指定運営機関による審査・評価、CDM 理事会による認証・登録等、相当厳格な手続きを経て実施される。手続きが厳格なのは、「先進国」が京都議定書で決めた削減目標をクリアできないときに、安易に CER を買うことによって目標達成に役立てる傾向に対する歯どめの必要から、である。

　現在の CDM 取引の状況は、図Ⅳ-4 の通りである。排出権の売り手の過半は中国（50.9％）、そしてインド（14.4％）、ブラジル等となっている。07年10月までに中国政府が認可した CDM 累計は885件、排出権は CO_2 換算で15億トン（これは欧州市場の価格で約5兆円規模）である。プロジェクトの内容は、省エネ・燃料転換、水力、風力、バイオマス等様々である。これに対し、排出権購入国（投資国）は、イギリス（全体の26.6％）、次いで日本（20.4％）、オランダ（13.7％）、イタリア（10.4％）となっている。

　京都議定書で、1990年比 CO_2 6％削減という削減義務を課せられている日本は、05年の排出量は13億5900万 CO_2 トンと、90年比7.7％増加となっている。08～12年の京都議定書約束期間に削減目標を達成するには、目標の1.6％分の排出権の購入（08年2月、政府の「目標達成計画の評価・見直しに関する最終報告」）と、それでも未達成の削減不足分1.7～2.8％の排出権の購入、合わせて4200万～5600万 CO_2 トンの購入が、2010年分だけで必要となる計算である。京都議

図Ⅳ－4　CDMの排出削減量予測（％）──半分は中国産、買い手の主役は日英──

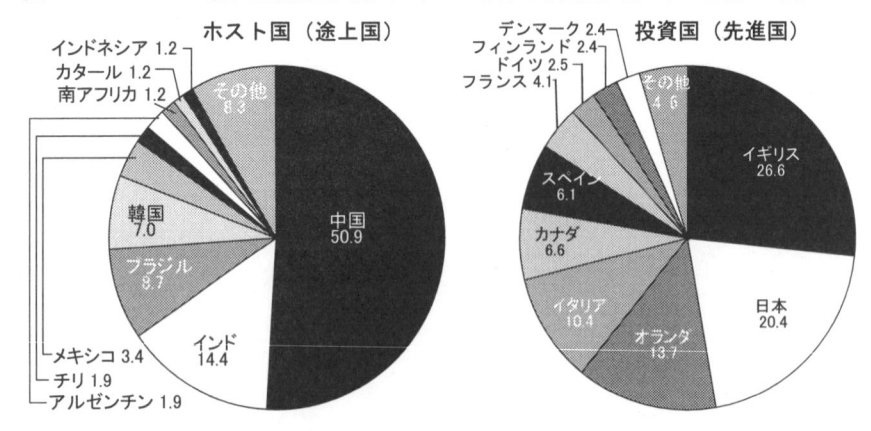

ホスト国（途上国）

- インドネシア 1.2
- カタール 1.2
- 南アフリカ 1.2
- その他 8.3
- 韓国 7.0
- ブラジル 8.7
- メキシコ 3.4
- チリ 1.9
- アルゼンチン 1.9
- インド 14.4
- 中国 50.9

投資国（先進国）

- デンマーク 2.4
- フィンランド 2.4
- ドイツ 2.5
- フランス 4.1
- その他 4.6
- スペイン 6.1
- カナダ 6.6
- イタリア 10.4
- オランダ 13.7
- イギリス 26.6
- 日本 20.4

注：国連CDM理事会登録済みプロジェクト（08年4月15日現在）
　　プロジェクト件数1,011件、排出削減量予測合計2億921万トン（CO_2/年）の内訳
出所：国連CDM理事会
　　　『エコノミスト』08年5月13日（青山周氏稿）

定書第1約束期間5年間（08～12年）のトータルでは、2億1000万～2億8000万CO_2トンの購入が必要となる。財務省は「排出権取得に伴う国の財政負担は約2200億～1兆2000億円」と試算している（07年10月、財政制度等審議会）。しかしこの試算は、現在のEUにおけるEUA価格、1CO_2トン当たり20ユーロをベースにしたものであるが、市場の大勢は少なくとも1CO_2トン当たり30～35ユーロに上昇すると予想しており、日本政府が排出権購入に必要な額（税金投入）は2兆円以上になる。もちろんこれが全部国民の税金負担になる、というわけではない。排出枠をクリアしえない企業、セクターに割り当てられ、それに負担させるということになる。しかしそこに"商機"が生じる。「日本が、自助努力だけでは、6％の削減目標に届かないことが明らかになる2010年以降、排出権保有者の売り惜しみ、ヘッジファンドの投機的動きが出てこよう」（『エコノミスト』前掲、北村慶論文）。

　早くも三菱商事は、CO_2排出枠を買い集め、国連登録ベースで年1365万CO_2トンに達している（『朝日新聞』08年7月7日）。この量は、05年度の日本のCO_2総排出量の約1％となる。大手商社は、05年以降排出枠を集めてきた。途上国

で省エネ効果の高い発電所などに投資し、温室効果ガス削減に貢献した分をCDMの排出枠として得る。これを電力会社や鉄鋼メーカーに売る。そして利ざやを稼ぐ（同上）。

電力、鉄鋼、石油など大量のCO_2を排出している部門の企業は、従来から省エネを進め、排出量削減に努力してきた上に、京都議定書の目標達成のためさらに排出量削減を要求される。しかし排出量削減にとって相当なコストをかけなければならない。ここから次のような動きが生じ、拡大することになる。

第1に、国内で排出量削減に大きな負担・コストを要する部門の企業は、要求されている排出量削減分を、CDMによるCER購入によってカヴァーすることになる。これでは国内排出量は全く減らない。明らかに削減するコスト・努力をカネで済ます形となる。

第2に、CDMの（排出）枠を獲得するために、「途上国」への省エネ、燃料転換、太陽光発電などの開発・投資プロジェクトが進み、さらにはバイオエタノール生産などが進む。排出量削減という大義名分の、しかも国連の認証の下で行われる新たな資本輸出＝資本進出である。

しかもすでにCDMによらない排出枠削減をめざす直接的な「途上国」投資・進出が活発化しつつある。「鉄鋼業界では、京都議定書でガス削減業務を負っていない新興国や途上国での高炉建設が相次ぐ。新日本製鐵とJFEスチールは10年代前半にもブラジルでそれぞれの新高炉を稼働させる方針。タイへの進出も競う。両社首脳は〈（ガスの大量排出を伴う）高炉は国内では増やせない〉と口をそろえる。住友金属工業もインドで現地資本による高炉建設を支援しており、08年末にも稼働させる」（『朝日新聞』前掲）。

原子炉発電は、「放射性廃棄物等の環境への懸念もあり、最終的には政治的判断によりCDMとしては認められていない」（三菱総研『排出量取引入門』、137ページ）が、CO_2を排出しない「ゼロエミッション」電源として、米仏そして日本によって大増設され、「途上国」にも増設しようとしている。今後20年間に世界全体で150基以上の原発が建設される計画である（中国50基、インド40基、ロシア50基、アメリカ30基、日本11基増設計画など）。「途上国」原発建設をめぐって、米仏日の原子力プラントメーカーは、ウラン鉱山権益の確保、ウラン濃

図Ⅳ-5　急増する排出権投資ファンド
(億ドル)

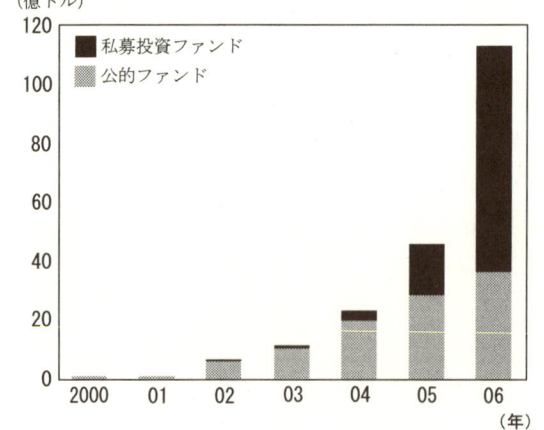

出所：New Energy Finance 公表資料を基に作成
『エコノミスト』08年5月13日（北村慶氏稿）

縮事業の拡張を進め、「途上国」原発建設を争っている。CO_2だけが環境汚染の原因ではないことは明らかなのに、その排出がないとして、大量の放射能性廃棄物が世界的に堆積し、それによる環境破壊が確実に進む。

第3に、日本政府は国内排出量取引を08年秋から試行実施することを決めたが、これに対し目下のところ電力、鉄鋼系の大企業は導入に対し抵抗している。これは排出削減目標達成上必要な排出権買い取りに関わるコスト負担に対する反発であるが、圧力をかけている狙いは、排出権買い取りに関わるコスト負担を国民への税金負担に転嫁させること、止むをえず企業負担する場合にはこれを製品価格に転嫁させ、消費者・生活者に転嫁させようとするところにある。

排出量削減、排出権売買は、資本家的企業にとって新たな商機＝儲け拡大に利用されるとともに、消費者・労働者大衆は、税・製品価格高騰の負担の上に、環境悪化の犠牲を蒙ることになる。

4．排出権バブルへ

排出権取引は、国家間関係を通した国の排出総枠と、それを国内各セクターに割り当てる関係を通した排出枠の達成・未達成セクター間の関係だけでなく、これを仲介する業者（ブローカー）、さらに投資ファンド、ヘッジファンド介入の下での取引所取引へと拡大している。すでに排出権投資ファンドは、私募投資ファンド中心に06年には110億ドルに増大し（図Ⅳ-5参照）、さらに急拡大しつつある。それとともに、取引に投機が介入し、排出権価格は上昇しつつあ

る。京都議定書の削減目標未達成が明確になり、さらにその削減が要求される中で、排出権購入の増大を見込んで、価格がつり上げられている。

EUの排出権取引で行われているヘッジファンドの手口を通して、考えてみよう(『エコノミスト』08年5月13日、北村論文参照)。

EUでは、EU－ETSで取引されているEUA(排出許可証)とCDMによるCER(認証排出削減量)、それに石油・石炭価格などの商品取引・先物取引、気温・降水量などの天候デリバティブ(派生金融取引)が相互に関連し合いながら取引され、ヘッジファンドによる裁定取引(アービトラージ)が行われている。このEUA、CDM、天候デリバティブの価格変動を分析、予測し、現在割安(将来値上がり見込み)のものを買い持ちし、いま割高(将来値下がり見込み)のものを売り持ちする――買いと売りとを金融工学を駆使してうまく組み合わせ、価格が上がっても下がっても確実に利益を得る(これがアービトラージである)という方法である。

例えば、石油価格と排出権価格との相関関係――石油価格高騰の予想→代替燃料としての石炭需要の増加→CO_2排出量増加→排出権(キャップ)を上回る排出→排出権購入増大・価格上昇という予想関係。気候と排出権価格との関係――水力発電比率の高い地域での少雨予想→同地域の電力会社の石炭需要増大、CO_2排出量増加→キャップを上回る排出量→排出権価格上昇という予想関係。これらの予想によって、裁定取引が行われる。その主役は、ヘッジファンドであるが、いまではゴールドマンサックスやモルガンスタンレーなどの投資銀行が裁定取引に乗り出している。

さらにEUの大手銀行(英・バークレイズ銀行、ドイツ・ドレスナー銀行、オランダ・ABNアムロなど)は、CERを生むCDMへの融資で利益を追求している。CDMへの融資に伴う利子収入とともに、プロジェクト完成後の排出権の売却で利益を増やすという方法である。この融資は、利子＋リターンの増大(見込み)を資本還元した証券(デリバティブ)として売られるまでになっている。排出権の証券化である。またベルギー・ウォルティス銀行や英・環境関連投資会社(CCC、クライメートチェンジキャピタル)は、投資家から資金を集め、炭鉱メタン、風力発電プロジェクトに投資し、プロジェクトからのリターンとそ

〔補論2〕「排出権」売買の意味

れから生じる排出権の売却益によって儲けを獲得している。欧米の年金基金や個人富裕層の資金が、これら排出権取引を行う投資ファンドに流入している。温室効果ガスの自助努力による削減に限界があり、排出権購入のニーズが高まり、その価格が上昇するという予想の下に、これら投資ファンドに資金が流入している。明らかに、サブプライムローン関連証券バブルの「次」は、排出権バブルになるという状況が現実に生じている。

　一体このような排出権取引―価格上昇傾向の下で、排出量削減―環境改善が進むであろうか。

　明らかなことは、第1に排出権取引を仲介する業者（商社、金融機関、投資ファンドなど）にとっては、排出量削減自体は直接無関心であって、彼らの関心は取引によって売買益を獲得することだけである。それは天候や温度の予想とそれに関わる取引で利益を獲得することが実際の天候や気候の変化と全く関係がないのと同じことである。

　第2に、排出権に関していえば、国内で、あるいは「途上国」のプロジェクトで、どれだけ排出枠以下に削減を行い、排出権を得たとしても、それを購入する者がいなければ、売買益は得られない。この売買益は、国際的な政治、政策によって左右される。緩めに排出量（枠）が決められれば、排出権の需要は減少する。たしかに厳しい排出枠が決められればその実現のために排出権を買わなければならないから、価格は上昇する。しかし問題は、排出権を買うことによって、排出量削減の努力を怠ることになることである。むしろ買い取った排出権を高く売ろうとしている仲介者にとっては、国内排出者（企業等）が排出削減の努力を怠った方が、その価格が上昇し、儲けが得られることになることから、この仲介者にとっては、排出量を削減しないことを期待することになりかねない。

　第3に、CDMへの融資あるいは直接投資は、地球温暖化・環境対策という名分の下に行われる「途上国」への資本貸付・投資の形態であって、それから、得られる利得は基本的には従来の資本の投融資による利得と同じである。現在の国際的枠組みの下では、国際的な排出量削減義務から除外されている「途上国」で、しかも資本の投融資を受け、排出権を獲得、売却する国（中国、イン

ド等)は、利益を受けるが、逆に排出量削減義務がないことを利用した「先進国」からの排出量の多い公害激発型企業の進出によって、その国の(同時に地球全体の)排出量は増え、環境は悪化する。

　最後に、私的利潤を目的とする資本家的企業が主導し、しかも各国の政府もこれを擁護し、少なくとも規制しえない立場にある中では、排出量削減、温暖化防止策さえも、彼らの利潤獲得の手段となること、その下で労働者大衆は、環境悪化の被害とともに、その保全の負担をも負わされること、したがって少なくとも資本の利己的利潤追求に対する民衆を主体とした、国際的レベルの規制が不可欠だ、といえよう。

(08年7月23日稿)

Ⅴ　金融・経済危機の経済学

第1章 新自由主義批判の理論的基礎
―― 友寄英隆『新自由主義とは何か』に寄せて

第1節　課題

　資本のグローバルな展開の中で、さらにこれを徹底的に進めようという思想・政策としての新自由主義が跋扈した。新自由主義の思想・政策を批判したり、その流れを押しとどめようとする思想・政策は、社会の発展を求めない保守であり、もはや時代への適応力を失ったものとされた。たしかにこの流れは、ソビエト・東欧「社会主義」をおしつぶし、中国・ベトナムなど社会主義政権を維持している国にも侵入し拡大した。

　しかしこの新自由主義の流れの下で、いまや社会的経済的矛盾が噴出している。サブ・プライムローン問題は、グローバリゼーションと新自由主義の世界的展開自体の下で生じている問題であり、端的にいえばこんにちのグローバリゼーションの擬制性、虚構性という正体を暴露するものである。その下での、グローバリゼーションの主役・アメリカ金融資本は、大損失をこうむり資本を補わなければならなくなり、中東産油国の政府系ファンド等から出資してもらわなければ経営を存続しえない、という惨状を呈している。そしてついにシティグループのような巨大銀行に公的資金が注入され、実質国有化されるまでになっている。

　実は、ブッシュ米帝国主義政権が強行しているアフガニスタン、イラクへの軍事侵略は、新自由主義の展開が国家の暴力なくしてはありえないという、その本質を示すものである。それは、国家の暴力を伴って行なわれた資本の本源的蓄積の今日的な姿を現すもの、ととらえなければならない。新自由主義は暴力なしには進まないのである。しかもこの侵略戦争に伴う厖大な戦費の支出――直接にはドルの支出が、サブ・プライムローン問題に現れる世界的証券投

機をもたらす世界的なマネー過剰の原因なのである。

　このようなグローバリゼーションへの対応ということで、新自由主義的"改革"を徹底してきた国においては、貧富の格差が拡大しているだけではなく、貧困層においてはその生活は破壊され、現代的奴隷制というべき雇用関係を強いられている。教育、医療、福祉という人間生活の社会的基盤自体が、多くの人びとから奪われている。ITに代表される今日の技術の生活の中への侵入によって、人間関係が解体されている。新自由主義の推進・徹底は、人間・人間関係を破壊するという現実が示されている。

　新自由主義の推進・徹底によって、なぜ一方では経済の全世界的投機──擬制性、虚構性が生じるのか、そして他方人間・人間関係が破壊されるのかを、現状をふまえて理論的に認識する課題が提起されている。この課題は緊急性をもっている。そしてそれをふまえて、いかにしたらこの現実を克服しうるのか、人間・人間関係の再生はいかにして可能なのか、が明らかにされなければならない。[1]

　友寄英隆氏の『「新自由主義」とは何か』（新日本出版社、2006年8月。以下ページの指示は本書より）は、この課題に答え、これを克服する途──社会が進むべき方向を示した理論的啓蒙書であり、共有しうる問題意識を示している。と同時に、この両面において重大な問題をもっている──理論的認識における不徹底、不十分さと、そこからくる社会発展の過程についての観念的把握である。

　友寄氏が、新自由主義思想・政策・理論に対して批判するさいの理論的基準は、マルクスの『資本論』の論理である。しかし『資本論』の論理の理解に関し決定的な問題がある。その中心問題は、氏が本書でもっとも力点をおいている「市場経済」の理解に関してである。氏は「市場経済」と「市場原理主義」とを区別し、後者を新自由主義の本質として批判・否定し、前者については「市民社会」と同一視してこれを肯定、むしろ理想化する。それは『資本論』の理解として妥当であるか。

　社会発展の方向としては、氏は「市場経済を通じて社会主義に進む」という日本共産党の綱領路線に立っている。これは、中国やベトナムで現に試みられ

てはいるが、しかしそれはたしかに「歴史に例のない」創造的試みといえよう。この路線の理論的な鍵となっているのが「市民社会」の理解である。ここでは、綱領路線・実践路線自体を問題としない。その基礎にある理論を、したがって『資本論』の論理の理解自体を、問題とする。

　これに関わって、指摘しておきたいことがある。友寄氏が、この綱領路線を肯定することによって『資本論』の論理をこれに寄せて理解することがあったとすれば、これは"科学的"立場とはいえないし、古典としての『資本論』の論理を正確にとらえることにはならない、ということである。『資本論』を理論的基準とするというならば、それ自体に即し論理として理解しなければならない。それは古典の科学的理解にとって不可欠な要件であり、そのさい主観（私）的な観念（それが科学的社会主義と称する党のものであっても）を反省・批判することが不可欠である。[2]

注
（1）拙著『"擬制"経済下の人間・人間関係破壊』（『長周新聞』08年6月）参照。
（2）いわゆる宇野弘蔵の理論（科学）と実践（イデオロギー）の分離に関して一言しておく。たしかに宇野は、理論的研究（科学）は、イデオロギーとはちがうこと、イデオロギーの伴う実践とは峻別されなければならないと言っているが、宇野が強調したのは、科学的研究・理論は、実践に、直接には党派の実践的政策・路線に従属したり、それを合理化したりするものであってはならないこと、科学的理論には理論としての独自の意義があるということ、であった。しかもこの科学的研究にとっては、理論的研究者自身のもつイデオロギー（現実にはプチブルジョア的イデオロギー）からの脱却、少なくともその反省が不可欠であること、それには今日の体制を（人間的観点に立って）批判的にとらえる批判的意識が不可欠であり、したがって研究者自身陥りがちな日常的意識への自己反省が不可欠であること、を強調したのであった。

　　多くの宇野派の論者は、科学とイデオロギーの峻別ということを、党派的実践、さらにはその課題にも関わらないことが科学的立場だと、自己弁護的に利用したのであったが、実践に関わらない者が、理論と実践の峻別が必要などというのはナンセンスというべきだし、自己自身の社会的立場の無自覚によって、自己のプチブルジョア的観点への反省をなくしてしまったこと

から、理論的研究にもイデオロギー的制約を免れないものとなってしまっている。いわゆる宇野派の理論は、そのことによってほとんど現状肯定的な、すなわち形態を形態としてとらえず、これを実体化してとらえてしまう考え方に陥ってしまった（市場経済の実体化）。資本主義を物神的性格をもつととらえ、したがって歴史的性格をもつ、というとらえ方はイデオロギーによるものだ、という理解は、自らのイデオロギーに全く無反省な把握の一典型である。

第2節　市場経済・資本主義経済の「ルール」とは

1．市場経済と「ルール」・「モラル」

　友寄氏の新自由主義批判は、それは「ルール」・モラルを失った「市場原理主義」だという点にある。だから"ルールのある市場経済""ルールある資本主義経済"を再生しよう、という提起となる。しかし市場経済や資本主義経済の「ルール」・「モラル」とは何なのか。

　友寄氏が「ルール」・「モラル」なき市場経済・資本主義経済を批判するのは、新自由主義の思想・政策、具体的には規制緩和・撤廃、あるいは公的事業の民営化（私企業化）によって、資本が自分の利己的利潤獲得だけを目的に（つまり社会全体がどうなるかの配慮なしに）突っ走り、いわば暴走していることに対してであることは読みとれる。

　まず「ルール」に関して考えてみよう。「ルール」なき暴走というのは、現にある「ルール」（法律、制度といってよい）を無視し、あるいは違反して手前勝手な、利己的利益だけを求める行為をいうのではないか。しかし例えば投資ファンドのように株式・証券売買だけで利得を得る行為も、証券・金融関係に関わる既存の法の範囲ならば、「ルール」に従っていることになる。「法」の抜け穴をさがして利己的利益を求める行為はどうであろうか。現体制では、こうした行為自体は否定されない。むしろこのような場合には、既存の法自体が現実の行為に対応しない（状勢に遅れている）として、法の改定が行なわれるのが常である。そうすると既成の法に違反するかどうかスレスレの行為も法的に容認されることにもなるし、逆に規制が強まることもある。だから「ルール」

を法・法律ととらえれば、「ルール」があるかどうかを問題にするだけでは、問題の意味は全く理解できない。一般に社会のことを全く配慮しない、利己的利益追究の行為も、法に即しその枠組み内で行なわれているとしたら、それを「ルール」なき行為とはいえない。問題は「ルール」の中身なのである。

　友寄氏は、たんなる「ルール」というだけではなく、「公正なルール」（例えば27ページ）という。ここでも「公正」の中身が問われる。この本を読む限り「公正」とは「国民」にとって、その生活を保障するものとなっているかどうか、におかれているようであるが、なぜ「公正」などという抽象的なことばを使うのか。「ルール」＝法に即していれば、「公正」だという主張も当然認められることになるであろうが、それは「国民」「労働者」の立場に立っているとは限らない。少なくとも憲法が保障する人権、生存権の立場に立つこと、そして現行労働基準法第1条「労働条件は、労働者が人たるに値する生活を営むための必要を充たすものでなければならない」ことを遵守すべきことを強調すべきである。

　実際、友寄氏は「労働力の市場では、まったく力関係の違う資本家と労働者との雇用関係が内容ですから、労働基準法などの公正なルールがどうしても求められる」（27ページ）のに、「『新自由主義』にもとづく労働法規の『規制緩和』は、公正なルールを無視して、資本家の側に一方的に都合のよい恣意的な雇用関係をルールにしようとします」（22ページ）といっている。ここでは明らかに「ルール」があるかどうかではなく、「資本の一方的に都合のよい恣意的雇用関係」では労働者の生活権・人権は守れないことを内容的に指摘している。しかしこの場合も「力関係の違う資本家と労働者の雇用関係」ということの中身が問題なのである。いまでは、労働者の側も「労働」の売り手＝商品主体として、個々の資本家（企業）と「労働契約」を結んでいるのだという考えが広がっている。商品交換＝「市場経済」の観点に立てば、労使（資）は対等なのだから、従来のような規制がとられなくても「公正なルール」は守られている——こういう考え方（思想・政策）に対して、「力関係の違」いをいうことによって「公正」を求めるという主張でいかに対抗しうるか。労働者の資本家との雇用関係は、物と物との交換、すなわち「市場経済」の関係ではなく、

労働者にとっては人間としての生活がかかっている。つまり物の交換＝所有権・物権ではなく、人権に関わることなのである。だからいかに「公正」とされても「市場経済」的な関係では対応しえないことをこそ明確にしなければならない。友寄氏の場合、「市場経済」を肯定していることが、このような理解の妨げになっているように思う。

　友寄氏はまた、「公正なルール」の意味を、社会的な「公共的分野」の維持と理解しているようである。新自由主義は、社会的「公共的分野」——教育、福祉・医療等々の分野を可能な限り「民間」（実は資本家的企業）にまかせ、市場原理にゆだねようとしているのであるが、氏は「公共サービスには、民間事業と同じ尺度では評価できない特質がある」「福祉や医療のサービスは、効率化の面だけでは計れない独自の機能と役割をもっています」（36ページ）という。しかし自己負担、つまり交換原理を通した私企業による利潤原理によっては、自己負担しえない低所得者はそれらのサービスを受けられなくなること、そしてまたコスト・採算追求によって供給するサービスの質が低下すること、それによって人間生活・生存権が万人に保障されなくなること——なぜこのような内容を強調しないのであろうか。「同じ尺度では評価できない」「独自の機能」というだけでは中身は分らない。この点も、「市場経済」を通した「効率化」という側面をここでも肯定していることによると思われる。

　次に「モラル」についてみてみよう。友寄氏は、「新自由主義は……ルールとモラルの密接な関係を無視」したこと（22ページ）、「ルールなき資本主義」は「モラルなき資本主義」と「表裏の関係」にある、と指摘し、市場経済、資本主義に「ルール」とともに「モラル」を求める。「もともとアダム・スミスのいう『市場原理』は、市民的な『共感』という社会的モラルを前提にしています」（同）、「資本主義のもとでの『自由競争』も、社会的モラルに裏付けられたルールを前提にしなければなりません」（22〜23ページ）と。

　「モラル」——たしかにA・スミスは『道徳感情論』（Theory of moral sentiment 水田洋訳、岩波文庫、上・下）で「モラル」を強調している。これに対しマルクスは、明らかにスミスを念頭において「労働をその原理とする国民経済学は、人間を承認するような外見のもとで、むしろただ人間の否認を徹底的に遂行す

るもの」(『経済学・哲学草稿』、城塚・田中訳、岩波文庫、120ページ)と批判している。スミスは、「私有財産」の観点から人間をとらえた、それは「私有財産を人間そのものの本質のなかへ移し入れる」ものだ、とマルクスはいうのである。

だいたい「モラル」というのは、人間の行動に関していうことであって、人間の他の人間あるいは社会との関わりの中でとらえなければならない。「市場経済」は、人間と人間の関係なしには成立しないが、しかし私的に所有されている物と物との関係を媒介に成り立っているのであり、直接には物的(私有財産)関係である。いったい物的関係に「モラル」があるとかないとかいえるのか。「市場経済」自体に「モラル」などない。そこでスミスの理解をみておこう。

2．スミスの「市民社会」論の評価

上述のように友寄氏は、スミスの「市場原理」には「市民的な『共感』という社会的モラル」が前提にされていた、ととらえる。「市民社会は、社会的分業にもとづく等価交換にもとづいていたからこそ、市民同士はお互いに『共感』できます。そこに不正は入り込みません」(21ページ)、「市場経済は、社会的分業をしている市民同士が有用な生産物を交換し合うという意味では、アダム・スミスが言うように『共感』(同感)という社会的モラルに支えられていました」(30ページ)ととらえ、スミスのとらえた市場経済を「ルール」・「モラル」ある市場経済のいわば範型のようにとらえている。ブルジョア経済学者スミスのとらえた「市場経済」「市民社会」がモデルだったのか。そこで以下3点にわたり、その問題点を検討しておこう。

第1に、「共感」について。たしかにスミスは、物を交換する関係において、「共感」(Sympathy)が働くというが、彼はそれを利己心を追求する行動の上でとらえている。利己心の追求は「市場経済」における(物の所有に基づく)商品所有者にとっては本性的行為である。ということは彼は直接には社会全体の利益を考慮して行動しているのではない、ということである。社会全体の利益あるいは秩序は、こうした利己心に基づく個々の当事者の行為の結果として成

立することである。だから、彼は"神の見えざる手"に導かれて社会的秩序が成立する、といった。つまり、社会的秩序の形成は、個々の当事者の自主的自覚的行為によるものではない（それが法則ということの本来の意味なのである）、ということであった。

「共感」というのは、個々の当事者は最大の利益を求め可能な限り自らの商品価格を高めようとするが、社会的に妥当な水準、すなわち他の当事者が「共感」する水準をはずれていると現実に売れないので、「共感」が得られる水準に（やむを得ず）自己規制する、ということである。つまり「共感」をよぶ社会的妥当な水準を自ら自覚的に設定するのではない。それはとても「モラル」ある行動とはいえない。──重要なのは、自分のレベルと同等に相手の利己心の追求を認めるという条件、まさに自由競争が行ないうる社会的条件があることが、それぞれの商品価格を「共感」をもたらしうる価格水準に帰着させえた（価値法則の成立）ということである。新自由主義は、この条件がすでに欠如した上での競争だから弱肉強食となる。しかしそれも利己心の追求で動く市場経済の作用なのである。

第2に、スミス経済学の最大の問題は、人間社会のすべての分野が「交換」関係で成立しているようにとらえたことである。スミスは、自分の物（所有物）と他人の物とを交換することを、人間そのものの本性（交換性向）ととらえた。さらに人間社会の存立・発展の根拠（実体的根拠）である労働・生産過程さえも、交換関係ととらえた。人間（労働者）が自然（生産手段）に働きかけ（労働を行ない）生産物を生産することは、交換関係ではなく、労働者の主体的な（そして共同的＝協業による）生産活動である。スミスはこれを「労働」と「生産物」の交換ととらえた。「労働こそは本源的購買貨幣」である──貨幣で商品（生産物）を購買する関係の本源は、「労働」による生産物の獲得である、ととらえた。商品の価値（売り値の基礎としてのコスト）は、費やした貨幣ではなく、「労働」量だという労働価値説がここに成立したけれども、それは「労働」という実体領域を、交換という形態（歴史的関係）ととらえる誤りを伴っていた。こうして商品交換・「市場経済」をスミスは実体化してしまった。友寄氏は、この点に全くふれていない。ということは、友寄氏も「市場経済」を実体

化する誤りに陥っているからではないか。

　第3に、友寄氏はスミスの「市民社会」を等価交換関係から成るもの——「社会的分業をしている市民同士が有用な生産物を交換し合う」(30ページ)関係ととらえている。これは直接の生産者(自分の労働によって生産物を生産し、所有する者)が、所有する生産物を等労働量基準で交換するという、いわゆる単純商品生産(社会)のイメージである。友寄氏は、この等労働量交換＝等価交換関係が成立する「市民社会」にこそ、「ルール」・「モラル」がある、ととらえる。しかしこのような単純商品生産社会は、スミスの場合においても抽象的構成物であった。

　スミスは、なお土地所有者、生産手段の所有者が存在せず、労働者だけが労働・生産過程の要因であるという単純モデル(それは資本主義的生産から抽象したモデルでしかなかった)の下では、等労働量交換が成立する(労働を行なった労働者が、その労働量に対応した対価を得る＝本源的賃金)としたが、資本主義が成立し、生産手段を所有している(そして労働者に支払う賃金＝生活資料をストックしている)資本家、土地を所有している土地所有者(地主)が登場すると、等労働量交換は成立せず、労働者は「労働」の対価を得られなくなる(「労働」によって形成した価値から、利潤、地代が支払われる)とした。資本—賃労働関係は、不等価交換である——それがスミスのとらえた資本主義の現実的関係であった。友寄氏はこの場合になお「モラル」がある、と主張するのであろうか。もしそういったとしても、そこではすでに等労働量交換という内容での等価交換は、したがって氏のいう「市民社会」の関係は成立していない。もちろん「市場経済」は資本主義の下で全面的に発達する——「労働」しない資本家や地主が「労働」から利得を獲得する資本主義に「モラル」がありうるのか。この点は、友寄氏の『資本論』の理解にかかわる。そこで次にそれを検討しよう。

第3節　『資本論』の論理に関して

　友寄氏の新自由主義批判の理論的基礎となっているのは『資本論』である。しかし『資本論』の論理の神髄をとらえることは必ずしも容易ではない。エン

ゲルス、レーニン、スターリンなど従来のマルクス主義の理解を、批判的にとらえずに、これに依拠してしまい、『資本論』の理論の展開に即して、そしてマルクス自身の理論的発展をふまえて、その論理の神髄をとらえない傾向がある。マルクスは「唯物史観と剰余価値による資本主義的生産の秘密の暴露」によって社会主義を科学として確立した（エンゲルス）という解釈はいまでもほとんど常識化している。唯物史観は人間社会の全歴史に関する概括的歴史観であるが、『資本論』は資本の論理を解明している。その点が理解されない。また『資本論』の論理（第1巻第1～4章）を単純商品生産社会から資本主義生産への展開を説いたものとする解釈も、カウツキー、スターリンのとらえ方に基づいて、いまなお無反省に踏襲されている。友寄氏の『資本論』解釈もそのようなとらえ方になっている。そのうえ友寄氏は、単純商品生産社会を「市民社会」の原型であるようにとらえ、それに基づく「市場経済」には「ルール」も「モラル」もあると、ほとんどそれを理想化している。「市民経済を通じた社会主義」という綱領・政治路線を、『資本論』の論理によって裏付けようとしたことによって、『資本論』の論理の神髄がとらえられなくなっている。

　以下、1「市民社会」の理解について、2 資本主義の根本矛盾の理解について、主要な論点を指摘する。

1. 「市民社会」の理解――その理想化

　友寄氏の「市民社会」は、単純商品生産社会という歴史的現実（実は想定でしかないのであるが）に基づいた社会としてとらえているようである。例えば「単純な商品生産社会という意味での市民社会」（80ページ）という表現に示されている。その「市民社会」の内容としては、「自分の生産した商品を等価交換する」（21ページ）、「市場経済は、社会的分業をしている市民同士が有用な生産物を交換し合う……」（30ページ）、その社会では労働者自身が生産手段を私的に所有し（181ページ）、自らの労働で生産した生産物を商品として交換に出している、とされる。

　『資本論』にも、「およそ使用対象が商品になるのは、それらが互いに独立して営まれる私的諸労働の生産物であるからにほかならない」（第1巻第1章第4

節)という表現がある。また「労働者が自分の生産手段を私有」するという「小経営」(小農民、手工業者)では、「自分の労働に基づく私有」があった(資本主義はこれを収奪し否定して成立する)というとらえ方もある(同第24章第7節)。前者に関していえば、『資本論』(第1巻第1章)は「資本主義的生産様式が支配的に行なわれている社会」における富の基本形態としての商品を解明していること、その商品価値は実体としての「労働」に根拠をもつことが強調されているが、しかし商品としては直接には交換・流通における「形態」として把握されていることを強調しておきたい。だから「独立に営まれる私的諸労働」は資本主義に先行する(あるいはその歴史的生産過程における)単純商品生産者のそれとしてとらえているのではなく、資本主義的商品生産を抽象してとらえたもの(産業資本の運動の中で行われる生産も、「私的諸労働」による生産ととらえうる)、と解釈しうる。

『経済学批判要綱』(1857～58年)以降のマルクスの理論的発展をとらえると、商品(さらに貨幣・資本)を交換・流通形態ととらえる方向が確実に明確化されてくる。「世界貿易と世界市場とは……資本の近代的生活史を開く」(同第4章)という把握をふまえ、資本を$G-W-G'$という流通運動と規定した。これが第1巻第1章～4章の決定的成果である。友寄氏は「資本」を流通運動としてとらえていないのではないか。

　後者(「自分の労働に基づく私有」から資本主義的領有法則への転換)の理解は、資本主義的領有(他人の労働の生産物を私的領有するという)に対する不当性を示すものとして、『経済学批判　原初稿』では「貨幣の資本への転化」の中で説かれるものとされていたが、それが変更されて、「資本主義的蓄積の歴史的傾向」の叙述に残された。論理の主軸は「私的労働―私的所有」から資本主義的領有へではなく、流通運動としての資本が(労働力の商品化を通して)生産＝実体を包摂するという論理に転換した。

　だいたい単純商品社会を歴史的現実的に存在した社会(社会体制あるいは生産様式)ととらえることはできない。少なくともそこで生産物の商品交換が社会化するととらえることは誤りである(生活資料の社会的商品化は労働力の商品化によって成立する)。また歴史的に現存した小農、手工業の下で「等価交換」

が実現されていたということも現実の事実に基づいていない。等労働量交換の必然的根拠はなかったし、現実には商人・高利貸資本によって生産者たちは収奪をこうむり、必要労働部分さえ侵食された。――単純商品生産社会に基づいて「市民社会」を構想するのは観念的構成にすぎない。しかもそれを理想化し「ルール」・「モラル」があったとするのは上述スミス理論の批判で指摘したように商品経済を美化する虚構である。資本主義の現実においては成立しえない「私的労働―私的所有」と「等価交換」の再生を求めるのは典型的なロマン主義である。

　友寄氏は、「有用物」の「等価交換」を通して貨幣が成立し、機能することになると、「貨幣それ自体が自己目的として追求されるようになってしまう」（30〜31ページ）という。貨幣を自己目的とする運動はまさに資本そのものの運動である。とすると友寄氏は、資本が成立すると「労働」に基づく有用物の等価交換はなくなり、「ルール」も「モラル」も消えてしまう、ということになる。とすれば、およそ資本主義に「ルール」や「モラル」を求めることはできないと明確にいえばよい。ところがそう主張しない。

「資本主義社会でも、市場では、やはり等価交換の法則が基準になるのです。言いかえれば、市民社会という社会的な枠組みが存続しているからこそ、資本主義社会は成り立っているのです」（21ページ）。この「市民社会という社会的枠組み」とは何なのか。資本主義が成立している中での交換の基準は、どの資本にも平均的利潤がえられる生産価格になる。そこでは等労働量基準は成立しない。「労働」に基づくのではなく、資本という流通形態に基づくものになっている。しかもこの生産価格基準の等価交換は、自由競争の社会的条件が存在する中で成立する。だから資本主義成立の上で存在する（とされる）「市民社会という社会的枠組み」とは、そこから「流通または商品交換の部面」を抽象したものである。だからそこに「自由、平等、そしてベンサム」がある（「ルール」・「モラル」がある）というのは「卑俗な自由貿易論者」の把握と同じレベルになってしまうのではないか。そしてそこでも等価交換が行なわれることを「市民社会」の「枠組み」として肯定するのは、自由主義段階の資本主義を肯定することになってしまうのではないか。「ルール」ある資本主義とは、自

由主義段階の資本主義のことなのか。現実に資本自体に格差があり、等価交換など成立しない今日の「ルールなき資本主義」に、「ルール」を求めるのは、自由主義段階にもどれという要求なのか。

2．資本主義の根本矛盾について

　資本をG－W－G′という流通運動・流通形態としてとらえられない友寄氏は、資本主義の根本矛盾を十分理解しえないことになってしまっている。氏は「補論」で、『資本論』全3巻を通して「市場経済」概念をとらえようとされている。「市場経済」概念がそこでどう規定されているかを検討すること自体は無意味ではないが、そこから氏が意図されるのは、「市場経済」は資本主義経済に限定された存在ではなく、資本主義以前にもあったし、社会主義への移行期にもあること——だから「市場経済を通じた社会主義」は可能であること——を明らかにしようということのようである。ところが友寄氏は、商品、貨幣、資本が、したがってその関連によって成り立つ「市場経済」が、流通における関係・形態であることを明らかにしえないので、資本主義の根本矛盾も明らかにならず、なぜ商品、貨幣関係からなる「市場経済」が、社会主義への移行期に（それが成立した後にも）存在しうるのかも、いっこうに明らかにならない（氏にとっては今後の「研究課題」のようだ。190ページ）。少なくとも『資本論』において指摘されている、商品、貨幣の存在は「歴史的に非常に違ったいろいろな経済的社会構成体に共通なもの」（第1巻第4章第3節）ということの意味をとらえるべきであった。

　同時に「資本」＝商人や金貸資本が支配する市場・商品経済も、いくつかの社会構成体の上でも存在する。しかしそこではすでに商品・貨幣関係が、利潤獲得を目的とする資本運動によって支配され、動かされている。そして流通運動として存在する資本が、生産過程をその運動に包摂し、一社会として成立するには、労働力（労働・生産過程の主体である労働者が、生産手段を奪われた条件の下で唯一商品として売りうるもの）の商品化が、そしてそこには「世界史を包摂している」「一つの歴史的な条件」が、不可欠であること（本源的蓄積過程）、を明らかにしなければならない。この過程は、小生産者、農民から暴力（国家

的暴力）を通して生産手段を奪うことなくしては行なわれなかった。これを『資本論』は第1巻第24章で明らかにしている。

そしてそこに、本来生産過程にとって不可欠の要因ではない資本が、社会存立・発展の根拠（実体）を包摂し社会として成立するさいの決定的矛盾が現れているのである。

友寄氏は、「商品生産者が資本家に転化するためには、一定の歴史的な条件、市場の外での条件が必要である。商品生産のなかから自然発生的に資本主義が生まれるというものではない。／つまり『貨幣の資本への転化』にとっては、市場のなかの経済主体だけでない、市場の外にある国家の経済政策のあり方などが不可欠の歴史的要因として前提となるのである。」(183ページ) という。ここでは素朴な、単純な「商品生産者の資本家への転化」がベースにおかれる。歴史の現実においては、単純商品生産者は、商人・高利貸資本の収奪の下に解体させられた。彼らは土地・生産手段を暴力的に奪われ、無産者にされた。生産者が資本（産業資本）家に成り上がったこともあったが、それを生成過程の一般的特徴としてとらえ、そこから勤勉な者が資本家に、怠け者が賃金労働者になったかのように把握するのは、「牧歌的」な作り話でしかない。

しかも友寄氏の説明では、ここに国家の「経済政策」が介入する——それは資本主義をめざす「国家的な市場経済の育成のあり方」(同) という。これでは、国家の「経済政策」によって「商品生産」社会が資本主義的生産に発展したかのようである。これは明らかに歴史の新しい改作というべきであろう。本源的蓄積過程における国家の役割は、商人・高利貸資本による農民・手工業者の生産手段の暴力的収奪に手を貸し、推進したところにある。国家の「経済政策」が資本主義をもたらしたように、友寄氏は「社会主義市場経済」も、「国家的政策主体が……社会主義をめざしている」ことによって「可能性が生まれている」という。社会主義も国家の政策によって生まれるのか。国家の意思によって「市場経済」は資本主義にも社会主義にもなるというような超越的な国家の理解である。[3] そこからは、社会の実体の担い手＝本来の主体としての労働者の組織的で目的意識的な社会主義の創造という理解はでてこない。

資本は流通形態であること、その社会的成立は、実体の担い手である労働者

（農民・手工業者）からの暴力的な（国家の暴力を伴った）生産手段の収奪によってのみ可能であった。しかし生産過程を包摂し一社会を形成しえた産業資本の成立・発展の根拠は、実体の本来の主体である労働者の労働による価値・剰余価値の形成にある。『資本論』は「貨幣の資本への転化」（第1巻第4章）を通し資本の社会的成立を「労働力の売買」を通した「労働過程」の包摂にあること、その「労働過程」は「どんな特定の社会的形態にかかわりなく」とらえなければならないこと（第5章第1節）、つまりそれは人間社会存立・発展の実体的根拠であること、を明らかにしているのであるが、この実体論を友寄氏はとらえていない。

　社会存立・発展の根拠に関わらない（その要素でない）資本が、現実の主体となり、社会存立・発展の根拠である実体の本来の主体＝労働者が、生産手段を奪われ、労働力を商品として売らざるをえないことによって資本運動に商品経済的に包摂・支配されるということに、資本主義の根本的矛盾がある。

　社会主義は、資本＝流通形態を現実の主体とする関係を、実体の本来の主体である労働者階級を現実の主体とする関係に転換させるという社会の主体の現実的転換によって成立する。労働力の商品化の廃絶こそその条件となる。それによって、実体の担い手である労働者（その組織的集団）が労働・生産過程の現実の主体として、社会の存立・発展に不可欠な経済原則を自主的、目的意識的に実現することが可能となる。これが社会主義の基本である[4]。

　なお「市場経済を通じた社会主義」は無理であること（それは幻想であること）を理論的に明らかにする課題が残されているが、ここでは①現実の「ルールなき資本主義」を「市民社会」に転換させることは無理であること、②労働者が「市場経済」を当然視する意識にとらわれている限りでは、社会の主体としての意識は形成されないこと、③「市場経済」の価値観は「財産」＝「物権」におかれているのであり、人権を基本とする社会主義の価値観はここからは生じない（それは「実体」を担う行動から形成されるのである）ことを、指摘するにとどめる。

注
（3）国家論に関しては、拙著『国家論の科学』（時潮社、2008年）参照。
（4）いわゆる宇野派は資本主義の根本矛盾を「労働力商品化」の無理にあるととらえているが、その意味内容としては「労働力」は人間の能力だから資本によって自由に生産されないという点にあるととらえる者が多い。その理解では資本主義の矛盾は、恐慌として現れ、現実的に解決されるという把握になる。この把握を否定するわけではないが、労働力商品化の無理ということは、より根本的に実体の本来の主体が、現実の主体になりえていないという現実の主体の転倒性（主体を主体たりえなくさせていることの無理）ということにあるととらえなければならない。

第2章 金融危機の経済学批判

第1節　貨幣の暴走、資本主義の暴走

「資本主義はなぜ不安定なのか。それは基本的に投機によって成立しているからだ」「資本主義全体が投機であり、本質的に不安定だと私が考えるのは、実は資本主義を支える貨幣それ自体が純粋な投機と考えるからだ」。これは東大経済学部教授岩井克人氏の見解である（『朝日新聞』08年10月17日）。

このような見解に関し、ここでは4点指摘しておこう。

第1に、貨幣のとらえ方について。岩井氏が「貨幣それ自体が純粋な投機として考える」のは「貨幣それ自身に、本質的な価値はない」「貨幣自体が投機なのであって、結局、貨幣の信用は〈みんなが貨幣であると思っているから貨幣だ〉という自己循環論法で支えられているにすぎない」ととらえるからである。

『ヴェニスの商人の資本論』という本まで出している岩井氏は、どれだけ『資本論』を理解しているのだろうか。金が貨幣の基本として形成され、金本位制が確立し機能していた現実を岩井氏は知らないのだろうか。本位貨幣としての金はそれ自体価値をもっており、金貨幣の代理として発行され、流通した紙幣・銀行券の価値も金によって基礎づけられていた。

金本位制を離脱した1930年代以降も、基軸通貨米ドルは、金の裏付けを持っていた（1971年8月15日まで、1オンスの金＝35ドルで、外国の公的機関に対してはドル・金交換を保証していた）。ドル・金交換停止後についても、岩井氏のいうように「貨幣の信用は〈みんなが貨幣であると思っているから貨幣だ〉」というだけでは、なぜ〈みんな〉がFRB券、あるいは日本銀行券という特定の物を貨幣と認めるのか全く分からない。いま銀行券は直接的な金の裏付けを失

ってはいるが、それらが機能してきた歴史的背景、そして現実の貨幣価値なくして、これを貨幣と認めることはありえない。岩井氏は「今後、基軸通貨であるドルの価値が大いに揺らぎかねない」といっているが、そもそも岩井氏によればドル自体に価値はなかったはずで、価値がないのに、価値が揺らぐことなどありえないではないか。

　第2に、「投機」に関して。岩井氏は、需要を予想して、供給を行うという市場経済の無政府的特徴自体を投機ととらえている。この無政府性の面は市場経済、資本主義の一般的特徴といってよいが、投機による不安定が一面的に進むのではなく、資本間の自由な競争を通して自動調整され、一定の均衡が形成される。——マルクスのいう「価値法則」の成立である。しかし、これは、経済関係をすべて物的関係で構成されているとらえるいわゆる「主流派経済学」（新古典派）ではとらえられない。彼らのとらえた関係は、商品・貨幣間の相対関係にすぎず、その成立根拠はとらえられていない。「労働」そして「経済原則」という社会の存立根拠を資本が包摂し、これに規制されることによって、均衡関係、価値法則が成立する。

　なお投機をより正確にいえば、供給されている商品に対して、これを実際に必要とする（商品を使用するための）購買＝実需ではなく、もっぱらその価格引上げを意図して需要を増やすとか、逆にある商品に対する実需が増えているのに、意図的に供給を制限して価格つり上げを図る、という行動である。だから投機を行う者は（実需、したがって実体経済から遊離して）商品価格をつり上げて利得＝投機的利得を獲得しようとする資本（その担い手としての資本家）であって、貨幣所有者すべてが投機を行っているのではない。

　すなわち第3点として、「投機」は貨幣そのものから生ずるのではなく、貨幣を増やす（価値増殖）目的で貨幣を用いる資本（家）の仕業であることを明らかにしなければならない。貨幣自体は（例えば労働者の場合のように）商品を使用するため（使用価値目的＝これが実需の基本）に用いる場合がある。この場合には投機は生じない。

　だから「資本主義は……基本的に投機によって成立している」とするのは一面的誤りである。資本主義が一社会として成立するには、「労働」と「経済原

則」(社会的再生産の維持に必要な生活資料と生産手段の再生産)を充足・実現しなければならない。もちろん産業資本も投機を行う(後述)が、ただ不断に投機を行って実需と離れた商品価格つり上げを図るのでは、社会としては維持されず個々の資本の運動も維持されない。経済原則によって資本の運動は社会的に規制される(上述の価値法則の確立)。投機は、社会的原則が充足されなければならないことによって規制される。

　もちろん産業資本も投機と無縁なのではない。自由主義段階でも、景気上昇がピークに向かう局面で投機が生じた。この局面では、産業資本は銀行信用を積極的に利用して需要を拡大しそれに応じて供給も増大したが、需要拡大が先行し商品価格が上昇する傾向が生じた。産業資本自身、そしてその流通部門を担当する商業資本は、さらに商品価格上昇を意図して、需要が増えているのに供給を意図的に制限する(在庫を増やす)という投機を行った。価格はこれによって上昇し、上昇した価格で販売した資本は投機的利得を得たが、しかし投機は必ず反転して崩壊する。というのは、実需に対し供給を制限するということは、供給を通した生産拡大―資金形成自体を制限することになる。反面商品在庫の維持には資金借入れ―資金需要が必要である。こうして資金需給関係が逼迫して利子率が上昇する。利子率上昇によってそれが利潤率を上回れば産業資本は赤字経営となる。これが恐慌をもたらす契機となった。恐慌によって投機は崩壊した。しかし恐慌は、投機によって増幅された資本の過剰蓄積を崩壊させて、次の景気回復＝均衡形成を準備する。

　投機の盛行―利子率上昇―恐慌の勃発そして再生産軌道の回復。これは金本位制の下で、銀行券発行―信用創造が規制されていることに基づいて生じたのである。

　第4点として、サブプライムローン関連証券を含め、株式・証券、不動産等々の投機は、管理通貨制の下での中央銀行によるマネー供給増大の下で生じていることを明らかにする必要がある。岩井氏も「株式、債権、為替といった金融市場は、実需とほとんど関係ない、プロの投資家や投資ファンドが、お互いの思惑で売り買いしている。ほとんど投機によって動いている」と指摘している。あるいはサブプライムローンに関連して「本来、信用度の低い人に貸すリ

スクの非常に高いローン」を「大きく束ねて証券化」し、しかも「多くの金融商品と組み合わせて厚く積み上げ、世界中にばらまくことで、そのリスクが表面から見えなくなった。／こういう金融商品は、多くの人々の間で安定的に取引され、すぐに換金できると思われた。あたかも、人々が最も信用する貨幣のように見えてしまった」と指摘している。

　この指摘は正しい。しかし、とらえなければならないのは、株式・証券の特質であり、これと預金—貸付関係を基軸とする本来の信用との関係、そして違いである。この点は後述するが、一点だけ指摘しておくと、株式・証券は「あたかも……貨幣のように見えてしまった」としても、それ自体は貨幣でなく、特殊の商品でしかない、ということである。そして「実需」と関係のない（すなわち実体経済から遊離した）株式、債券、為替取引が盛行する根拠には、いま指摘した管理通貨制度の下でのマネー供給拡大がある。このマネーが、実体経済を担う資本の過剰蓄積の下で、過剰資金化し、これが株式・証券市場に投資（投機）される、という点である。

　とくに基軸通貨・ドルが金との交換性を失い、その上アメリカの双子の赤字拡大によってドル支出増大（ドル・インフレ）—ドル価値下落が生じる中で、ドル価値維持・ドル体制維持を意図する主要国のマネー供給増大が、世界的資金過剰をもたらすとともに、世界的な株式・証券投資（投機）をもたらした。

　基軸通貨たる根拠の喪失の下でのドル体制維持策という、まさに現代的特質の上で、サブプライムローン問題に示される世界的投機が生じているのであり、それは資本主義の基本が投機だととらえるのでは全く理解できない。岩井氏には資本主義の原理の認識はなく、資本主義の現代的特徴自体をそのまま資本主義の原理（その一般規定）であるようにとらえてしまった。

第2節　"犯人はだれだ"——資本主義自体ではない？

　岩井氏と反対に、金融危機は資本主義（市場経済）自体に帰因するものではない、というとらえ方がある。サルコジ仏大統領は、この危機を引き起こした「責任者」（犯人）を見つけ出し、「罰を与えるべきだ」といっている（南仏トゥ

ーロンでの演説、08年9月15日、『赤旗』08年9月29日)。彼は、この危機は21世紀になってもなお20世紀の基準で経済を運営すること(その意味は米ドル基軸体制ということであろう)に問題がある、という。今回の金融危機発現の契機となったのは仏BNPパリバ銀行傘下のファンドの営業停止であった。フランスの銀行自体金融危機をもたらす証券投機にどっぷりとつかっていた。サルコジ氏には、自らが危機を招いた「責任者」だという自覚は何もないようだ。

　サルコジ氏は、この金融危機は「資本主義の危機ではない。資本主義の根本的価値からかけ離れたシステム」——それは「市場万能主義を掲げる金融資本主義」のことのようだが——の危機だ、という。彼によれば、市場経済とは「発展、社会、万人のために規制された市場のこと」であり、資本主義とは短期的な利益の追求ではなく「長期的な成長」なのであり、投機家ではなく企業家や労働の対価が優先されるべきとし、無責任ではなく「個人の責任や倫理」が求められる、という(『赤旗』前掲)。市場経済、資本主義を短期的、投機的利益を追求する「金融資本主義」と別ものとし、後者を批判し規制すべきだとし、前者を擁護・美化する。しかし彼は、この金融危機を「改革」推進の契機とし、公共部門において3万人余のリストラを行う(09年度)とする方針を確認した。「万人のために規制された市場」を維持するために、労働者の首切りを推進するのか。それでどうして「万人のため」になるのか。このような政策のどこに「倫理」があるのか。

　規制なしの「市場万能主義」「金融資本主義」の暴走——しかしそれは(前掲岩井氏と反対に)本来の「市場経済」「資本主義」とは別物だ、とすると一体前者はいかに形成・展開されたのか。それは解けなくなる。そして"暴走"をなくすために、株式・証券投機のない"本来"の金融(本来の市場経済・資本主義)に戻ろう、という提起になる。株式・証券の発行・売買を、現代資本主義はなくせるのか。

　実はこれとほとんど同様の見解が、財界の一部からも、そしていわゆる革新側(日本共産党系の学者、評論家)からも提起されている。ここでは、財界人の特徴的な見解を示しておこう。

　「商業銀行は特にバブルが発生しなくても、融資という利ざやのストックで生

計を立てる余裕がある。一方で投資銀行は、バブルを作り続けないと人件費やシステム費用など巨額に膨れ上がったコストを賄えない。現代の投資銀行は何らかのバブルが発生しないと経営が揺らぐという危険な土壌にそびえ立つ摩天楼なのだ。／投資銀行の役割や性格を考えれば、彼らが簡単に衰退するはずもないと考える人は少なくないだろう。ただし、世の中に永久機関が存在しないように、バブルを作り出しながら生き延びる戦略は、永存しないビジネスモデルである。／当局によって金融支援を受ける投資銀行に、レバレッジ規制やディスクロージャー強化などが要請されるのは確実だ。実体経済から遊離したビジネスが利益を生み出せる環境の復活は期待できない。新自由主義というイデオロギーも逆風を受けている」（倉都康行・RPテック代表取締役、『エコノミスト』08年9月30日）。

　投資銀行（株式・証券発行、M＆Aなどのアレンジで利得を得る）は、「バブルが発生しないと経営が揺らぐ」とされるように、バブル自体を生存根拠にしているが、それは「実体経済から遊離したビジネス」なので、このビジネスモデルの「復活は期待できない」という。しかし倉都氏は「資本市場や証券化商品の組成・販売はいずれ回復するだろう」——それは「商業銀行の一部門として内在する形に収斂するだろう」、としている。実際この傾向は進んでいる。もちろんそれで株式・証券発行、売買を行う金融がなくなるわけではない。しかし一定の規制によって投機・バブルをなくしうるのか。

　アメリカでは、商業銀行から独立した証券会社（投資銀行）は消滅した。これに対し、経営破綻した米証券大手リーマン・ブラザーズのアジア・欧州部門を買収し証券会社として世界的に展開しつつある野村證券HDの渡部賢一社長はいう。「投資銀行のビジネスモデルや米国型資本主義は終焉したと言われていますが」という質問に対して、「マスコミが言っているだけだ。この4、5年、世界中で過剰流動性（金余り状態）が進行したことで、行き過ぎが生じた。異常なレバレッジ……はなくなると思うが投資銀行業務そのものはなくならない。／ヘッジファンドも一定部分以上はあだ花だったが、適正なヘッジファンドは残る。正常に戻る過程が始まるのであり、マルクス、レーニンの計画経済になることはない」（『毎日新聞』08年10月17日）と。実際ゴールドマン・サック

ス、モルガン・スタンレーは、銀行形態に転換はしたが、その下で株式・証券売買をやめるどころか新たな態勢の下で展開している。そこには投機が必ず伴うのである。

第3節　銀行信用と株式・擬制資本

　金融危機に関する理論的認識の焦点は、信用＝銀行信用（預金―貸付関係を基本とする）と、株式・証券＝擬制資本との関連、そしてそれぞれの性格、機能のちがいとその意味の認識である。『資本論』の「利子生み資本」論（第3巻、第5篇）は、「利子生み資本」概念の中に、銀行信用の下で確立する貸付資本と、株式・証券＝擬制資本を明確に区別せず、両方を含めている。もちろん内容的には、現実資本（産業資本・商業資本）を直接的根拠として成立している貸付資本と、これから遊離して独自の運動を展開する株式＝擬制資本を区別しており、後者に関しては「土地価格」とともに「擬制資本」（Fiktives Kapital）であること、そしてその下で「信用は……純粋な山師の性格を与える」ものとなり「……その運動や移転はまったくただ取引所投機の結果になる」（同27章）ことを指摘している。そしてさらに「株式資本」を資本の最高形態（物神性の頂点）ととらえていたことは、現在の歴史的位置の確認にとって重要である。

　今日の金融危機を、『資本論』の理論を基準に解明することは必要であり、重要であるが、『資本論』自体残している問題を整理した上ではじめて生かし得る。ここではその基本的内容を記すが、その前に『資本論』の理論を利用するとして結局自ら（党派）の見解・路線の合理化になってしまう傾向に対し一定の批判をしておこう。

　この危機を"ルールなき資本主義の暴走"、とくにアメリカ型の"金融資本主義"の暴走ととらえ、ルール＝規制を強めてこれを是正しようという見解がある。例えば、工藤晃氏の見解（「工藤晃の経済教室」1～11、『赤旗』08年11月3日～15日）によると、①本来の「銀行信用」は「生産的資本と一体の関係」にあり、「全体としての再生産と国民生活の安定に欠かせないもの」であり「公

共性、健全性、安全性第一が原則」だという。これでは銀行信用が銀行資本に担われており、したがって利潤追求目的で経営されているという側面が見逃される。「国民」全体のための「銀行信用」が資本主義の下ですでに形成されているのだろうか。②『資本論』の理論を用いて、利子生み資本が発展すると、「利子付証券」の発行・発売が行われるようになり、投機の世界が生まれる、という。この「利子付証券」に何を含めるのか――株式・社債とともにその存立根拠のない金融デリバティブまで含めるのか。「利子付証券」と一括してしまうとそれらの区別は不明となる。③「銀行信用が投機業者向けに開放され、信用膨張を進めるとき、バブルが起こり、最後は金融崩壊を引き起こす」。この投機業者とは、直接にはヘッジファンドや投資ビークル（SIV、バランスシートの外に設立されるもっぱら証券売買で利得を稼ぐ特別目的会社）のように、規制から逃れて証券取引を行う業者であり、銀行（商業銀行）が、グラス・スティーガル法（1933年、銀行と証券の分離を決めた）の形骸化あるいは廃止の下で、これらの投機業者に巨額の資金をつぎ込んだこと、同時に分離廃止の下で銀行自身が証券投資・投機を展開したこと（これをアメリカ金融モデルというのだが）、そこに金融の暴走―バブルの発生―金融危機の原因があるととらえる。しかしイギリスをはじめEU諸国の金融機関も、銀行業務と証券投資（売買、仲介）を行っており、また今回の危機で大損失を蒙っている。――アメリカモデルだけでなく、ヨーロッパの銀行自体証券投機を大々的に展開していることをとらえなければならない。と同時に、この投機は規制外の投機業者に規制を課したり、銀行の資金供給に規制を加えれば、なくなるのか。――さらに投機・バブルという暴走を抑え込むには、株式発行・売買まで規制し（あるいはそれをやめさせ）、本来の銀行信用（前述のような）まで戻せ（それによって国民生活安定のためのルールが成立する）というのか。現代資本主義を前提にした上で株式発行・売買をやめさせる（「マルクス、レーニンの計画経済」の導入！）ことは可能か。

　そこで信用（信用銀行）と株式＝擬制資本に関する基本認識を示しておこう。

　①まず銀行信用（銀行への預金＝遊休資金の集中、これを基礎とした企業等への貸付けという関係）で成立する貸付資本と株式＝擬制資本の性格の違いに関し

て。貸付資本の運動形式はG…G′であって、つねに貨幣形態（貨幣資本）をもつ。それは利子（資金の需給関係を通して決定されるが、貸借約定の時点では確定している）をもたらす。株式・証券は、一定の収入（利潤、地代等）を利子とみなし、その利子を生む元本価値が擬制されて形成される擬制資本（その取得・保有によって利子なみの利得を生じるものとされる資本）であるが、それは直接には商品（金融商品）である。それは資本（価値増殖する価値の運動体）の物化であり、商品として売買の対象となる（貸付資本では資金は商品化されるが資本はなお商品化されない）。その価格は、利子とみなされる収入をもたらす根拠（一般的には現実資本の運動を通した利潤の形成）の変動（その予測）、そして利子率自体の変動（その予測）によって変動する。企業が利潤を形成しえず、配当を支払えないことになれば、株式の価格は額面（企業の現実の資産価値を発行株式数で割った額）まで下落する（企業が債務超過であれば価格はつかない）。

　株式・証券は商品であること、その価格は予想によって変動すること、だからこそ投機が入り込む（貸付資本の運動自体は投機の対象にならない）。

　②銀行信用の成立は一般的には（その社会的成立は）現実資本の運動を根拠にしている。現実資本の基本はそれ自身価値増殖根拠をもつ産業資本である（商業資本、銀行資本も現実資本＝利潤生み資本である）。しかしもちろん貸付先は産業資本＝現実資本（資本家的企業）だけではない。消費者に対しても、国家に対しても貸付ける。消費者への貸付に対する利子の根拠は、個人的収入（賃金、資本家・地主等の所得）であり、労働者の場合には生活に必要な消費元本からの支払いとなる。サブプライムローンは、自ら労働力を売って得る賃金からはとても利子を支払えない個人に対する貸付けである。信用力が乏しいからリスクが多く、利子率は高くなる。しかしこのような貸付けを銀行信用の逸脱とか暴走とかいうことはできない。それは銀行資本による利潤追求動機から出てくるものである。国家への貸付けに対する利子の根拠は、国家の事業収入を別とすれば、税金にある。税金をだれが支払うかで影響は異なるが、一般的には国民の消費需要をその分だけ減らす。

　現実資本に対する貸付けは、現実資本の資本投資の増大、あるいはその回転を早めることによって、利潤の増大をもたらす。それは新たな価値＝資金の形

成となる。新価値の形成を基礎に預金の形成（増大）、つまり資金供給が増大し利子率は利潤率以下の水準を維持する。この場合、貸付けられた資金は、産業資本運動に加わることになり、その回転に応じて回収され、返済される。産業資本の運動自体が、貸付資本の運動（貸付―返済）を規制する。銀行信用はこの点では社会的基盤に基づいて成立する。

　しかしこのことから銀行信用を「生産的資本」（これは『資本論』でも用いられているが，不十分な表現である。内容には産業資本のことをとらえているのだが、産業資本を構成するのは生産資本だけではなく、貨幣資本、商品資本もある）と「一体」だというのは誤りである。産業資本自体商品を手形に対して売り、手形を銀行で割引いて現実の回転（$W'-G'$の実現）より早く資金を獲得し投資を促進しうる。銀行は預金形成を予料して積極的に資金貸付けを拡大する（信用創造）。銀行は融通手形（現実の産業資本運動に基づいていない）割引きで、産業資本の運動を外的に拡張することもある。商業資本が売買に介在すると、前述のように商品投機が生じる。銀行は投機に必要な資金を供給して投機を膨張させることもある。もっとも前述のように投機に伴って資金需要が増大する一方その供給は減るので、利子率上昇を招き、投機は自滅する。

　中央銀行による信用創造は、銀行による資金供給を補完、促進して、産業資本の蓄積を促進・拡大するが、そして投機に伴う利子率上昇に対しても資金供給によって、これを抑制することにもなるが、中央銀行の信用創造自身が価値増殖、したがって資金の新たな形成をもたらすものではないので（その根拠は産業資本による剰余価値形成にしかない）、利子率上昇に歯どめをかけることはできない（恐慌を回避できない）。さらに利子率を低下させようと信用創造―中央銀行券増発を続けるとその信用自体が揺らぐ（兌換請求に対応しえない危険性）ことにもなる。金本位制を維持する限り、信用創造も制限される。

　③これに対し株式・証券＝擬制資本に関する重要な特徴をとらえよう（これは次章でさらに詳論する）。『資本論』は前述のように、株式＝擬制資本を「利子生み資本」＝信用論の展開としてとらえた。信用論学者のほとんどが株式＝擬制資本を信用＝銀行信用の発展からとらえようという考えに立っている。たしかに株式＝擬制資本成立の条件は、貸付資本による利子率の社会的確立にあ

る。しかし信用の展開自体によって、株式＝擬制資本が形成されるのではない。株式＝擬制資本は、資本自体の、直接には産業資本自体の要請に基づいて形成される。

　しかし産業資本自体の発展に基づく株式の形成（株式会社化）を説くとき、従来の見解は、銀行信用―資金貸付けでは長期、大規模な借入れが困難なので、これを突破して自己資本を増やす上に株式発行による資金調達が行われるととらえた。株式会社にこの側面があることは疑いないが、これだけだと株主は株式会社の共同出資者として会社の資産を分有し、利潤の分配に与かるというだけのことになる。それは共同出資による産業資本経営ということであり、出資者＝会社の所有者が複数になっても産業資本以上の資本は形成されない。したがって株式会社の産業資本に対する決定的特徴は、資本自体の二重化―現実資本に対する擬制資本の形成、そして前者から遊離した擬制資本の独自な展開にある。

　すなわち第1に、一定の現実的価値をもち、その運動によって価値増殖（利潤の形成）を行う現実資本に対し、この運動自体に基づきながら、この現実資本が形成する利潤（そのうちの配当部分であるが）を利子とみなし、その利子を生む元本があるように擬制されて擬制資本としての株式価格が形成される。この場合、現実資本自体が利潤生み資本ではなく、利子生み資本であるかのようにみなされる――しかしこの利子生み資本は現実の貸付資本ではなくあくまで"擬制"によって形成されるのである。

　第2に、この擬制資本としての株式価格は、現実資本の利潤形成に根拠をもつのであるが、それに規定されるのではなく、独自な運動を展開する。それは、前述のように利子率変動とその予測、現実資本の利潤形成とその予測によって独自に価格を変動させる。株式・証券市場が形成されると、株式に対する需要供給自体によって、現実資本の利潤形成根拠から遊離した、価格形成・変動が生じる。

　その上株式・証券の売買によって利得を得ようとする資本（投資ファンド、これは特殊な商人資本である）が形成される。投資ファンドは、株式・証券を安く買い高く売ることによって儲けを獲得する資本であり、事業（現実資本）の

経営、それを通した社会的に有用な商品の供給については全く関心を持たない。実体経済から遊離した株式・証券の独走が生じる。その関心は、可能な限り株式・証券を安く買い、それを発行した企業に対してはどんな手段によってでも利潤（配当）の拡大を要求すること、つまり株価至上主義の下での利潤至上主義の追求である。この下で実体経済、そしてその担い手（労働者）は破壊される。[2]

　銀行から独立した営業を営むヘッジファンド等の投資ファンドに対する規制が強まって、独立した事業としては成り立たなくなっても、株式・証券売買で利得獲得を図る行為は（銀行営業の中で）継続される。規制強化はかえって小規模の投資ファンドを消滅させ、大銀行がこれを吸収しその独占を強めることになる。実体から遊離してその所有だけで利得を獲得する株式・証券は資本のいわば理想の姿なのであり、実体経済に制約されることなくその売買（流通運動）で利得を獲得する行為は資本のいわば本性的要求を実現させるものなのだからである（それは恐慌を資本主義体制の下で止揚（アウフヘーベン）する形態でもあるが、その点は後述）。

　第3に、擬制資本は、利潤を生む現実資本を根拠に形成されるだけではない。その源泉は何であれ、一定の定期的収入が得られると、その収入はある元本が生み出した利子とみなされ（資本還元）、元本＝擬制資本が形成される。その典型は所有する土地の貸付けによる地代収入である。地代を資本還元して（利子率で割って）地価（土地価格）が形成される。そればかりか継続的に得られる収入として労働賃金さえ資本還元されて擬制的価格（人間の売買価格）が形成されるが、これは「資本家的な考え方の狂気の沙汰……の頂点」（『資本論』第3巻第29章）である。しかしこれは労働者の物化、奴隷化であり、資本主義の下でも（現に行われているが）逸脱（それこそルールに反したこと）である。

　住宅ローンに対して借り手が支払う利子、証券の元本を保証する保険料、それらが資本還元されて元本（擬制資本）が形成され、売買されるのは、資本主義としては別に逸脱ではなく、擬制資本化自体の発展の姿である。しかし、現実資本の運動や土地貸付けのような実体経済的基盤から全く遊離した収入は、それ自体擬制（バブル）に基づいているのであり、その収入は自立的根拠がな

いことを暴露せざるをえない。

　第4に、このバブルの上に立った収入に基づく擬制資本（証券）の擬制性が暴露される直接の契機は、（金本位制下において典型的に示されるが）利子率の上昇である。バブルの維持には資金借入れ（資金需要）が不可欠なのに、バブル自体には全く資金形成の根拠がないから、これを継続すると必ず利子率は上昇し、これらの収入に基づく擬制的証券価格を暴落させる。

　この証券価格暴落を避けるには、利子率の引下げが不可欠だが、これは金本位制の下では実現できない。現代資本主義はこれを管理通貨制によって行いうるものとなったのであるが、これは、この証券の擬制的価格を維持・補強するものでしかない限り、何ら問題を解決しえない。しかし、このような管理通貨制の下での擬制性の補強が、社会的に、実体経済とその担い手（労働者）にどのような影響を与えるか——そこに現状分析の焦点的課題がある。

注
（1）市場経済（市民社会）を通した社会主義を指向する路線を合理化する上に『資本論』の理論を援用した例として友寄英隆『新自由主義とは何か』（新日本出版社、2006年8月）がある。これがどのように『資本論』の理論を歪めているかを、拙稿「新自由主義批判の理論的基礎」（『社会評論』2008年春号）で批判的に扱った（本書V第1章に収録）。
（2）拙稿『擬制経済下の人間・人間関係の破壊』（2008年、長周新聞社）参照。

第3章 基礎としての株式・擬制資本論

第1節 認識課題

　アメリカのサブプライムローン問題に端を発した金融危機は、いまや全世界的な金融危機から実体経済縮小・解体化そして大量の失業と生活破綻をもたらす経済危機・体制自体の危機にまで深刻化し、"100年に1度の危機"、"世界大恐慌の勃発"といわれるまでになっている。一体この危機はどこまで進むのか、そしていかなる克服策があるのか。客観的な危機の認識をふまえ、労働者・人民の立場に立った克服策が明らかにされなければならない。ここでは、この問題の理論的認識を確立するための基礎を示すことを課題とする。

　この問題の理論的認識として、①貸付（ローン）の証券化とは何か、その価格の基礎はどこにあるのか、を明らかにする必要がある。今回の問題は、信用力の乏しい低所得者向けローン（サブプライムローン）の証券化（RMBS）そしてリスク分散・極小化をめざす各種ローンと証券の組み合わせ、切り分けによる証券の発行と積み上げ（CDO＝債務担保証券）、さらにリスクに対する保険料を基礎に新たな証券（CDS＝クレジット・デフォルト・スワップ）が発行され、売買されたが、その投機によって住宅・不動産バブル、証券バブルが生じたが、それが反転して証券の価格の根拠がないこと、あるいは疑わしいことが暴露され、価格が暴落し、あるいは全く売れなくなり、金融危機が生じたのである。

　だから何より証券化（証券化商品、金融派生商品＝デリバティブ）の意味、性格、価格の根拠、さらにこれらと株式あるいは社債・国債との異同が明らかにされなければならない。そして証券化はどこまで進むのか（すでに排出権取引に関わって天候デリバティブが売買されている。「人間」の証券化はあるのか）。

　②これらの証券が絶好の投機対象になったのはなぜか、そしてその価格が、

根拠としての実体経済（企業活動あるいは収入源）から遊離して独走し、その売買が膨張したのはなぜか、が明らかにされなければならない。それらの投機を展開した主役にはヘッジファンド、投資ファンドのような本来投機的取引を本業とする業者だけでなく、投資銀行（証券会社）、銀行（預金を基礎に貸付を行なういわゆる商業銀行）も（現実にはSIV＝投資ビークルという特別目的会社を通して）大々的に加わった。しかも全世界的規模で。

　しかしこれらの証券価格の実体経済から遊離した"自立"的膨張は何を意味するのか？　それ自体何をもたらすのか（株価至上主義の下での利潤至上主義）。レバレッジ（自己資本の何倍もの借り入れによる証券投資）規制やディスクロージャー強化などの規制（ルールの厳格化）で、投機やバブルはなくなるのか。

　③株式・証券市場における独自な動きが、実体経済にどう影響するのか、その関連をとらえなければならない。実は株式は資本自体が、実体経済から"自立"することによって恐慌を止揚（あるいは回避）する形態なのであるが、その売買（投機的取引の拡張）は、資金（貸付）市場からの資金取入れを通して利子率を上昇させる。それは投機を崩壊させ、恐慌を引き起こす契機となる。これは銀行券増発が金本位制（銀行券の金兌換が行なわれる）の下で制限されるからである。これに対し現代では管理通貨制の下で銀行券増発—低金利政策、さらに財政支出拡大策がとられて恐慌激発を回避しようとする。現に主要国で、また各国協調して、このような恐慌回避策が採られている。しかしこれで恐慌は避けられるのか。あるいはこの政策が実体経済にどのような影響を、新たな問題をもたらすか。ここに現状分析の重要な課題がある。一方でこの金融危機をもたらした主役である大金融機関＝金融資本を公的資金の注入で救済しながら（その点で新自由主義を放棄しながら）、大規模な首切りを行なう（いぜん新自由主義を推進する）。ここに、この危機回避策の資本家的本質と今日の危機の歴史的位相が示されている。

第2節　株式・証券—擬制資本であること

『資本論』に次のような文章がある。「利子生み資本という形態に伴なって、確

定した規則的な貨幣収入は、それが資本から生ずるものであろうとなかろうと、すべて資本の利子として現れることになる。まず貨幣収入が利子に転化させられ、次に利子と一緒にその利子の源泉となる資本も見出される」(第3巻第29章)。25ポンドという確定した収入（その収入を生む源泉は「資本とは限らない」)は、利子率（貸付利子率）が年5％だとすると、それを利子として生む元本は500ポンドの価値とみなされる（同上)。年率5％の利子を生むのは銀行信用の下で形成される貸付資本であり、それは現金としての価値を持っている。その運動形式はG…G′である。これに対し、(その源泉を問わない）ある確定収入を利子とみなしその利子を生み出す「源泉」とされる「利子生み資本」は「擬制資本」(Fiktives Kapital) である。マルクスはその点を「25ポンドの源泉が単なる所有権また債権であろうと、地所のような現実の生産要素であろうと、とにかくそれが直接に譲渡可能であるか、また譲渡可能になる形態を与えられる場合を除けば、純粋に幻想的な観念であり、またそういうものでしてない」(同上)ということから説明している。ある定期的収入をもたらす源泉は資本であるとは限らない——それ自体価値のない土地、ある価値に対する所有権・債権さえ、「利子生み資本」と観念される——しかしこの観念が、物＝証券として「譲渡可能の形態」＝商品形態を持てば、たんなる観念ではなく実際にその価格（擬制的にあるとみなされた）で売買されることになる。これが株式・証券（土地価格）である。これが"擬制"（観念形態）であることの意味を明確にとらえよう。と同時にこの株式・証券＝擬制資本は、譲渡可能形態＝商品形態を取っていること、その擬制的価値が現実の貨幣に実現されるには売られなければならない（W－Gの現実）こと、しかし販売不能、価格暴落があること、をとらえなければならない。マルクスの指摘を正しく理解した上で現実分析に生かさなければならない（前述したようにマルクス自身「利子生み資本」概念の中に、銀行信用の下で形成される貸付資本と、この擬制資本としての「利子生み資本」とを含めていたために、株式・証券＝擬制資本を貸付資本と同じ形態であるかのようにとらえる誤解が生じている)。

　現在の金融危機の中で、この危機をもたらしている原因として、金融がその本来の機能（預金—貸付関係）を逸脱・暴走して、証券投機に走ったことを強

調する見解がある。本来の銀行信用というとらえ方に関しては、前章で述べたのでここでは省略する。ここでは株式・証券に関して検討しておこう。

　この点に関し現代の金融危機を株式・証券投機に、したがって株式・証券の発行自体に起因するという認識から、資本主義の下でもこれをなくしうるかのような主張が生じている。とらえなければならないのは、株式・証券などの擬制資本は、資本そのもののいわば理想（理念）形態だということである。マルクスは、「株式資本」を資本の最高形態・物神性のいわば頂点ととらえた。その意味をとらえなければならない。

　①株式に関して。株式自体は証券（有価証券）であり、その根拠には現実資本（産業資本、商業資本等の資本家的企業）の運動がある。これら企業は現実の資本価値（資産価値）を持ち、労働者を労働させて価値形成・増殖（利潤形成）を行なっている（利潤生み資本）。この資本家的企業の運動に基づいて株式が発行されると、発行株式全体はこの現実の資本価値（資産価値）に規定された価値を持つ（株主はその所有に応じてその会社の資本・資産の所有権を持つ）。この資本＝資産価値を発行株式数で除した額が、１株の額面価格である。しかし株式は額面価格で売買されるのではなく、相場価格がつけられる。その根拠は、この企業の利潤形成にある。例えば資本金100億円の企業が年10％の利潤率で利潤を生むとすると、年利潤額は10億円。この10億円を利子とみなして（現実にはそこから内部留保、重役報酬が控除されて配当に回る額。額面価格に対する配当の割合が配当率）、その利子を生み出す元本価値（擬制的価値）が形成される。年利子率が５％だとすると、10億円という利潤は、200億円という資本（擬制資本）が生み出した利子とされる（利潤生み資本の利子生み資本化）。現実資本は100億円なのに、株式の価格（総額）は200億円とされて、売買される。これは株価（相場価格）の基準といってよい。この現実資本と擬制資本の価格差は、利潤率（10％）と利子率（５％）の差を反映している（株価・収益倍率からいうと、相場価格は額面価格の２倍）。利潤率は変わらず、配当率が変わらなくとも、利子率が変われば（例えば年１％になると）、相場価格は上昇する（この場合は額面価格の10倍）。

　さらにこのように価値増殖根拠を持つ株式でも、企業の業績予想、利子率変

動の予想によって株価は変動する。利子率が下落する予想の下に企業業績が上昇すると予想（しばしば願望や風評が入り込む）されれば、バブル的上昇が生じる。バブルということの確定的な基準はないけれども、利潤率（配当率、例えば10％）の利子率（５％）に対する倍率（２倍）を越える相場価格上昇の一定期間の持続（日本の86〜90年のバブルの時には80〜100倍に達した）は、バブル的上昇といってよい。逆に利子率が上昇すれば、株価は（他の条件は変わらなくても）下落するし、利子率が下がる予想でも企業の利潤率が低下したり、業績予想が悪化すれば、株価は暴落する。価格（相場価格）が額面価格まで下落すれば擬制的価値は消失する。さらに本体の企業が債務超過（資本価値を上回る債務の形成）に陥れば、株価は額面割れ、あるいは無価値になる（企業は破産する）。

②株式価格が、一般に価値増殖根拠（現実資本の運動）に基づいて形成されているのに対し、このような根拠に基づくものではない一定の定期的収入も、利子とみなされて元本価値があるものとみなされ、さらに証券化＝商品形態を持って売買される（この場合、額面価格はない）。典型的なのは、土地価格である。それは、土地所有者が土地を貸し付けて受け取る地代収入を、利子とみなして形成される擬制的価格である（地代の利子率による資本還元により形成される）。土地自体は何ら価値を持たないが、価値を擬制されて地価が形成され、その所有によって利子（本来は地代）を獲得する（土地価格は擬制資本とされる）。現在では土地価格に基づいて土地（不動産）証券が発行・売買されている。

『資本論』でも指摘されているように（同上）、国債、社債のように債権が証券化され擬制資本が形成される。とくに国債は、その発行によって国が借入れた資金は（国営事業に使われないで「食い尽くされる」場合は）、使用されて失われているのに、国は国債所有者に利子を支払わなければならない。この場合は、「マイナスが資本として現れる」。しかし収入の擬制資本化の究極の頂点は、「労賃が利子だと考えられ、したがって労働力はこの利子を生む資本」とみなされるという労働力＝人間自体の擬制資本化なのであるが、これに関してマルクスは、「資本家的な考え方の狂気の沙汰」の「頂点」としながら、「残念ながらこの無思想な考え方を不愉快に妨げる２つの事情が現れる」として、「第１

に、労働者はこの利子を手に入れるためには労働しなければならないこと」、「第2に、労働者は自分の労働力の資本価値を譲渡によって換金することはできないこと」(例えば生命保険を掛けてもそれを受け取るのは掛けた本人ではない!)を指摘している。しかし、収入の擬制資本化＝証券化は、労働力＝人間の物化・商品化にまで進むということ(しかしそれは、労働者の奴隷化であって、資本主義の下では明らかに逸脱であるが"観念"としてはそこまで進む―しかも実質的にそういう現実が現れてさえいる)、をとらえる必要がある。

　株式・証券は、資本自体が物化・商品化する形態である。資本の物化――その物の所有だけで一定の利得が生まれる――それは自己増殖する価値の最高の発展形態であり、資本はこの形態にまで発展する。しかしこの資本の最高形態は、擬制資本としてしか現実化しないこと、したがってそれ自体としては自己存立の根拠を持たないことが明らかにされる。このような株式・証券＝擬制資本の理論的認識を、現状の分析に生かさなければならないのである。

第3節　株価至上主義・利潤至上主義

　株式・証券＝擬制資本の発展がほとんど極限的状況に達している。それ自体としての成立根拠があってもなくても、あらゆる一定の定期的収入が資本還元されて擬制資本がつくられ、売買される。人為的政策によって収入根拠が作り出され、それが証券化される。さらに各種証券が組み合わされ、切り分けられて新種証券が作られ、世界的に売買される。すでに金融派生商品の取引残高は600兆ドル、CDSだけで58兆ドル(07年末、BIS調査)といわれる。しかしこれら金融商品の価値の根拠も、価値の基準も全く分からなくなっている(実は誰にも分からないのである)。全く販売不能になる可能性さえある。しかもこの擬制的金融商品の売買に使われるのは現実の貨幣であり、しかも自己資金の何倍何十倍ものレバレッジによって資金が運用される。それによってバブルがもたらされ、売買だけで膨大な利得を獲得する金融機関、個人投資家が生まれる。しかし運用対象の証券価格がその虚構性を露呈し暴落したら、証券に投資した資金は不良債権化し、金融機関等に巨額の借金が積上り、金融機関の破産――

金融危機が生じる。いまやこのような擬制資本取引の動きが、現実資本そして実体経済を大きく動かし、国の財政や人民の生活を左右するまでになっている。この点に関して認識しておくべきいくつかの問題を示しておこう。

第1に、この証券—金融商品の商品としての特徴についてである。株式を含め、これらの証券は商品として売買されるが、その価値自体前述のように擬制に基づくものであるが、商品である限り使用価値を持つはずだが、その使用価値は何か。明確なことは、人間・社会にとって有用な物という本来の使用価値は全くないということである（実体経済に関係ないということ）。しかし売買の対象になる以上何らかの「使用価値」がなければならない。それは唯一、価値を増やす（可能性を含めて）ということだけである。有用物（財＝富）と全く関係のない価値（フィクションの価値）が増えるとしてこれを所有し、もっと増えるだろうと予想する者がこれを買う。しかしこの売買で利得がえられる者があっても、その売買自体富の増加も、価値の増加ももたらさない。だからこの売買を通した利得は、他の者の、社会の所得からの収奪によるものである。

第2に、この株式・証券売買を営業とする資本が形成される。その展開から何がもたらされるのか、である。証券会社（投資銀行）は、株式・証券の発行・売却を仲介し手数料を得るだけでなく、自らそれらの売買によって利得獲得を行なう。ヘッジファンドは私募で投資家から資金を集め、何十倍ものレバレッジをきかして証券取引だけで利益を上げる投資ファンドの典型である。しかし銀行もまたこれら証券に投資したり売買して利得獲得を図る。貸付型金融業務と証券仲介・投資・売買という証券業務の兼業が認められる中で、銀行も大々的に証券投資・売買に乗り出している。

ここから形成される重大な問題が、株価至上主義とその下での利潤至上主義である。投資ファンドの利得獲得行動に端的に示されるのは、株式・証券の売買益獲得のために、何より資産価値や業績と比較して、株価が比較的低いと見られる企業の株式を買い、経営に対して影響力を発揮しうる（3割以上の株式保有）、さらにこれを左右しうる株式保有（過半数の株式保有）によって経営に介入し、株式価格を上昇させることだけを目的として企業経営に徹底した利潤至上主義を求めることである。株価上昇を図る手段は、リストラの徹底による

雇用削減、賃金切り下げ、非正規・派遣労働者の活用から、不採算部門の切り捨て、必要な株式発行（増資）の制限、配当率の引き上げ、さらに株式による他企業株式の買い取り・乗っ取り（M&Aの推進）等々であり、社会的に有用な物の供給とか、労働安全、環境保全等企業の社会的責任は放棄され、価値増殖・利潤拡大だけが求められる。現実に示されているように、その下では売れさえすればどんな商品でも、様々な偽装をこらしてさえ、売る。本来の使用価値についての関心は失われる。とにかくどんな手段を使っても利潤の増大を図ろうということになる。そして、それ以上の上昇が見込まれないほどに十分価格が上昇したとき、投資ファンドは株式を一斉に売って利得を獲得する。株式を売り抜けられ価格暴落、資金難に陥った企業は経営維持自体が困難になる。ヘッジファンドや投資ファンドには、経営を維持しようとする考えはない。彼らは株・証券の売買で可能な限り早く、そして多くの利得を獲得しようとするのである。

　株式・証券の擬制性・虚構性が暴露され、アメリカでは独立系の投資銀行は消滅し、ヘッジファンドなどの投資ファンドも大幅に減少している。しかし彼らの行動は、資本の本質に即した、むしろその本質を露わにしたものである。余りにも露骨な行動に対しては一定の規制（ディスクロージャー、レバレッジ規制、空売り規制等）が課せられる。しかし株価至上主義、利潤至上主義は、資本の本性的要求である以上、そうした行動は、銀行業務の中で、その重要な部門として、規制・ルールに従う形をとりながらあるいは露わな本質を隠蔽しながら、続けられる。むしろ規制・ルールが厳しくなれば、弱小の投資ファンドは淘汰され、巨大金融資本の独占体制が強まることになろう。

　第3に、このような株式・証券市場の実体経済から遊離した、しかも株価至上主義に即した行動が、どのように実体経済に影響を及ぼすか（前掲③の課題）。ここでは理論的な要点を示しておく。

　①株式・証券＝擬制資本の形態的特徴は、自らの存立根拠＝現実資本の価値増殖運動から自立した価値増殖の実現（形態の自立・自己運動）にある。現実資本の価値増殖根拠は雇った労働者を労働させ、剰余労働を搾取することにある。しかしこれは同時に資本運動を制約する根拠でもあり、ここに実は恐慌の

必然的根拠がある。この根拠から自立し、労働に依存しない価値増殖を実現する形態が株式・証券＝「それ自身に利子を生む資本」（擬制資本）である。つまりそれは恐慌を止揚し資本の自立、自由を実現する形態なのである（だから資本の最高形態なのだ）。

②しかし資本の自立、自由は、マルクスのいうように「観念」として成立するしかないし、現実には"擬制"資本としてしか成立しない。株式・証券＝擬制資本が、その売買で利得を獲得しようとする投資ファンドなどの資本に担われて、自己展開的に運動する中で、その擬制性・虚構性が暴露されざるをえない。金本位体制の下ではそれは利子率の必然的上昇によって示される。というのは株式・証券売買自体、そしてそれによる利得獲得は、富も価値も増大させない、つまりそこには資金形成の根拠はない。他方それらの取引拡大の持続は必ず資金需要を増大させる。金本位制の下では中央銀行による信用創造（銀行券増発）も制限せざるをえない（政策的なその発行の増大は銀行券の信用低下―兌換請求―中央銀行経営の破綻の危機をもたらす）ということから資金需給関係は逼迫し、利子率は上昇し、株式・証券価格は下落する。まさに株式・証券の自己運動による自動崩壊である。しかしこれが価値増殖根拠を担う産業資本―現実資本に波及し産業恐慌を引き起こすかどうかは、主要には現実資本の蓄積状況如何に関わることである。

③今日の金融危機に関しては、1）株式・証券バブルを引き起こす直接的原因としての世界的なマネーの過剰、アメリカの双子の赤字によるドル支出、各国のマネー供給増大によるドル体制維持がマネー過剰をもたらしていること、2）新自由主義展開の中での実需・実体経済縮小―価値増殖根拠としての現実資本の生産力過剰（慢性的な）と世界的市場競争戦、それが金融機関をはじめとする資金過多をもたらしていること、3）その下で株式・証券＝擬制資本市場の異常な膨張が生じ、それを通した利得獲得が、消費需要を増大させ、現実資本の蓄積さえ支える要因ともなったこと、4）しかし、株式・証券バブルの崩壊は、金融危機だけでなく、実体経済を担う現実資本の過剰蓄積を暴露させ、倒産の危機にまで及んでいること、そして最後にこの金融危機そして大恐慌による破局の回避策は、結局金利引下げ（政策金利の協調的引き下げ）、マネー供

給の増大、そして巨大金融機関救済のための公的資金注入であるが、これが何をもたらすかが明らかにされなければならない。少なくとも明確なことは、この対策は、金融危機をもたらした原因である世界的マネー過剰をさらに増幅させること、そして虚構の擬制的経済を築いた主役としての大金融機関を温存、維持させることであり、反面世界の人民大衆への収奪が確実に強まること、である。本書は、これらの具体的状況について分析してきたところであるが、最後にこれらの分析と理論をふまえ、今日の事態の「歴史的位相」を示しておきたい。

第4章 金融・経済危機の歴史的位相（総括）

以上の理論的認識をふまえながら、今日の事態の歴史的位相を明らかにしておこう。

第1節 1930年代大恐慌との対比

まず今回の事態の若干の特徴点を通して1930年代大恐慌と今日の事態を対比しておこう。

恐慌は資本主義の矛盾の爆発であるが、1929年から始まった恐慌は、単純に19世紀中葉のイギリス（自由主義段階）に典型的に生じた循環性恐慌としてはとらえられない。

19世紀中葉の自由主義段階で典型的に生じた循環性恐慌は、産業資本の（労働力に対する）過度の蓄積による資本の絶対的過剰を原因として生じたが、恐慌による生産縮小、企業倒産、失業形成そして過剰設備の価値破壊が、資本過剰を処理し、いわば自律的に景気上昇をもたらした。恐慌はたしかに資本主義の矛盾の爆発だが、同時に矛盾の現実的解決でもあった。だから恐慌をひき起こすということは、資本主義経済の自動回復力を示しているのである。これに対しアメリカで勃発した1929年の大恐慌は、まず第1次世界大戦の影響なしには考えられない。大戦を通したアメリカ産業の拡大、とくに賃金上昇と消費者信用の拡大を背景として耐久消費財生産（自動車、住宅等）の拡大、過度の蓄積が生じた。29年大恐慌の契機は、過剰資金による株式投機—株式ブームとその崩壊であったが、そのブームの根拠には産業的基盤、実体経済的基盤があった。だからもちろん株価暴落による金融機関の損失、逆資産効果による需要縮小はあったが、これが実体経済縮小、産業企業の倒産の主原因ではなく、むしろ基盤の産業資本（及び農業）の過剰蓄積がその原因であった。株価暴落—金

融機関のダメージは恐慌の契機であり、その増幅をもたらしたが、それは産業の過剰蓄積の上に生じたのである。

したがって決定的に重要なのは、産業企業の破産に伴う失業率の急激かつ異常な上昇(アメリカは32年に1500万人、失業率は25%、現在09年1月時点で7.6%)であり、この大量失業に対し自律的回復をまつという余裕は失われていた。ソビエト「社会主義」が現存し、資本主義に一定のインパクトを与えている中で、大量失業に伴う社会不安、動揺は資本主義体制自体の危機をもたらしかねない状況であり、現に暴動も起き、政府もこれに対する対処をせまられた。大恐慌は、すでに循環性恐慌ではなく、経済の破局、大失業の下で、体制自体の危機をもたらすものであった、ととらえなければならない。

今回の事態は、政策的につくり出された住宅バブルに基づいて発生した(実体的根拠から遊離した)証券=擬制資本の究極的拡大とその破綻が、実体経済を縮小解体化させて生じた金融・経済危機である点で、産業的基盤に根拠を持つ循環性恐慌としてはとらえられないし、29～33年の大恐慌とも異なっている。

第2に、重要な点は、29年恐慌は再建金本位制下で生じたという点である。恐慌の直接の引き金となったのは、31年5月のクレジット・アンシュタルト(オーストリア)の支払停止であったが、その下でイギリスからヨーロッパに金流出が生じ、31年9月21日イギリスは金本位制を離脱する。その下でドイツ、イギリスで損失を蒙った各国銀行は、金準備を確保しようと、アメリカの銀行預金を解約して金に代えたことによって、今度はアメリカからヨーロッパに金流出が生じ、これに対応するためアメリカは金利を引き上げる(29年10月末)。それが恐慌を進展させ、アメリカの銀行倒産を増幅させ、金融危機を引きおこす―これは金本位制によって生じた事態であった。アメリカの実体経済の解体的縮小(29～32年までに工業生産46%減、企業売り上げ50%減、そして全面的物価暴落)が生じ、さらに32年～33年金融危機が深まる(33年3月銀行全面閉鎖)。33年3月に就任したローズベルト大統領の下で金本位制が停止されるのは33年4月になってからであった。実体経済の恐慌―金融危機が深刻化したことに促迫されて、金本位制が停止され、管理通貨制度が導入された。[1]

今回の事態はこの管理通貨制の下で、しかもドル自体が金との交換性を喪失

第4章 金融・経済危機の歴史的位相(総括)　227

(71年8月) した中で生じた。29年恐慌がひき起した体制の危機への対処策として管理通貨制度が導入されたのに対し、今回はこの管理通貨制の下で金融危機が生じた。それも世界的に同時多発的に。

第3に、恐慌―危機に対する対応策の特徴である。銀行倒産激増の対応策として、復興金融公庫RFCによる金融機関への資金支援は31年12月から始まっているが、景気対策―失業対策・危機対処策に乗り出すのは、金本位制離脱をふまえてであり、金利引下げの下で中央銀行による国債買取り―不換銀行券 (マネー) 供給増大―財政支出の拡大が行われた。アメリカのニューディール政策はその典型であった。その規模・効果はそれほど大きくはなかったといわれているが、政策の内容としては、農業調整法 (AAA) による農業救済、産業復興法 (NIRA) による産業復興、公共事業・建設事業、全国労働関係法 (ワーグナー法) による労働者権利の保障、連邦緊急救済法 (FERA) による雇用拡大、さらに社会保障法など、実体経済、そして労働者生活の一定の保障を行うものとして、画期的なものであった。それは、金融独占体の一定の譲歩によって体制の危機を回避しようという性格を持っていた。

注
（1）侘美光彦『世界大恐慌―1929年恐慌の過程と原因―』(御茶の水書房、1994年) 参照。

第2節　改良の限界

今回の金融・経済危機に対する対応策の特徴の第1は、資本主義体制の下での、"改良"の限界という点である。本書全体の結論的提起は、資本―大資本の利潤原理と、人間としての生活原理はもはや両立しえない、ということ――大資本が現実に経済 (そして政治、社会) を支配し続けている下では、人間としての生きる権利は奪われ、生活は破壊される、ということである。このことをいいかえれば、資本主義―金融・独占体の支配の下では、"改良"、労働者の生活改善は行われえない、ということである。このことの歴史的意味が明らか

にされなければならない。

　実は資本主義世界を襲った1974〜75年のスタグフレーションは、すでに資本主義体制内の"改良"の限界を示すものであった。スタグフレーションは、体制間（アメリカVSソビエト）対立の下での労働者の生活・人権保障の一定の進展に起因して生じた。すなわちいわゆるケインズ主義の下、財政危機が進み、インフレーションが生じている中で、賃金が上昇し、資源・環境コストも上昇したが、世界市場競争戦に対処する必要上、このコスト上昇を製品価格に転嫁しえず、資本が利潤の圧迫を受けることによって生じた（この点は、拙著『スタグフレーション』河出書房新社、1981、参照）。その時の時代的状況は、体制間対立の下での途上国、とくに産油国の台頭、そして資本主義国内労働運動、民衆（学生を含め）運動の高揚のピーク（戦後史でいえば）にあった。そして急速に金融独占体を復活・展開させた西ドイツ、日本の輸出拡大を契機とする世界市場競争戦の本格的開始という時期であった。

　この大競争戦に勝つためには、競争力強化が、したがってコスト切り下げによる製品価格引下げが必要であった。当然それは、労働者の雇用削減、賃金抑制を伴う。"改良"は、資本の競争力を弱め、利潤を圧迫する——ケインズ主義に基づく"改良"の限界がはっきり示された。首切りと生活抑圧によってしか延命しえない大資本の支配体制を転換させなければ、労働者、民衆は負担と犠牲を負うことになりかねない。そして労働運動の組織力を基盤に体制変革をめざす社会主義政党の指導があれば、その転換は可能なのだ——スタグフレーションが現実に示したのは、こういう事態だったのである。

　しかし資本主義は体制を再構築し、ソビエト中心の「社会主義」を打ち負かし、あたかも新時代を画すかのような膨張を示した。しかしなぜこの再構築・膨張が実現されたのか。

　第1に、その根本は、労働組合運動の主力が、労働者全体が犠牲を負うことになるような対応策をとったことにある。自らが雇われている企業＝資本の競争力を強め、世界市場競争戦に勝たなければ、雇用も生活も守れないとして、資本の競争力強化に協力した。それは、日本経団連いうところの「成熟した労使関係」（09年版「経営・労働政策委員会報告」）の走りであった。たしかにその

下で日本経済は欧米諸国にさきがけてスタグフレーションを克服した。
　輸出産業企業の競争力は強まり、輸出拡大によって景気は持ち直し、80～82年の第2次オイルショックで欧米諸国がマイナス成長に陥っている中で、日本は一定の成長率を維持して乗り切った。
　"日本に見習え"とばかりに、米欧は戦闘的労働組合を権力的に弾圧し、大資本の競争力復活・強化の方向に走り出した。
　日本もまた「成熟した労使関係」を"民"だけでなく"官"にも及ぼそうと、国鉄労働組合を不当労働行為まで行使して弾圧し組織を解体化させ、総評をも解散に追い込んだ。"企業の競争力を強めなければならない"という、労働者を犠牲にする労働組合運動が、運動全体のイニシアティブを握った。資本主義体制の"改良"の限界の下で、労働組合自らが、体制変革の方向にではなく、体制維持、むしろ強化の方向に向けて、走り出した。
　そしてソビエト・東欧「社会主義」の崩壊は、この動きを拡大させ、強めた。"改良"の要求さえも、時代に、状況に適合しないという労働運動の潮流が生じたのである。"改良"ができない、むしろ切り捨てようとしている大資本に、抵抗するどころか協力する労働組合の動きをいいことに、とことん労働者を、弱者を傷めつけ、そこからしぼり取るという大資本の自由をもたらして行った。
　そして資本主義体制の再構築と膨張をもたらした第2の重要な要因は、ドル自体の不換紙幣化と全世界的な金融膨張であった。1971年8月15日のニクソン新経済政策は、ドルの金との交換を停止し、ドルを不換紙幣化した。それは今回の金融危機で示された虚構の金融膨張の契機であった。双子の赤字を発生させながら、アメリカ「帝国」がなおEU、日本を制圧し、世界市場に君臨し続けられたのは、不換紙幣化したドルが基軸通貨として維持されてきたことによる。もちろんドル・基軸通貨体制の維持はアメリカ一国の力によってではなく、他の資本主義国の協力に頼らなければならなかった。EUのように一定の市場圏を持つ国はドル依存の体制を漸次転換させたが、独自の市場圏のない日本は積極的にドル体制維持に協力した。そして市場経済化によって対米市場拡大をめざす中国も、ドル体制維持に協調してきた。
　その下で生じたのは、ドルの世界的過剰であり、その上につぎ込まれた日本

等の通貨供給による世界的過剰マネーの形成であった。この過剰マネーが、アメリカを中心として活動する金融資本——銀行・証券会社、投資ファンドに絶好の投機資金を提供し、くり返しバブルをひきおこすものとなったのである。このバブルが、実は外観的に景気の高揚をもたらし、資本主義は新たな成長要因をもったかのように思われた（ニューエコノミー論）。

　第3に、この間の経済の動きを支配したのは、株式・証券＝擬制資本の大拡張と株式・証券バブルというまさに"擬制"的経済であった。ソビエト・東欧「社会主義」の崩壊と労働者・民衆による抵抗力の弱体化は大資本の活動に対する規制の撤廃を一挙に進めた。とくに証券型（直接投資型）金融の政策的促進の下で、ありとあらゆる収入を利子とみなして形成される証券＝擬制資本（いわゆる金融デリバティブ）が爆発的に膨張した。金融機関だけでなく、産業企業も余剰資金を証券＝擬制資本投機にふりむけ莫大な利得を得た。個人投資家もバブルに与って利得を獲得した。アメリカでは、これら証券投資自体借金によって行われたのであったが、バブルが続く限りこの虚構の膨張は維持された。

　確認すべきことは、この間の金融膨張による経済の成長は、決して労働者・民衆の生活を向上させるものとならなかったことである。日本でみれば、労働分配率は1974年の水準を（今日まで）回復しえなかったばかりでなく、一定の景気回復が見られた時期（01年〜07年までの戦後最長といわれる景気上昇期＝"かげろう景気"）でも、賃金はかえって減少を続け、労働者の中に大きな格差が生じながら、労働者の生活は困窮した。この間生じた国内需要の増大は、財政支出を除けば、ひと握りの投資家たちの証券売買を通した利得によるもの（アメリカの場合は借金の増大による）でしかなく、内需の基盤である個人消費需要（実需）はほとんど増大しなかったのである。

　いまこの虚構の金融膨張が大崩壊し、その下で大失業と生活破壊の現実が明確に現れたのであるが、それは、1974〜75年以来この虚構のドル体制・金融膨張の下で隠蔽されてきた資本主義体制下の"改良"の限界が鮮明になったということである。

　以上の分析によって、この危機の下でまた採られはじめたケインズ主義、新

ニューディール政策の限界を指摘することができる。スタグフレーションの現出は、ケインズ主義的"改良"政策の限界を示すものであったが、実はケインズ主義的体制維持策が、労働者・民衆の生活改善の効果を現実にもたらした場合、この政策は景気回復、上昇という点ではほとんど効果をもたらさなかったのである。ルーズベルト大統領のニューディール政策（特に第2期、1934～36年）は、労働者、農民にとってはたしかに生活維持の上に有効であり、"改良"の意義をもつものであった。しかしこの改良政策は、同時に実施された反トラスト法（反独占政策）とともに、資本の利潤を制限し、投資拡大―景気上昇を殆どもたらさなかった。ここですでに、労働者の利益と資本の利益は相反するものであること、資本主義の下での成長は、資本の利潤の増大（その期待を含めて）によってもたらされるのであり、利潤の増大は労働者に対する搾取の強化によるものであることが、示されていたのである。

これに対して、日本・ドイツが導入したケインズ主義的政策は、公共事業（道路）、そして軍事支出などストレートに産業独占体に需要を与え利益を与える政策であったため、景気回復という点ではたしかに効果があった。しかしこの景気回復・上昇の持続は、"外"に対する進出と収奪によってしか実現しえないものであった。こうしてファシスト政権の下で、日独は、対外軍事侵略―植民地再分割・支配という侵略戦争への道を突き進んだ。全く皮肉なことに（資本主義の本質をととらえれば皮肉でも何でもないのであるが）、ルーズベルト大統領のアメリカも、日独の軍事侵略行動に対抗して、軍事力強化にのり出したことによって、景気と雇用の増大をもたらしたのである。

いま事情に促迫されてにわかに導入され始めたケインズ主義政策、新ニューディール政策に関していえば、労働者・民衆の生活改善という点では、すでにその限界は明確だといわざるをえない。

それは上述したように、①すでに巨額の財政赤字の上に、さらに財政赤字をもたらすものとなる。それは将来の大衆増税を、あるいはインフレによる民衆財産の収奪を必ずもたらす。②何よりもこの対策の中心が、バブルを演じた主役である金融大資本の維持を図るものとされる限り、労働者・民衆にとっては、金融資本の維持のため、税金を奪われ、しかも対策による雇用拡大・生活改善

効果はほとんどない。③新技術開発・新産業創造の下で、雇用創出を図ろうとしているが、それが資本家的企業に担われている限り、激しい世界市場競争戦の下でリストラが不可欠であることによって、十分な雇用の確保は図りえない。④しかも、途上国の連帯形成に基づく台頭の下では、途上国民衆の収奪による帝国主義国の景気回復、雇用確保の途も制限されている。結局いかに新ニューディール政策の導入が図られても、そこから生じるのはまたしても過剰マネー増大の下での新たな分野の投機・バブルである。そして実体経済の領域では、実需縮小下の、資本主義相互間（新興国を加えての）の大競争戦、相互に利益を奪い合う経済戦争であり、その下での労働者・民衆の失業と生活破滅である。

第3節　新自由主義の歴史的位置

　この点は、前掲Ⅲの第2章で論じたので、くり返す必要はないが、要点だけ指摘すれば、第1に、新自由主義は、その政策に関していっても資本主義の一時代を画するような性格をもってはいないことである。思想としても政策としても全く一貫性がないし、"政府からの自由"、"民間活力の活用"とかいっても、政府の介入を排除しえたことはないし、民間活力の活用を図るために権力的介入によって"公的"事業を解体させてきたのである。第2に、思想・政策としての新自由主義は、人間社会を、工学的に操作可能な物的関係に解消するという、現実に実現不可能なことを実現しなければ、その政策は完成しないという、完全に"物神性"にとらわれた観念、イデオロギーでしかない。しかし新自由主義の主張者は、自身が物神性にとらわれていることに全く無自覚なのである。第3に、ということからいえることは、新自由主義の政策は、資本主義の最期の時期に狂い咲いた徒花でしかない、ということである。しかし私たちとしては、まさにブルジョアイデオロギーの「狂気の沙汰」の「頂点」（マルクス）というべき新自由主義の思想が、多くの労働者・民衆の中に浸透した、という恐るべき現実である。いまや労働者・民衆の中にまで、弱者をいたわるどころか、弱者であることをいいことに、徹底的に弱者を傷めつけ、奪い尽すという風潮が生じている。"弱肉強食の競争に勝たなければ"という資本家的

観念が、ここまで労働者・民衆を侵している。

　新自由主義の現実の崩壊に際して、私たちは、新ニューディール政策の効果を期待するのではなく、その下で一気に発現した資本─大資本の本質そのものをとらえることである。新ニューディール政策が、この資本の本質の発現に、一定の規制を加えることがあったとしてもその活動を大前提とするものである限り、労働者・民衆にとって、それは期待すべきものではなく、その欺瞞性を見抜き、批判しなければならない、ということである。

第4節　「大恐慌から戦争へ」ではとらえられない事態の意味

　「この金融危機は、単なる金融危機ではなく、資本主義体制そのものの危機だ、……。恐慌によっても、戦争によっても、もはや危機の現実的解消ができない──これこそ体制そのものの危機であり、体制の限界の証拠なのである」（拙稿「恐慌でも戦争でも解消できぬ資本主義の危機」、『思想運動』08年10月1日）。この点を明確にすることによって総括としよう。

　資本主義経済は、自己自身もっとも成長・発展を示した自由主義段階において、周期的に恐慌をひき起こした。恐慌は、資本が現実に生産過程、そして賃金労働者を支配する枠内での資本の過度の成長＝過剰蓄積による利潤形成の限界、それは主要には過度の成長に伴う雇用の拡大と賃金の上昇による利潤の制約、簡単にいえば利潤獲得という資本の目的の限度を超えた過剰投資による雇用拡大と賃金上昇によってもたらされた。他者を蹴落として自己の利益を拡大させようという拡張的本質をもつ資本にとって、この利潤をもたらさなくなるような過剰投資─過剰雇用・賃金上昇は、必然的に生じることであった（恐慌の必然性に対して、恐慌を引き起こさない限度に資本蓄積を抑制したらよい、といったとしても、それは何の意味もないことは、いうまでもないであろう）。

　しかしこの過剰蓄積は、恐慌によって現実に解消された。資本家的企業は倒産し、生産は停止し、設備の破壊も生じたが、同時に雇用は減少し、失業が形成されることによって賃金は切り下げられた。恐慌は、雇用と賃金を資本主義の枠内に限定させる上での、自己の運動の一時的否定を伴う、現実的な矛盾の

解消であった。だから恐慌をひき起こすということは、資本主義が自ら矛盾を現実に解消して、再び発展・成長しうることを示している。もちろんこのことは、資本主義の発展の限度（その下での労働者の生活向上の限度）を意味する。

　資本主義の成立根拠は、資本の運動 G－W－G′ の中に、社会存立・発展の根拠＝実体、すなわち労働者（実体の担い手）の労働による生活資料と生産手段の生産過程をとり込むこと、すなわち労働力の商品化を通して労働・生産過程を価値形成・増殖過程として包摂することにある。しかし実体の担い手である労働者の労働なくしては、したがってまた労働力の再生産（生活維持）に必要な賃金が支払われなければ、価値形成―増殖はできない。価値形成・増殖、剰余価値の形成が行いえなければ資本の運動、蓄積の拡大もできない。恐慌は、資本運動が、労働者の労働による価値増殖を実現しえなくなる（自己の過剰蓄積によって）ことによって生じた。

　しかし、価値増殖の制約なき（まさに"自由"な）実現を資本はめざす。それは、実体――労働による価値形成・増殖根拠――による制約なしの資本の自己増殖の実現によって可能になる。果たして資本はこれを実現しうるか。実はほとんどのマルクス経済学者はこのことを無視するか、このことの重要な意味について気付かずにいるのであるが、マルクス自身は、この重大な問題をとらえていた。「利子生み資本」――資本を所有するだけで利子という果実を生む資本――、それを資本の物神性の頂点ととらえていた。そして現実資本（利潤を生む資本）も、資本自体としては利子を生む（利子生み資本）ように観念され、他の源泉から生じる定期的収入も、何らかの元本（利子生み資本という観念の産物としての）から生じる利子とみなすという観念が生じるととらえた。しかもこの観念は、この観念が物的形態をとり、売買しうるものとなる――これが株式、土地価格、そして各種の証券である――ことによって具体的形態をとる。これがまさに擬制（架空）資本なのだ、ということを明らかにしていたのである。擬制資本としての株式資本、これこそ、資本主義の物神性の最高形態だとマルクスはとらえたのである。このマルクスのとらえた擬制資本論こそ、現在のこの虚構の金融膨張・金融バブルとその崩壊の理論的認識に生かさなければならない。

そしてその上に、これもマルクス経済学者さえほとんど指摘していない認識を加えるならば、この自己増殖する価値の運動体の物的実現形態としての擬制資本は、資本主義体制の枠内での資本の"自由"を実現する形態であり、恐慌の必然性を止揚する形態なのだ、ということである。それはそれ自体としては、本来の価値増殖根拠である実体に基づかない（実体による制約を免れた）資本の存立を示すものである。実体の制約を受けない、資本の自己増殖の実現、資本という流通形態自体の自己存立と発展、まさにこれが現実に展開しうるならば、資本主義は、恐慌を現実的に克服し、（資本のいわば悲願ともいうべき）"自由"な価値増殖を実現しうるものとなる。

　株式・証券＝擬制資本の所有、あるいはその譲渡（販売）による利得獲得が、実体、現実資本による利潤形成根拠から自立して実現されると、それ自体としても、恐慌の必然性を回避（止揚）した利得の獲得となるが、この擬制資本が現実資本・金融独占体の蓄積拡大の手段として活用されると、現実資本は、雇用の拡大に伴う賃金上昇―利潤の減少という恐慌要因を、不断の有機的構成（賃金に対する生産手段の比率）の高度化、現実には固定資本の新設・導入を通して、回避しうることになる（その限りで株式・証券は現実に恐慌回避の要因となる）。しかし、反面蓄積拡大によってもたらされる過剰蓄積（それは固定資本＝生産設備の過剰として現れるが）は恐慌によっては解消しえない（恐慌によるその価値破壊に耐ええない）ということになる。

　金融独占体の下で生じる生産設備・固定資本の慢性的過剰（生産能力・資金過剰）は、株式・証券発行による資金調達・自己資本としての活用によって生じたのである。この金融独占体の慢性的資本過剰――それは生活に困窮した労働者・民衆の福祉に、あるいは生産性を高められない小経営や農業経営の向上に使われうるはずである（それは、現在の大企業の内部留保の活用による雇用、賃金の維持が可能だという考え方と同質である）。しかしレーニンが『帝国主義論』で明確に指摘しているように、金融独占体としては、自ら利潤を減らすような資金の使い方は絶対しない。むしろ過剰設備・過剰資本をより大きな利潤獲得をめざして運用することになる。それが金融独占体による"外"（直接には賃金の低い後進諸国）に向けた資本輸出の展開となる。まさに帝国主義的な対外

進出―植民地分割・再分割による支配という動きをもたらす。

　後進諸国の政治的自立の動き、そして連帯した帝国主義的進出・支配への抵抗が弱体であれば、金融独占体が経済・政治を支配している帝国主義諸国は、競争して、過剰資本の処理とより高い利潤獲得をめざして、植民地の奪い合いを展開する。二度の世界大戦は、帝国主義国（国家連合）間の、後進国の植民地化＝植民地奪い合いの帝国主義戦争であった。そして帝国主義戦争の根本原因を形成したのは、株式・証券＝擬制資本をテコとした金融独占体の過剰蓄積であった。過剰蓄積が、実体経済を利潤形成の根拠として運動する現実資本の下で生じたことが、それだけ資本の直接進出と植民地・後進国の実体経済の支配（労働者・民衆の直接の搾取・収奪）の動きを強めたということができる（もちろん、二度の世界大戦については、とくに第2次世界大戦に関しては十分な考察が必要である。ここでは株式＝擬制資本による恐慌回避的役割とその反面としての過剰蓄積が、戦争要因を形成することになることを指摘することに眼目がある）。

　帝国主義侵略戦争は、すでに後進国を植民地として支配してきた先発帝国主義国（国家連合）に対する、後発帝国主義国（国家連合）の軍事暴力による植民地再分割の争いであった。戦争は、金融独占体の下で生じた恐慌によって解消しえなくなった過剰資本を、軍事暴力による弱肉強食によって、競合する相手国を蹴落として強権的処理を図ろうとするものであった。帝国主義国家間（国家連合間）の、国外の搾取と収奪対象の争奪戦であった。軍事暴力を現実に行使して、金融独占体のかかえる矛盾の現実的処理と、それを通した新たな蓄積拡大を図る――それが戦争（帝国主義戦争）であった。以上をふまえて今日の金融・経済危機の歴史的特徴を指摘しよう。

　①明らかなことは、株式・証券＝擬制資本を大規模に活用した（というより後述②で指摘するようにこの擬制資本の膨張によってあおられた）現実資本（産業独占体）の下での過剰資本、過剰な生産設備と過剰資金が膨大に蓄積されている。しかし、この過剰資本を、恐慌によって現実に処理することも、また他の資本主義国との軍事的力の勝負＝戦争によって処理することも、今日の資本主義体制の下では不可能となっている。産業独占体の過剰蓄積・過剰資本形成による経営危機（そして恐慌発現）に対し、財政赤字の上に赤字を重ねて（結局労

働者・民衆の負担の上で）財政支出を拡大して救済する。"Too Big to Fail"——それは恐慌による過剰資本の処理＝倒産から生じかねない社会的大混乱に耐ええないということを表わしている。

　直接的軍事行動による戦争によって、産業独占体の過剰資本の処理を図ることもできない。決定的に重要なのは、帝国主義的政治・経済支配に対する途上国の対抗、しかも連帯した対抗である。それどころか、ラテンアメリカ諸国の連帯による反帝国主義・社会主義実現の方向に対し、帝国主義諸国は（アメリカでさえ）直接の軍事力の行使によって制圧することができない。

　資本主義諸国間の関係においては、EU＝ユーロ圏の経済ブロック化の進展という傾向が示されているが、EU諸国がいかに今回の金融・経済危機の責任はアメリカが負うべきだと強調しても、アメリカの金融・独占体の支配に対し、軍事力の強化—軍事的対抗によって、ことを決することは、とても不可能である。

　結局、恐慌をひき起こす資本過剰が現に生じていながら、自らを倒産させる恐慌によってこの過剰を現実に処理しえない——だから金融・産業独占体の過剰資本は処理しえないばかりか、さらに温存・増大する。そして戦争による軍事的弱肉強食によってもこれを処理することもできない。そこから現れるのは、すでに明らかにしたように、世界市場競争戦＝いわば経済戦争である。そして経済戦争への対処ということによる国内労働者・民衆に対する搾取・収奪の強化である。

　②今回の金融・経済危機は、恐慌を回避し自立的自己増殖実現をめざす株式・証券＝擬制資本の大膨張と、その崩壊によって生じた。新自由主義推進による規制撤廃の下で、資本—金融資本と産業独占体も、資本としての本質発揮に対する規制＝制限をうけることなく、"自由"にその本質を発揮した。その下でまさに爆発的に膨張したのが、株式・証券、あらゆる収入を利子とみなして形成される金融証券化商品＝擬制資本であった。

　この証券＝擬制資本の膨張を支えたのは現実資本だけでなく金融資本の下で蓄積された過剰資金であり、ドルをはじめとする通貨供給の拡大がこれを増大させた。まさに現実資本の蓄積から遊離した過剰マネー、過剰資金が、株式・

証券＝擬制資本に投資（投機）されることによって、本来それ自身としては自立の根拠を持たない擬制資本が、あたかもそれ自身自立した運動を展開しうるかのように、自己展開し膨張して行った。現実資本による蓄積のための手段としての株式・証券発行・売買ではなく、株式・証券発行・売買自体が自己目的化された。これは資本主義の歴史からいってはじめての事態といってよいであろう。

　もちろん"擬制"資本でしかないこれらの金融証券は、その存立根拠が崩壊すればそれ自体も崩壊する。しかもその崩壊は同時に従来みられないほど巨大な規模にならざるをえないのである。というのは、これら金融証券＝擬制資本の大膨張の過程で、同時に擬制的な景気上昇をもたらし、現実資本自体の過度の蓄積——株価上昇自体によって引き起こされる現実資本の蓄積拡大——を、実需に基づかない過剰設備・過剰生産能力をもたらしたからである。擬制資本の膨張が、現実資本の蓄積の主導因となる——これも今日の重要な特徴といえよう。

　そして対外的な資本輸出入も、この証券＝擬制資本の大膨張の下では、もっぱら証券＝擬制資本の投機的売買によるものが中心となる。しかもこの金融的利益が各国資本主義の利益になる——ブラウン英首相が、金融に対する各国の規制に強い警告を発し、金融の国際取引きの自由を求めているのは、世界金融市場の拠点をかかえている国ならではの本音といえよう。極端な投機目的の浮動資金の動きに対する規制は採られることになっても、国際的金融取引の自由—金融グローバリズムは、維持されよう。むしろ金融危機に対する各国中央銀行、政府の対策は、それぞれの大金融機関の公的資金による破綻（金融恐慌）回避によって、これを維持・温存する。これら金融機関にとっては、金融グローバリズムはその生存・発展基盤なのである。

　このような金融グローバリズム、現実にはその下で生じている国際的金融戦争への各国の対処は、金融機関自体のリストラを必要とさせ、したがってその下で雇用圧縮、賃金抑制や、十分な利潤を得られない中小企業などへの貸付減少（貸し渋り、貸しはがし）をもたらす。と同時に金融グローバリズム自体が、各国産業独占体を軸とした経済ブロック化進展の制約となるとともに、産業独

占体間の直接的な世界市場競争戦＝経済戦争を激化させ、産業独占体のリストラを促進させる。

　③こうして、恐慌による自己犠牲によって資本運動の矛盾を現実的に処理しえず、国家に依存して（税金によって）自己保存を図らなければならなくなった金融・産業独占体、しかも競争相手の資本主義国を軍事暴力で打ち破り、その国に犠牲・負担を負わせて自らの矛盾解消を図ることも不可能になった金融・独占体。彼らの延命策は、政府・国家の権力的支えの下での、途上国民衆の収奪とともに、自国労働者・民衆への一層の搾取・収奪によるほかない、ということが現実に明らかになっている。実体の担い手である労働者・民衆の生活を保障しえず（人間として生かすことができず）、搾取・収奪によって労働者を奪い尽し、生活を破壊することによるしか延命しえなくなった金融・産業独占体の支配は、その歴史的限界を現実に示している。この支配は、終わらせなければならないし、終わらせることが現実に可能なのである[2]。それは実体の担い手である労働者人民が、現実の経済社会の主体となること、すなわち社会主義の実現によってである。

　注
（２）社会主義の原理については、拙稿『"擬制"経済下の人間・人間関係破壊』
　　（長周新聞社、2008年、第4章）参照。

鎌倉　孝夫（かまくら・たかお）
1934年2月・東京生まれ　1956年3月・埼玉大学文理学部卒業
1961年3月・東京大学大学院経済学研究科博士課程修了。経済学博士
1961年4月〜1999年3月・埼玉大学助手、講師、助教授、教授歴任
2000年4月〜2006年3月・東日本国際大学学長
現在：埼玉大学及び東日本国際大学名誉教授

主な著書
『資本論体系の方法』（日本評論社、1970年）『日本帝国主義の現段階』（現代評論社、70年）『資本論とマルクス主義』（河出書房新社、71年）『経済学方法論序説』（弘文堂、74年）『経済学説と現代』（現代評論社、79年）『スタグフレーション』（河出書房新社、80年）『現代社会とマルクス』（河出書房新社、84年）『教育と国家Ⅰ．Ⅱ』（緑風出版、87年、88年）『信用理論の形成と展開』（有斐閣、90年）『国家論のプロブレマティク』（社会評論社、91年）『資本主義の経済理論』（有斐閣、96年）『究極の"擬制"経済』（長周新聞社、99年）『経済危機・その根源――現代金融帝国主義』（新読書社、2001年）『株価至上主義経済』（御茶の水書房、05年）『国家論の科学』（時潮社、08年）『"擬制"経済下の人間・人間関係破壊』（長周新聞社、08年）

『資本論』で読む金融・経済危機
オバマ版ニューディールのゆくえ

2009年6月25日　第1版第1刷　　　　　定価2500円＋税

著　者　鎌　倉　孝　夫　ⓒ
発行人　相　良　景　行
発行所　㈲　時　潮　社

〒174-0063　東京都板橋区前野町4-62-15
電　話　03-5915-9046
ＦＡＸ　03-5970-4030
郵便振替　00190-7-741179　時潮社
ＵＲＬ　http://www.jichosha.jp
E-mail　kikaku@jichosha.jp

印刷・相良整版印刷　製本・武蔵製本

乱丁本・落丁本はお取り替えします。　　装幀　比賀祐介
ISBN978-4-7888-0637-5

時潮社の本

国家論の科学
鎌倉孝夫 著
四六判・上製・290頁3500円（税別）

科学としての国家論に立脚して、藤原正彦『国家の品格』、安倍晋三『美しい国へ』の情緒的表現の底に流れるものを糺し、ネグリ、ハート『帝国』、柄谷行人『世界共和国へ』の現実的根拠を質し、渡辺治『現代国家の変貌』に正面から向き合った労作。書評多数。

マルクスの疎外論
その適切な理解のために
岩淵慶一 著
四六判・上製・266頁2800円（税別）

マルクス哲学のキーワードは「疎外」。この概念を理解しなければ、マルクスを理解するとはいえない。マルクスの「疎外」の理解を妨げてきたのは新旧スターリン主義とそれらの諸変種。いかにしたらマルクスの疎外論の適切な理解が可能かを明らかにした。

現代経済と資本主義の精神
―マックス・ウェーバーから現代を読む―
相沢幸悦 著
Ａ５判・並製・212頁・定価2800円（税別）

なぜ、安倍自公内閣は拒否されたのか？　もの造りを忘れて、マネーゲームに踊る日本。憲法「改正」、再び戦争への道が危惧される日本――危うさを克服して、平和で豊かな、この国のかたちを確立するために、偉大な先人に学ぶ。

アメリカ　理念と現実
分かっているようで分からないこの国を読み解く
瀬戸岡紘 著
Ａ５判・並製・282頁・定価2500円（税別）

「超大国アメリカとはどんな国か」――もっと知りたいあなたに、全米50州をまわった著者が説く16章。目からうろこ、初めて知る等身大の実像。この著者だからこその新鮮なアメリカ像。『読売新聞』（06.2.14夕刊）紹介。重版出来。